NOUVELLES ÉTUDES
SUR LES DIEUX ET
LES MYTHES DE CANAAN

ÉTUDES PRÉLIMINAIRES
AUX RELIGIONS ORIENTALES
DANS L'EMPIRE ROMAIN

PUBLIÉES PAR

M. J. VERMASEREN

TOME TRENTE-TROISIÈME

ROBERT DU MESNIL DU BUISSON

NOUVELLES ÉTUDES
SUR LES DIEUX ET
LES MYTHES DE CANAAN

LEIDEN
E. J. BRILL
1973

ROBERT DU MESNIL DU BUISSON

NOUVELLES ÉTUDES
SUR LES DIEUX ET
LES MYTHES DE CANAAN

AVEC 133 FIGURES ET 19 PLANCHES

LEIDEN
E. J. BRILL
1973

ISBN 90 04 03670 9

PRINTED IN BELGIUM

A MES FILLES QATNA ET DOURA

A MA PETITE FILLE PALMYRE

en souvenir d'une vie de recherche

TABLE DES MATIÈRES

LISTE DES FIGURES

LISTE DES PLANCHES GROUPÉES À LA FIN

PRÉFACE

Le titre *Nouvelles études* indique assez que le présent livre fait suite à mes *Études sur les dieux phéniciens hérités par l'Empire Romain*, qui forment le tome XIV des *Études préliminaires aux Religions Orientales dans l'Empire Romain*. Dans ce livre, j'ai déjà noté que dès le IIᵉ millénaire avant J.-C. « Canaan, le pays des Cananéens, était l'équivalent de Phénicie, le pays des Phéniciens »,[1] bien que ces derniers noms n'apparaissent pas avant Homère. En substituant « Canaan » à « Phéniciens » dans le nouveau titre, je confirme ce point de vue. Les conceptions religieuses étudiées ici sont celles d'un groupe ethnique dont la zone de peuplement comprend la Palestine, le Liban et la zone côtière du Nord-Ouest de la Syrie. On a contesté qu'il faille l'étendre au Nord jusqu'à Ugarit et au mont Cassius, le Ṣaphon, en territoire turc, mais les caractères ethniques et linguistiques des anciens habitants permettent néanmoins de le faire. Ce n'est pas du reste que toute cette vaste région présente une unité absolue. Au IIᵉ millénaire avant J.-C., on y trouvait bien des nouveaux venus, surtout en Palestine, les Israëlites, puis les Philistins et d'autres, mais on verra par la suite que tout ce pays, par la présence fortement affirmée du concept de Él, contenait un ferment religieux tellement puissant qu'il assimilait tous les apports étrangers. Les géographes grecs ont réduit la province de Phénicie à une étroite bande côtière de 250 kilomètres de longueur, allant du Mont Carmel au Nahr el-Kébir (Éleuthère). On a l'impression qu'ils ont cherché à minimiser le grand peuple qui, pendant tant de siècles, avait fait trembler la Grèce.

Dans le présent livre, la méthode de travail est restée la même. Il s'agit d'études écrites isolément au hasard de mes recherches qui m'ont conduit parfois où je ne pensais pas aller : on ne trouve pas toujours ce qu'on voulait découvrir, mais on fait apparaître autre chose. Les fouilleurs savent bien cela. J'offre au lecteur des coups de

[1] James D. Muhly, « Homer and the Phoenicians », *Berytus*, 19, 1970, p. 19-64. Voir déjà Raymond Weill, *La Phénicie et l'Asie Occidentale*, 1939, p. 11-16 ; Dussaud, *L'art phénicien au IIᵉ millénaire*, 1949, p. 34, « les Cananéens ou Phéniciens » ; *Bibl. Orient.*, 7, janv. 1950, p. 20.

sonde donnés un peu à l'aventure, mais qui finissent par se recouper pour fournir un tableau d'ensemble d'une religion d'un grand intérêt pour nous, puisqu'elle est à l'origine du judaïsme et du christianisme.

Dans la préface du précédent livre,[1] j'ai résumé les traits essentiels de la religion des Cananéens. Les dieux et les hommes y sont conçus comme les membres d'une même famille dont Él est le père. Les déesses mères sont les Ashérôt, épouses de Él. Au IIe millénaire avant J.-C., les dieux ont pris la forme humaine. Ils ont les qualités et les défauts des hommes; ils en ont les faiblesses mêmes. Ils vivent sur la terre, au milieu des hommes et leur activité intéresse directement l'humanité.

Ils sont généralement groupés par triade de type méditerranéen, composée d'un dieu-père, d'une déesse-mère et d'un dieu-fils. Lorsqu'on s'est avisé de donner au dieu-fils une épouse qui était sa sœur, il s'est formé un groupe de deux couples, un vieux et un jeune. Ainsi, chaque ville de Canaan, possédait le plus souvent, au IIe millénaire avant J.-C., un couple de dieux créateurs, formé de Él et d'une Ashérat locale, et un couple de jeunes dieux protecteurs de la ville, un dieu-fils et son épouse, une Ashtart locale. Il pouvait arriver par la suite que le jeune couple devienne à son tour dieu-père et déesse-mère, et qu'il engendre des dieux-fils, créant ainsi de nouvelles triades. C'est ce qui est arrivé à Tyr où Héraclès-Melqart et l'Ashtart locale devenue une Astarté, avec le dieu-fils Ioalos, ont détrôné le couple de Él et de l'Ashérat locale. A Baʿalbeck, la triade de Jupiter héliopolitain, dieu-père, Vénus héliopolitaine, déesse-mère, et Mercure héliopolitain, dieu-fils, s'était formée de même. Ce dernier appartenait, à la seconde génération de la descendance de Él. Il en était de même des sept Kosharôt, les déesses accoucheuses, filles d'Ashtar et d'Ashtart.

Quelques cités de la Phénicie septentrionale, Beyrouth, Byblos, Tripoli, Ugarit, ont inclu dans leur panthéon local un groupe de dieux-fils, dits « dieux gracieux », devenus Cabires phéniciens. Nous en parlerons longuement.

** *

Le présent livre commence par une recherche sur les idées de l'Orient

---

[1] *Études sur les dieux phéniciens*, p. XII-XV.

antique, concernant la cosmographie et la géographie. Dans les grandes lignes, elles étaient admises par tous et fort cohérentes. Elles ont peu varié suivant les peuples et les époques, et les Grecs, spécialement Ptolémée, n'ont fait que de les perfectionner : ils sont les inventeurs de la Sphère céleste. Ces conceptions ont été héritées par le Moyen Age, et n'ont été abandonnées qu'à partir de la Renaissance. Les voyages dans l'hémisphère Sud, jadis le Monde inférieur, et les découvertes des astronomes, particulièrement de Copernic, devaient renouveler la géographie et la cosmographie.

Les idées anciennes se résument en une vue d'un Monde à trois étages. Les voûtes célestes rigides formaient l'étage supérieur. Le plancher intermédiaire étant le Monde des vivants. Au-dessous, se trouvait le Monde inférieur (fig. 1).

En Mésopotamie, pour Sumer et Akkad, An ou Anou, dieu du Ciel, et son épouse Innana, résidaient à l'étage supérieur. Leurs trônes étaient posés sur la voûte la plus haute. Au-dessous régnaient Enlil, le seigneur de l'atmosphère, maître de la terre et de l'humanité, avec Ninhoursag, sa parèdre. L'étage inférieur était le domaine d'Éa ou Enki, dieu des eaux, créateur, et de son épouse Damkina; ils y avaient un palais « bâti uniquement en or et en lapis-lazuli, artistiquement jeté sur l'Apsou »,[1] la Source universelle.

En Canaan, on a d'abord imaginé Él dans cette demeure du Monde inférieur, dans une île au milieu des océans. A titre de Créateur, il y était identifié avec Éa. Mais tandis que ce dernier était parti de là pour porter la civilisation en Mésopotamie, Él ne quittait pas son palais. On venait l'y voir. Le ciel était de son domaine, mais il n'y allait jamais. Malgré cela, on concevait, par une fiction habituelle dans l'histoire des religions, qu'il put demeurer dans ses temples pour y recevoir l'hommage de ses fidèles. Philon de Byblos[2] lui attribue même, en partant de Byblos, un voyage « dans les pays du Sud », c'est-à-dire en Égypte. L'extension des installations phéniciennes pouvaient l'entraîner au loin, mais toujours sur la terre.

Dans les derniers siècles du IIᵉ millénaire avant J.-C., un change-

---

[1] Ch. Jean, *Rev. de l'hist. des rel.*, 1934, p. 135; Nell Perrot, *Les représentations de l'Arbre sacré*, 1937, p. 11.

[2] M.-J. Lagrange, *Études sur les religions sémitiques*, 2ᵉ éd., 1905, p. 424, Fragm. II, 27.

ment se dessine. Sous les surnoms d'Élyôn ou Élioun, « le Très-Haut »,
puis de Ba'al Shamîm, « le Maître des Cieux », il se créa, à côté de
l'ancienne, une nouvelle figure de Él, Él des hauteurs, un Dieu habitant
du ciel.[1] Cette double personnalité de Él subsista jusqu'à ce que la
seconde ait pratiquement éliminé la première. A l'époque hellénistique,
on ne concevait plus Dieu qu'au ciel, quitte à lui reconnaître des rési-
dences secondaires sur des montagnes ou dans ses temples, sur la terre.

L'aspect de Dieu s'était modifié, et il avait en outre changé d'étage
dans le même immeuble. Il faut ajouter que l'invention de la Sphère
céleste, cette boule cristalline creuse au milieu de laquelle était suspen-
due la Terre, avait fait apparaître un étage de plus, en sous-sol. Le fond
de la Sphère, tout en bas, formait une concavité où on plaça l'Hadès,
le Tartare. Comme il était naturel, la distance qui séparait ces bas-
fonds du Monde inférieur était égale à celle du Monde des vivants au
ciel, le dessus de la Sphère. Elles correspondaient à l'espace parcouru
par une enclume tombant dans le vide, en chute libre, pendant neuf
jours.[2]

Ce chapitre a été préparé par plusieurs articles de revues que j'ai
consacrés à ces questions.[3]

Le site de Tyr et ses dieux, de la préhistoire à l'époque romaine
retiendra ensuite l'attention (ch. II-III). On part du substrat légendaire de la fondation par Ousô fixant l'île flottante en y débarquant
et en y sacrifiant un aigle perché sur un olivier embrasé. La ville fut
alors construite en roseaux, suivant une technique très archaïque, par
Él devenu Ba'al Shamîm dans le récit qui nous en est parvenu.[4]

---

[1] Voyez mes compte rendus de Michel Gawlikowski, *À propos des reliefs du temple
des Gaddê à Doura*, dans *Bibliotheca Orientalis*, 29, mai-juillet 1972, p. 202-203, et de
Christiane Dunant, *Le sanctuaire de Baalshamin à Palmyre*, III, *Les inscriptions*, dans le
même périodique, fascicule sous presse.

[2] Hésiode, *Théogonie*, 720 s.; Du Mesnil du Buisson, *Les tessères et les monnaies de
Palmyre*, Paris, De Boccard, 1962, p. 88.

[3] Voyez spécialement « Les barques de la Grande Pyramide et le voyage au Paradis »,
dans la revue *L'Éthnographie*, 48, 1954, p. 37-48, et « Le mythe oriental des deux géants
du jour et de la nuit », dans *Iranica Antiqua*, 8, 1968, p. 1-33.

[4] Lagrange, *op. cit.*, p. 416, Fragm. II, 8, voyez « L'ancien dieu tyrien Ousô sur les
monnaies de Tyr », dans les *Mélanges de l'Université Saint-Joseph*, 41, 1965, p. 3-27;
« Zeus Dêmarous, père de Melqart, d'après Philon de Byblos », dans les *Mélanges K.
Michalowski*, Varsovie, 1966, p. 553-559.

Le haut lieu primitif peut être considéré comme d'un type caractéristique de ce genre de sanctuaire à l'air libre. On y trouvait un arbre
vert, un olivier, deux pierres dressées, une source et un autel à feu ;
le tout était entouré d'un mur en pierre sèche, le péribole. A cet emplacement sacré devait s'élever par la suite le grand temple de Tyr,
dédié à Melqart et à l'Astarté de Tyr, puis la Cathédrale. Cette continuité est assurée par la présence de la source qui existait encore dans
la cathédrale au temps d'Eusèbe de Césarée vers 317 de notre ère.[1]

Le rayonnement du temple de Melqart n'a cessé de croître jusqu'à la
fin du paganisme. Le présent livre ajoute un chapitre nouveau à son
histoire en y situant le centre d'enseignement de la philosophie hermétique à l'époque romaine. On établira un parallèle avec l'école de
droit, fort prospère, rayonnant alors à Beyrouth.[2]

Les chapitres suivants, les IVe et Ve, nous ramènent à Byblos dont
il a été longuement question dans le précédent livre [3]. Nos recherches
portent ici sur un point particulier : la légende des « dieux gracieux »
révélée par une tablette de Ras Shamra du XIVe siècle avant J.-C.
On verra comment ces divinités sont devenues les Cabires phéniciens,
et deux d'entre eux, Shaḥar, « l'Aurore », et Shalim, « le Crépuscule »,

Fig. a. Shaḥar et Shalim, le premier reconnaissable à sa canne recourbée ou lituus,
sur les côtés du disque solaire ailé, d'après un dessin gravé sur l'un des côtés d'un bol
de pierre provenant de Sidon, du VIe siècle avant J.-C. Musée de Berlin VA 569.

R.D. Barnett, *Eretz-Israel*, 9, 1969, p. 9, pl. IV. Ce dessin est à comparer aux figures 41
et 43, ci-après (p. 122 et 124).

---

[1] « Bas-relief provenant probablement de la cathédrale de Tyr », *La revue du Louvre*,
15, 1965, p. 161-164.

[2] Paul Collinet, *Hist. de l'École de Droit de Beyrouth*, 1925.

[3] *Études sur les dieux phéniciens*, p. 56-116, « Le panthéon de Byblos », formation
et évolution.

ont donné naissance aux Dioscures. L'iconographie de ces dieux et son
évolution m'ont conduit à d'innombrables découvertes, sans épuiser
le sujet (p. 113-131). Une amusante image de ces deux frères (fig. a),
récemment notée par moi, permettra au lecteur de juger de suite de
leur aspect si particulier. Leur haut bonnet, leur ample manteau
caractérisent leur forme la plus ancienne. L'Aurore, Shaḥar, porte
une canne recourbée dont la signification n'a pas encore été découverte.

Cette recherche iconographique m'a amené à faire l'étude d'ivoires
du Musée de Damas, provenant de Ras Shamra, dans lesquels il faut
sans doute reconnaître Shaḥar et Shalim allaités par Hathor.

Dans mes *Études sur les dieux phéniciens*, j'ai donné une grande
place aux divinités astrales et célestes, spécialement au groupe des
sept étoiles accoucheuses, les Koshârôt (p. 1-7), et à la constellation
du Serpent, sans doute la Voie Lactée (p. 131-137). Le lever et le
coucher des astres, du soleil et de la planète Vénus en particulier, ont
été examinés à la lumière de l'Ancien Testament et des tablettes de
Ras Shamra, avec l'iconographie qui en découle (p. 7-29). Je suis
revenu ici sur ces sujets, étudiant spécialement les symboles de la
planète Vénus dans des bronzes du Luristan (p. 201-227), et dans un
sceau royal hurri-mitannien du XIVe siècle avant J.-C. (p. 241-250).
On y verra la place importante qu'y tiennent les deux lions étoile du
matin et étoile du soir, bien que l'unité de la planète Vénus fut depuis
bien longtemps reconnue. Le Serpent céleste, maître de la nuit, sera
étudié dans une émigration lointaine, en Sardaigne (p. 228-240). Il
sera question souvent aussi du dieu-Griffon qui est un auxiliaire des
divinités astrales, sans représenter lui-même aucun astre. Une biblio-
graphie de mes recherches sur ces sujets engloberait la plupart de mes
publications d'orientalisme parues depuis dix ans.[1]

---

[1] *Les tessères et les monnaies de Palmyre*, 1962; « Le dieu-Griffon à Palmyre et chez
les Hittites », dans *L'Ethnographie*, 1963, p. 16-32; « Él et ses épouses vues par Philon
de Byblos », *Mélanges Jérôme Carcopino*, 1966, p. 271-288; « Le drame des deux étoiles
du matin et du soir », *Persica*, 3, 1967-1968, p. 10-36; « Les origines du mythe animalier
de la planète Vénus », *Mélanges de l'Univ. S. Joseph*, 44, 1968, p. 33-48; « Le mythe
oriental des deux géants du jour et de la nuit », *Iranica Antiqua*, 8, 1968, p.1-33; «Ashtart
cavalière et armée dans le mythe de la planète Vénus », *Mélanges de l'Univ. S. Joseph*,
45, 1969, p. 523-538; « Le décor asiatique du couteau de Gebel el-Arak », *Bull. de l'Inst.
fr. d'Arch. or.*, 68, 1969, p. 63-83; etc.

Ces études, qu'il s'agisse de la première ou de la deuxième série, sont des analyses. Elles conduiront tout naturellement à une synthèse qui sera une vue d'ensemble du panthéon cananéen. C'est cette conclusion que j'espère pouvoir un jour présenter aux lecteurs.

I

LES CHEMINS DE L'OCCIDENT
ET LA DESCENTE VERS LE MONDE INFÉRIEUR

1. Description du Monde inférieur. Les supports du ciel

L'observation des astres qui s'enfoncent dans l'horizon à l'Occident pour ressortir ensuite à l'Orient, à l'horizon opposé, a rapidement fait comprendre à l'homme qu'il existait au-dessous de la Terre, des pays situés à l'antipode de ceux qu'il habitait (fig. 1). Dans ce Monde inférieur, les Égyptiens de l'Ancien Empire ont imaginé la Nouvelle Égypte, celle des morts, semblable à celle qu'ils avaient sous les yeux. Les Mésopotamiens y ont fait vivre des personnages divins et des héros, à l'exclusion de la foule des morts qui habitait de vastes salles situées dans le corps même de la Terre. Les Cananéens ont adopté une solution voisine. Les humains décédés, même les rois, demeurent dans les souterrains du She'ôl, mais certaines populations de morts privilégiés, les Rephaïm et les Élonym,[1] étaient établies dans le Monde inférieur, avec les dieux. Quand la déesse-Soleil, Shapash, passe au-dessous de la Terre, les Rephaïm et les Élonym sont sous sa dépendance : elle mange le pain de la corruption et boit le vin des ténèbres.[2]

Le Monde inférieur était le prolongement de celui des vivants. Aussi y concevait-on des continents, des mers et des lacs semblables à ceux qu'on connaissait et qui en formaient la suite. On y situait surtout le prolongement des deux océans. Avant les grands voyages des Phéniciens et des Grecs, celui de l'Ouest commençait aux rivages de la Méditerranée ; celui de l'Est, aux bords du Golfe Persique, de la Mer

---

[1] rp'im et 'ilnym, A. Herdner, *Corpus des tablettes en cunéiformes alphabétiques*, 1943, p. 43, l. 45-46. Les transcriptions Rephaïm et Élonym, inspirées par l'hébreu, sont approximatives.

[2] R. Labat, A. Caquot, M. Sznycer, M. Vieyra, *Les religions du Proche-Orient asiatique*, Collection J. Chevalier, *Le trésor spirituel de l'humanité*, Paris, 1970, p. 434-435. Les morts portent en eux un élément de corruption et de ténèbres, mais il est évident qu'ils ne sont pas dans les ténèbres quand Shapash passe au-dessous d'eux.

Caspienne et de la Mer Rouge. Ces deux océans se terminaient au-dessous de la Terre. A leur soudure, sur la ligne où ils mélangeaient leurs eaux,[1] il y avait une île où se trouvait la plante de Vie, et la réserve d'eau douce qui à travers la Terre alimentait toutes les sources. C'était l'Apsou, pour les Mésopotamiens; [2] la Source des Fleuves, pour les Cananéens.[3] Les premiers y faisaient demeurer Éa, le dieu des eaux, ou son substitut Uta-Napishtim, le héros du Déluge. Éa y avait succédé au dieu Apsou qui y vivait paisiblement et qu'il avait tué dans la révolte des dieux, à l'origine du monde. Mardouk qui allait devenir le dieu suprême y naquit dans l'Apsou.[4] Pour les Ugaritains, on trouvait dans cette île le domaine et le palais de Él. C'est là que les autres dieux venaient lui rendre visite et y tenir des assemblées qu'il présidait sur une montagne.[5] D'après Philon de Byblos, Él y attira Ouranos, son père, pour lui couper les parties sexuelles (αἰδοῖα). L'auteur précise bien « en un certain lieu du milieu de la Terre » (ἐν τόπῳ τινὶ μεσογείῳ), « tout près des sources et des fleuves » (σύνεγγυς πηγῶν τε καὶ ποταμῶν),[6] c'est-à-dire « des sources des fleuves », issus de la Source univer- selle. L'auteur a utilisé et traduit de son mieux un document ancien, mais il n'a pas compris qu'il s'agissait du dessous de la Terre, car il ajoute : « on montre encore l'endroit ». A un trait de mythologie grecque,[7] l'auteur a donné un cadre authentiquement phénicien.

Hésiode nous apprend que Zeus voulant récompenser les géants Cot- tos et Gyès, qui l'avaient débarrassé des Titans, les installa en un lieu « où sont, côte à côte, les sources, les extrémités de tout, de la

---

[1] *Ugaritica*, V, 1968, P. 564, 7, l. 3 : *b 'dt thmtm*, « dans l'association (ou la réunion) des deux océans ». Ailleurs, on trouve : *qrb 'apq thmtm*, « au milieu de la source (ou du cours) des deux océans », qui est moins clair.

[2] É. Dhorme, *Les religions de Babylone et d'Assyrie*, p. 32 : « l'Apsou, réservoir d'où jaillissent les sources des rivières et des fleuves ».

[3] *mbk nhrm*, « la Source des Fleuves », Aistleitner, *Wörterbuch der ugaritischen Sprache*, p. 200, n° 1738. Le mot *mbk* (de sens différent de *'n* et de *m'n*) contient une idée de jaillisse- ment en harmonie avec la représentation de la Source universelle par le Vase aux eaux jaillissantes.

[4] *Les religions du Proche-Orient asiatique*, p. 40 ; R. Labat, *Le poème babylonien de la création*, 1re tablette, l. 60-84.

[5] *Les religions du Proche-Orient asiatique*, p. 384-385, l. 13-14, 20-21.

[6] K. Mras, *Eusebius Werke, Die Praeparatio Evangelica*, I, p. 49, l. 2-3 ; Lagrange, *Études sur les rel. sémit.*, 2e éd. p. 423, paragraphe 22.

[7] Hésiode, *Théogonie*, 181.

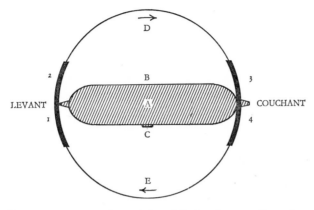

Fig. 1. La Terre vue en coupe et la route du soleil, dans la conception mésopotamienne.

A.   La Terre de forme lenticulaire, avec les montagnes des deux horizons, à droite et à gauche.

B.   Face supérieure, terre des vivants.

C.   Face inférieure. Au milieu, l'île de la Source des fleuves, l'Apsou, la résidence de d'Éa, où se trouvait la Plante de Vie. En Phénicie, résidence de Él, « à la soudure des deux Océans » de l'Est et de l'Ouest.

D-E.   Circuit du Soleil et des autres astres. En traits gras, zone de visibilité de la planète Vénus.

1-2.   Passage du Soleil au-dessus de la Montagne de l'Orient, à son lever.

3-4.   Passage du Soleil au-dessous de la Montagne de l'Occident à son coucher.

    Ce graphique explique le Psaume XXIV, 2, « la terre habitable (B), Yahwé, au-dessus des eaux, il l'a fondée, et au-dessus des fleuves, il l'a établie». *Job*, XXXVII, 12, précise « la face du monde terrestre (*pni tbl 'rṣh*) ». « Les eaux » désignent les deux Océans qui se rejoignent au-dessous de la Terre, et « les fleuves », la source des fleuves, l'Apsou.

Terre noire et du Tartare ténébreux, de la mer inférieure et du ciel étoilé», « aux fondements de l'Océan».[1] On ne saurait douter que ce Paradis terrestre était l'île du milieu du dessous de la Terre. Hésiode y localise aussi la mise à mort de Méduse par Persée, « à côté des sources de l'Océan»; il lui coupa la tête et de la blessure s'envola le cheval ailé Pégase.[2] Le poète justifie cette étrange localisation en faisant dériver le nom de Pégase de πηγή, « source».

[1] *Op. cit.*, 736-739, 816-817.
[2] *Op. cit.*, 280-283.

L'île du milieu du dessous de la Terre était le point le plus éloigné
du milieu du dessus que chacun se représentait comme sa ville, son
pays. Le Koran connaissait encore ce lieu qu'il nomme « le confluent
des deux mers ». Moïse envisage de « marcher pendant plus de quatre-
vingt ans pour y parvenir ».[1] A cet endroit, il trouvera un homme plus
savant que lui,[2] et l'eau de la vie capable de ressusciter un poisson.[3]

Él était donc bien « le plus éloigné des dieux, la plus lointaine des
divinités ».[4] Ba'al, partant de Phénicie ou de Syrie,[5] se vantera cependant de l'atteindre en deux pas de géant et en trois gigantesques enjambées : [6] « Deux pas (pour atteindre) le dessous des sources de la
Terre, trois enjambées (pour parvenir) aux eaux du fond (*ĝyrm*) ».[7]
L'île, demeure de Él, est ici encore caractérisée par la Source universelle,
la réserve d'eau de l'Apsou.

En résumé donc, l'idée de faire habiter le dieu Créateur à la Source
universslle, l'Apsou (Absou) est sumérienne. Le premier occupant
a été le dieu Apsou, le paisible époux de l'irrascible déesse Tiamat. Il
y sommeille comme l'eau douce qu'il représente. Il est tué et remplacé
par Éa, dieu de l'eau, et par son épouse Damkina. En Canaan, on y a
substitué Él à Éa.

Il faut reconnaître que le lieu était bien choisi, car cette Source universelle était une belle image de la Divinité. Les Grecs s'en sont emparé,
spécialement Plotin ; [8] il la décrit : « une source qui n'a point d'origine
et qui donne son eau à tous les fleuves, mais ne s'épuise pas pour cela ».

---

[1] *Koran*, XVIII, 59, trad. M. Kasimirski, 1865, p. 236.

[2] Souvenir de Éa, « le plus intelligent, le sage, le capable, qui sait toute chose »,
Les rel. du Proche-Orient asiat., p. 39-40, l. 59-60, et de Él dont « la parole est sage »,
op. cit., p. 409, l. 41.

[3] *Koran*, op. cit., p. 236, n. 1, et p. 237 n. 1.

[4] *Les rel. du Proche-Orient asiat.*, p. 398, l. 78-79 ; Herdner, *Corpus*, p. 17, l. 78-79.

[5] Ba'al part d'une montagne nommée Ughar ou Inbab, résidence d'Anat, dans le
pays de Kurshan, *Les rel. du Proche-Orient asiat.*, p. 441, l. 3 et 23. Localisation inconnue,
vraisemblablement en Phénicie ou en Syrie.

[6] Simple fanfaronnade, car on verra plus loin que dans ce voyage Ba'al suit la voie
ordinaire par la double montagne de l'Occident. On notera cependant que Koushor
prétend aussi atteindre le territoire de Él « en deux pas et trois enjambées », V AB, IV,
20-21.

[7] *Op. cit.*, p. 398, l. 80-81 (Caquot-Sznycer).

[8] *Ennéade*, éd. Budé, E. Bréhier, III, p. 165-167.

Dans cette géographie primitive, fort élémentaire, on imaginait qu'il y avait aux extrémités du Monde des vivants, sur tout le pourtour, un « versant » descendant vers le Monde inférieur.[1] On se le représentait lointain, mais pas extrêmement. Au temps de Naram-Sin (2254-2218 avant J.-C.), on le situait, à l'Est, guère au delà de l'Élam.[2] A l'époque byzantine, on disait encore qu'Alexandre avait atteint cette limite orientale du monde dans sa conquête des Indes. Sur cette ligne qui formait un cercle autour du Monde des vivants la voûte céleste touchait la Terre.[3]

Il n'y avait de passage entre le dessus et le dessous de la Terre qu'aux deux horizons de l'Orient et de l'Occident. L'entrée et la sortie du Monde inférieur y étaient barrées par une montagne à deux sommets. Pour les Asiatiques du Proche-Orient, ces quatre monts groupés par deux étaient les supports de la voûte rigide du ciel. Ils étaient des êtres divins et on les représentait comme des vieillards barbus dont le buste sortait d'une montagne (fig. 2). Ils pouvaient

Fig. 2. Le lever du Soleil qui vient de passer entre les deux montagnes de l'horizon occidental, d'après le cylindre AO 20 138 du Louvre, milieu du IIe millénaire avant J.-C., *Syria*, 36, 1959, p. 145, fig. 1; *L'Ethnographie*, 57, 1963, p. 27, fig. 10,1.

Le soleil paraît représenté par la déesse ugaritique Shapash, plutôt que par Shamash, dieu à barbe. Ce serait l'unique représentation connue de cette déesse.

soutenir le ciel de leurs deux mains levées (fig. 4); ils étaient assistés dans cette fonction par d'autres personnalités divines. spécialement les lions étoile du matin et étoile du soir (fig. 3-4) et leurs compagnons, les taureaux de la chaleur du jour, les antilopes de la nuit et les dieux-

---

[1] *Les rel. du Proche-Orient asiat.*, p. 311, l. 58 (Labat).

[2] *Op. cit., ibid.*

[3] Pseudo-Callisthène, II, 37 à la fin (lettre à Olympias), cf. G. Millet, *Syria*, 4, 1923, p. 88.

Griffons (fig. 5-6).[1] Les dieux-Montagnes pouvaient aussi avoir l'aspect de taureaux à tête humaine barbue.[2] Pour les Égyptiens, le ciel ne

1   2   3   4

Fig. 3. Le lion planète Vénus support du ciel représenté par le globe céleste, le croissant céleste ou l'aigle (1-3). La déesse de la planète Vénus (Astarté) remplissant la même fonction en qualité d'étai cosmique (4).

    1.   D'après une monnaie de Béryte du IIIe siècle de notre ère.

    2-3. D'après des sculptures de Doura-Europos et de Palmyre, Ier-IIe siècles après J.-C., *Les tessères et les monnaies de Palmyre*, p. 215 et 368, fig. 144 et 201; p. 276, fig. 170.

    4.   D'après un griffito de Doura-Europos, du IIIe siècle ap. J.-C.; *op. cit.*, p. 76, fig. 37, voyez ci-après, p. 150, fig. 70.

Fig. 4. Dieu-montagne de l'Orient ou de l'Occident du ciel soutenant le ciel, avec les deux lions étoile du matin et étoile du soir. Sur ces lions supports du ciel, voyez *Bull. de l'Ins. fr. d'arch. or.*, 68, 1969, p. 66-71, fig. 2. Bas-relief hittite de Ayin Dara, au Nord-Ouest d'Alep.

  [1] F. Savrafi, A. Kirichian et M. Dunand, *Les annales arch. de Syrie*, Damas, 15, 1965, II, pl. IX-X; du Mesnil du Buisson, *L'Ethnographie*, 57, 1963, p. 27, fig. 9 (dieux-Griffons). Voyez les sculptures rupestres de Yazilikaya, nos 29-28 (deux dieux-Taureaux soutenant le ciel nommé) et 15-14 (deux dieux-Montagnes, inscr. « Les Montagnes divines »), E. Laroche, *Journ. of Cun. Stud.*, 6, 1952, p. 117 et 120; *Rev. hitt. et asian.*, 27, 1969, p. 79 et 85.

  [2] P. Amiet, *La glyptique mésopotamienne archaïque*, 1958, p. 138, fig. 1260 et 1488; *Élam*, 1966, fig. 758 A; vers 2300 avant J.-C.

Fig. 5. Les hommes-Griffons soutenant le ciel. Bas-reliefs hittites de Zendjirli (1) et de Karkémish (2), du IXe siècle avant J.-C., *Syria*, 2, 1921, p. 32, fig. 74b, et 1, 1920, p. 278, fig. 24 = E. Pottier, *L'art hittite*, I, p. 63, fig. 74b, et p. 28, fig. 24.

Le même sujet se retrouve dans les ivoires de Nimrod, R.D. Barnett, *A Catal. of the Nimrud Ivories*, Londres, 1957, p.. 131, W 13-14, et dans les cylindres mitanniens de Nuzi, du XVe siècle avant J.-C., E. Porada, *Seal Impress. of Nuzi*, pl. XL, 793, etc.

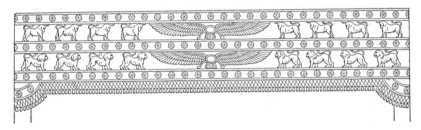

Fig. 6. Le ciel astral soutenu par les taureaux du jour et par les lions de la planète Vénus, d'après les broderies du baldaquin du trône de Xerxès, dans les bas-reliefs de la Salle des Cent colonnes, à Persépolis. Sur les fleurs représentant des étoiles, voyez *Les tessères et les monnaies de Palmyre*, p. 154-155, fig. 114-115. D'après la disposition des figures, les taureaux paraissent escorter le soleil du jour et porter le ciel diurne; les lions semblent encadrer le soleil pendant la nuit et soutenir le ciel du Monde inférieur "où descendent les étoiles", la nuit. Les deux cieux sont figurés l'un sous l'autre, mais sans que le second soit dans une position renversée comme il devrait l'être.

paraît pas s'appuyer directement sur les sommets des deux montagnes, mais sur des étais voisins, qualifiés d'obélisques de Rê et de soutiens du ciel.[1] On nous dit que ces obélisques qui sont à la fois sur terre et

---

[1] « Quatre soutiens », *Pyr.* 337, 926, 1084-1086; « obélisques de Rê », 1178-1179.

au ciel sont des images de Rê, ce que recoupe une observation de Pline l'Ancien.[1] Ces supports sont mobiles car on les dresse à l'approche de la barque solaire : ils remontent le ciel pour qu'elle puisse y naviguer ; mais on peut aussi les abaisser pour permettre au roi défunt de monter dans la barque.[2] Cette manœuvre paraît indiquer que le roi traverse la montagne de l'Occident dans la barque de Rê. Le roi lui-même dans sa descente dans le Monde inférieur participait à ce soutien de la voûte du firmament.[3] En reliant le ciel et la Terre, il assure la stabilité de l'un et de l'autre.

On remarquera que la révolution des astres autour de la Terre impose un « sens unique » à leur voyage dans le Monde inférieur : ils y entrent par l'Occident et en sortent par l'Orient.

Les dieux à forme humaine et les héros humains y pénètrent toujours par l'Occident, mais ils en repartent par la même voie. Il n'y a guère d'exception que pour le Pharaon décédé. Après avoir atteint l'Ile du Milieu et y avoir établi sa royauté sur la Nouvelle Égypte, au milieu des dieux, il poursuit sa route vers l'Orient, franchit le « mur de Shou »[4] et monte dans la barque de Rê au moment où ce dieu va apparaître dans le ciel à son lever : c'est la résurrection solaire héliopolitaine, succédant au salut osirien.[5]

Dans l'Épopée de Gilgamesh, le retour du héros dans son pays, dans sa ville, Uruk, est envisagé « par le chemin qu'il a suivi jusque-là, par la porte qu'il a franchie pour partir »,[6] c'est-à-dire par l'Ouest en reprenant en sens inverse le tunnel de la Montagne de l'Occident. Ce projet a un début d'exécution : « Gilgamesh et Ur-Shanabi [le batelier] montèrent dans la barque : ils mirent la barque à flot, et eux-mêmes embarquèrent ».[7] C'est à ce moment qu'Uta-Napishtim rappela Gilgamesh pour lui révéler la présence de la Plante de Vie

---

[1] Pline, *Hist. Nat.*, XXXVI, 14-15, « l'obélisque reproduit l'image des rayons du soleil ».

[2] *Pyr.* 926-928, 931-934, Speleers, p. 121-122.

[3] *Pyr.* 1156, 1528-1529, 2067, p. 143, 181 et 222.

[4] C'est la paroi rigide qui entoure l'air (Shou) et qui soutient la voûte d'eau qui est la déesse Noût. La barque solaire voguait sur les eaux de Noût.

[5] Du Mesnil du Buisson, « Les barques de la Grande Pyramide et le voyage au paradis » dans *L'Ethnographie*, 49, 1954, p. 42-45.

[6] *Les rel. du Proche-Orient asiat.*, p. 218, tabl. XI, l. 207-208.

[7] *Ibid.*, p. 220, l. 256-257.

qui se trouve au fond de la réserve d'eau douce, la Source des fleuves. Dès la plante conquise, le héros repart pour le retour. Malheureusement le récit n'en est représenté que par un fragment mutilé dès la haute antiquité et maladroitement replâtré dès ce temps. Pour combler des lacunes, on y a introduit trois fois le cliché de la longue route : à vingt doubles lieues..., à trente doubles lieues... »,[1] qui vient mal à propos. A suivre ce texte. Gilgamesh et le batelier Ur-Shanabi auraient fait 320 kil. à pied (trente doubles lieues) entre la réserve d'eau où fut conquise la Plante de Vie et le puits où le serpent la déroba, puis encore 214 kil. (20 doubles lieues) pour atteindre le rivage de l'Océan et procéder à l'embarquement qui n'est représenté que par le mot « barque ».[2] Rien sur la traversée et le débarquement, puis de nouveau 320 kil. à pied pour parvenir à Uruk. La fin du récit devait manquer complètement car, aux lignes 302 à 305, les auteurs se sont contentés de copier presque sans variante les lignes 16 à 19 du début du poème. Ce récit factice et par endroit incompréhensible ne permet pas de rétablir l'itinéraire suivi.

Dans la légende égyptienne du jugement d'Horus et de Seth, texte remontant sans doute au Nouvel Empire, les dieux-juges, après avoir quitté l'Ile du milieu, se dirigèrent vers l'Ouest ; « ils se rendirent en bateau sur la rive occidentale et ils s'assirent sur la montagne, et quand fut venu le temps du soir, Atoum, Soleil couchant, les y rejoignit ». Ce tribunal est donc rentré en Égypte par l'Occident, en faisant une halte sur la montagne jumelée. Ils n'ont pas passé à travers la montagne, mais par dessus. Voici tout ce que nous savons sur ces rentrées rétrogrades du Monde inférieur.[3]

2. L'ENTRÉE DE GILGAMESH DANS LE MONDE INFÉRIEUR

Nous venons d'évoquer le retour de Gilgamesh après son voyage dans l'Au-delà. Nous revenons en arrière pour examiner son entrée dans le Monde inférieur. Le héros partant d'Uruk, vers le milieu du dessus de la Terre, veut se rendre dans l'Ile du Milieu, au-dessous de la

---

[1] *Ibid.*, p. 221, l. 283-284, 297 et 301-302.
[2] *Ibid.*, l. 300.
[3] P. du Bourguet, *Histoires et légendes de l'Égypte mystérieuse*, 1968, p. 25-26.

Terre, où il désire rendre visite à son ancêtre Uta-Napishtim, le Noé babylonien. Pour y parvenir, il doit atteindre, puis franchir la Montagne de l'Occident par où passe le Soleil (Shamash) à son coucher. Cette disposition de géographie mythologique apparaît dans la coupe du ciel et de la Terre de la figure 1.

Dans l'Épopée de Gilgamesh, cette montagne se nomme Mashu, « les Jumeaux ». Elle se composait en effet de deux monts jumelés sur lesquels reposait la voûte céleste : « leur tête [soutient] la voûte des cieux ».[1] Shamash, le dieu-Soleil, quand il se couche, ne passe pas entre les deux sommets comme il le fait à la montagne symétrique de l'Orient, lorsqu'il se lève, mais il traverse la montagne par un tunnel ; cet étroit passage permet « la sortie et l'entrée du Soleil »,[2] sortie du Monde des Vivants et entrée dans le Monde inférieur. C'est « le chemin de Shamash à travers la montagne ».[3] Gilgamesh après l'avoir parcouru dira : « Je suis passé de ce côté des (deux) monts par le long chemin par où sort le Soleil (Shamash) ».[4]

Voici comment s'établit l'horaire du voyage du héros. Il part d'Uruk, un matin ; il remonte quelque temps la vallée de l'Euphrate, puis obliquant vers l'Ouest s'enfonce dans un massif montagneux. « Pour (aller) trouver Uta-Napishtim, dit-il, j'ai pris la route et marché en toute hâte ; aux passes de la montagne, je suis arrivé de nuit », et « pendant la nuit, il a dormi ».[5] Le matin, au jour, il constate qu'il est au pied des Monts Jumeaux, et il voit les hommes-Scorpions qui en gardent la porte ; il a déjà parcouru « un long chemin ».[6] A ce moment, on y voit clair ; le soleil est donc levé. A l'équinoxe d'automne, moment où je situe le voyage, cet astre apparaît vers 6 heures du matin. Le héros entame une conversation avec l'homme-Scorpion et son épouse. En supposant une heure de pourparlers, il entre dans le tunnel vers 7 heures.

Il a 12 doubles lieues à parcourir.[7] La double lieue représente deux

[1] *Les rel. du Proche-Orient*, p. 199 ; *L'Épopée de Gilgamesh*, tablette IX, col. II, l. 1-4.

[2] *Op. cit.*, col. II, l. 9.

[3] *Op. cit.*, p. 200, tabl. IX, col. IV, l. 45.

[4] *Op. cit.*, p. 207, fragm. VAT. 4105, l. 10.

[5] *Op. cit.*, p. 198, tabl. IX, col. I, l. 6-8 et 13.

[6] *Op. cit.*, p. 199-200, col. II, l. 19 ; col. III, l. 2.

[7] *Op. cit.*, p. 200, col. III, l. 10 ; col. IV, l. 46.

heures de marche d'un bon marcheur. Contenau évaluait sa longueur
à 8 kil. 553 m. 60; [1] M. René Labat, à 10 kil. 700,[2] ou nombre proche.[3]
Mlle Maggy Rutten[4] donne plus de précisions : 1 coudée = 495 mm. ;
1 ninda = 12 coudées ; et 1 bêru, c'est-à-dire une double lieue = 1800
ninda, soit 10 kil. 692 m. ; 12 doubles lieues égalent donc 128 kil.
304 m. Pour ne pas exagérer la précision, j'évaluerai à 130 kil. le chemin
que Gilgamesh doit parcourir dans le tunnel

Le Soleil se couchant à 18 heures s'y trouvera entre 18 et 19 heures
(il a « un long chemin » à parcourir). Il importe que Gilgamesh en sorte
à 19 heures au plus tard, sous peine d'être carbonisé au passage de
l'astre. Il dispose donc de 12 heures à peine, de 7 heures à 19 heures,
dernière limite. Il doit donc parcourir une double lieue par heure.

Il va utiliser ce temps entièrement, car on sait qu'à la fin du parcours
il est talonné par le Soleil, c'est-à-dire par le dieu Shamash. Pendant
dix doubles lieues, il marche dans de profondes ténèbres ; « il n'y a
plus de lumière ; il ne lui est donné de rien voir devant ni derrière
lui ». « Au bout de onze doubles lieues, l'aurore point ! », ce qui veut
dire que le Soleil est entré dans le souterrain et s'apprête à apparaître
dans le Monde inférieur. Contenau comprenait : « Il sortit (du tunnel)
avant le Soleil »[5]. « Au bout de douze doubles lieues, c'est la clarté »,[6]
c'est-à-dire que le Soleil est sorti du tunnel juste après Gilgamesh,
et c'est du reste la condition nécessaire pour que le héros puisse voir
le paysage qu'il décrit. A ce moment, semble-t-il, Gilgamesh échange
quelques paroles avec Shamash.[7]

Gilgamesh a donc fait près de 11 kil. par heure de marche, et ceci
pendant 12 heures. Naturellement il faut être Gilgamesh pour accom-
plir cette performance. Il a marché cependant encore beaucoup plus
vite, avec Enkidou, lorsqu'ils sont allés conquérir la Montagne des
Cèdres : pendant trois jours, ils ont parcouru « 50 doubles lieues dans

---

[1] G. Contenau, *La vie quotidienne à Babylone et en Assyrie*, p. 95.

[2] *Manuel d'épigraphie akkadienne*, p. 107.

[3] *Les rel. du Proche-Orient asiat.*, p. 131, n. 5 ; p. 164, n. 1.

[4] *La science des Chaldéens*, 1960, p. 112.

[5] G. Contenau, *L'Épopée de Gilgamesh*, 1939, p. 125, l. 45.

[6] Tablette IX, col. V, l. 45-46 (Labat, *Les rel. du Proche-Or. asiat.*, p. 201).

[7] Labat, *Les rel. du Proche-Or. asiat.* p. 202 ; Contenau, *op. cit.*, p. 126-127 (fragm.
VAT 4105).

toute la journée »,[1] soit 535 kil. en 12 heures, c'est-à-dire qu'ils ont atteint une vitesse de 45 kil. à l'heure ! ils ont fait le « trajet d'un mois et demi, en trois jours »,[2] ce qui suppose qu'un marcheur normal parcourait 535 kil. en un mois, soit 35 kil. par jour en moyenne.

Il faut remarquer que si Gilgamesh a franchi assez facilement la montagne au double sommet de l'Occident, c'est que l'homme-Scorpion lui a ouvert le tunnel réservé à Shamash : Gilgamesh « a pris le chemin du Soleil à travers la montagne »; « la porte de la montagne devant lui s'est ouverte ».[3] Mais le héros a eu seul ce privilège : « il n'y a personne qui ait fait ce chemin ; de la montagne personne encore n'a vu les profondeurs ».[4] Les autres voyageurs qui veulent franchir la montagne jumelée n'ont d'autre ressource que de s'y frayer un passage eux-mêmes. Le vase d'Hasanlu [5] nous montre le lion étoile du soir se glissant sous la montagne, en la soulevant avec son dos (fig. 7).

Fig. 7. Le lion étoile du soir passant sous la Montagne de l'Occident, en la soulevant avec son dos.

Scène 6 du vase d'Hasanlu, *Iranica Antiqua*, 8, 1968, p. 14, fig. 9, scène 6. Photographie de détail, dans *Archéologica*, 43, 1971, p. 31, fig. 11 (Mme Y. André Godard).

Les messagers que Ba'al envoie de son palais du Ṣaphon, le mont Cassius, au dieu Môt à ce moment dans le Monde inférieur, devront agir de même. Ils se rendront d'abord aux deux Monts Jumeaux dont on nous donne ici les noms en hurrite : Targhizizi et Thurmagi. De leurs mains, ils devront soulever la montagne pour passer au-dessous,

[1] Tablette IV, 1er fragm., l. 11, 2e fragm., l. 16, 4e fragm., l. 11 (Labat, p. 171-175).
[2] *Ibid.*, l. 12.
[3] Tablette IX, col. IV, l. 46 et 43 (Labat, p. 200).
[4] *Ibid.*, col. III, l. 8-9 (Labat, p. 200).
[5] Du Mesnil du Buisson, *Iranica Antiqua*, 8, 1968, p. 12-30.

exactement comme le fait le lion du vase d'Hasanlu, avec son dos. Voici l'ordre donné à l'un d'eux : [1]

« Tu te rendras au mont Targhizizi,
au mont Thurmagi,
aux deux hauteurs qui limitent la Terre.
Soulève la montagne sur les mains,
la colline sur la face des paumes,
et descends dans la demeure de réclusion de la Terre.
Tu seras compté parmi les descendus (sous) la Terre ».[2]

Parvenu dans le Monde inférieur, il y trouvera la résidence de Môt, une ville, exactement comme Gilgamesh y rencontre l'exploitation vinicole de Sidouri. Pendant que Ba'al fait régner un climat tempéré dans le Monde des vivants, Môt consume la végétation dans le Monde inférieur : « la lampe divine, Shapash, (y) est ardente, et les cieux (y) sont épuisés à cause de Môt, le favori des Élim ». Les Ugaritains avaient donc deviné l'alternance des saisons dans les deux hémisphères.

3. L'ACCÈS DU MONDE INFÉRIEUR EN S'ENFONÇANT DANS LA MER, D'APRÈS LES PHÉNICIENS

Les Phéniciens, qui, on l'a vu, n'ignoraient pas le passage sous la montagne de l'Occident, avaient imaginé une autre manière de parvenir au Monde inférieur en évitant la traversée difficile de la double montagne. Leur rivage étant tourné vers l'Ouest, ils voyaient toujours les astres se lever sur les montagnes et se coucher sur la mer. Ils en avaient conclu qu'ils s'y enfonçaient réellement et qu'ils en ressortaient au-dessous de la Terre, dans l'Océan occidental. Pour eux en effet la Méditerranée n'était qu'un prolongement de cet océan, de même que le Golfe Persique se raccordait à l'Océan oriental. Él, on le sait, habitait à la jonction de ces deux océans, au-dessous de la Terre.

[1] *Les religions du Proche-Orient asiat.*, p. 417-418, tablette II AB, col. VIII, l. 1-9 (Caquot-Sznycer).
[2] Littéralement « les descendus de la terre ». Comparez à l'expression hebraïque du Psaume 88, 5 : « Je serai rangé avec les descendus du puits », et à l'expression akkadienne contraire : « J'ai été compté parmi les vivants », *Les Rel. du Proche-Orient asiat.* p. 341 (Labat).

Pour les Phéniciens, « les étoiles disparaissaient ou mouraient dans la maison du Prince-Mer », c'est-à-dire dans la mer.[1] Il en était de même de la planète Vénus en qualité d'étoile du soir. Pour eux, le lion qui, chaque soir, la représentait ne se glissait pas sous la montagne, mais plongeait dans la mer : « la tombe de (ces) lions (successifs) (est) l'océan ».[2]

Shapash, la déesse-Soleil, et Ashtart, en qualité d'étoile du soir, agissent de même : Shapash se couche dans la mer avec les étoiles. Koushor, « fils de la mer », l'accompagnera ; il rejettera les serpents de mer qui chercheront à l'attaquer, et ensuite il s'en retournera. Après cette traversée de l'élément liquide, la déesse atteint le dessous de la Terre ; elle passe au-dessous du pays des Rephaïm et des Élonym qui sont des morts, et elle parvient à l'île résidence de Él.[3] Ashtart alliée et protectrice du dieu-Mer, Yam,[4] devait de même s'enfoncer dans la mer, mais aucun texte de Ras Shamra ne la décrit sous cet aspect. Sur le vase de Kafajé, au British Museum, qu'on date du

Fig. 8. La déesse de la planète Vénus (Ishtar ou Ashtart), maîtresse des deux lions étoile du matin et étoile du soir, s'enfonce dans la mer au coucher de l'astre et y refoule sur son passage les deux serpents de mer, Lotan (le Léviathan de l'Ancien Testament) et Shaliyat. Troisième scène du vase de Khafajé, au British Museum.
Mélanges de l'Université Saint-Joseph, 44, 1968, p. 37, fig. 3, 3.

[1] *Études sur les dieux phéniciens*, p. 11.

[2] *Ibid.*, p. 12, n. 3 ; p. 41, n. 3.

[3] *Ibid.*, p. 15-16, spécialement p. 15, n. 3.

[4] *Ibid.*, p. 18-19. Lorsque Ba'al tue Yam, Ashtart se fâche : « Qu'il y ait, dit-elle, une honte pour le Puissant Ba'al... » (Ce dernier nom ne peut être au vocatif à cause de la préposition *l* qui le précède). Ba'al n'avait pas le droit de tuer Yam car celui-ci, qui précédemment recevait un tribut des autres dieux (III AB, B, l. 37 ; Herdner, *Corpus*, p. 8), était alors devenu « leur captif » (III AB, A, l. 29-30). Pour le sens de *bṯ*, « avoir honte », il me paraît inutile de recourir à des explications par l'araméen ou par l'arabe, quand le mot s'explique parfaitement par l'hébreu (*bwš*, *bšt*).

XXIXᵉ ou du XXVIIIᵉ siècle avant J.-C.,[1] la déesse est représentée entre deux monstres marins qu'elle semble bien écarter sur son passage (fig. 8), comme le fait Koushor aux côtés de Shapash à son coucher dans la mer. A l'époque romaine, un autel de Hermel, dans le Liban, montre Ashtart devenue la Vénus Héliopolitaine, posée sur le dieu-Lion figurant l'étoile du soir au moment où elle va s'enfoncer dans l'Océan. La déesse y descend avec lui et deux Tritons les soutiennent (fig. 9).[2]

Fig. 9. La déesse de la planète Vénus, ici étoile du soir, posée sur le dieu-Lion qui figure cet astre, s'enfonce dans la mer à son coucher, d'après un autel de Hermel, dans le Liban, de l'époque romaine. On restituera la tête de lion, de face, dans la partie centrale détruite. *Les tessères et les monnaies de Palmyre*, p. 81, fig. 39.

Cette conception des astres qui se couchent dans la mer a été héritée par les Grecs, puis par les Romains : tous les astres, « sauf l'Ourse, tombent dans les eaux d'Okéanos ».[3] L'exception vise les étoiles qui tournent autour de l'Étoile Polaire sans toucher l'horizon. Un autel romain du Louvre, du Iᵉʳ siècle après J.-C.,[4] montre la Lune sous les traits de Séléné, descendant dans l'Océan que symbolise un buste d'Okéanos. Sur les côtés de la déesse, deux jeunes dieux, aussi en buste, représentent l'aurore et le crépuscule, Shaḥar et Shalim, devenus à cette époque Pollux et Castor (fig. 10). La chlamyde, l'étoile au-dessus du front (sans les bonnets) se retrouvent dans les bustes de ces dieux des monnaies de Tripoli.[5] La disposition de la déesse encadrée par ces

---

[1] *Mélanges de l'Université Saint-Joseph*, 44, 1968, p. 36.
[2] *Les tessères et les monnaies de Palmyre*, p. 81, fig. 39.
[3] *Iliade*, XVIII, description du bouclier d'Achille.
[4] *Les tessères et les monnaies de Palmyre*, p. 109, fig. 66, partie de droite.
[5] Voyez ci-après p. 109-112, pl. V.

dieux est aussi caractéristique.[1] L'identification avec Phosphoros et Hespéros, l'étoile du matin et l'étoile du soir, est donc à abandonner.

Pour les Phéniciens, les héros comme les dieux pouvaient atteindre l'Au-delà en suivant la même voie que les astres. L'expression : « vers le coucher du Soleil (ou de Shapash) Kérét ira», veut dire que ce héros va mourir.[2]

Le dieu Môt tué par la déesse Anat descendra par la mer dans les pays du dessous de la Terre. Après qu'Anat l'eut réduit en poussière, il a « connu la dispersion dans la mer» :[3] sa tombe, lieu de passage, sera l'océan.[4] A l'époque hellénistique, on jetait dans la mer, à la fin de la fête d'Adonis à Alexandrie, le mannequin représentant ce dieu. De cette manière, on l'acheminait vers l'Achéron.[5]

Fig. 10. La Lune (Séléné) se couchant dans l'Océan (Okéanos), entre Aurore et Crépuscule (Shaḥar et Shalim), devenus alors Pollux et Castor, au service de la déesse. Remarquez la torche relevée de l'aurore et la torche abaissée du crépuscule,

Cippe du Ier siècle après J.-C., marbre du Musée du Louvre, *Les tessères et les monnaies de Palmyre*, p. 108-109, fig. 66, pl. CXI-CXIV.

Ba'al et Môt se succèdent dans le Monde inférieur. Quand arrive la saison chaude dans le Monde des vivants, « quand se dessèche l'oli-

[1] F. Chapouthier, *Les Dioscures au service d'une déesse*, 1935, multiples exemples p. 277, la fig. 50 correspond à notre fig. 7 revue sur l'original.

[2] *Keret*, III, col. 5, l. 18-19.

[3] *Les rel. du Proche-Orient asiat.*, p. 433, l. 19.

[4] *Études sur les dieux phéniciens*, p. 12, n. 3.

[5] *Ibid.*, p. 12 et 114.

vier»,[1] Môt demande à Baʿal de venir le remplacer dans la demeure souterraine : « Puisses-tu descendre, lui dit-il, dans la tombe (npš) de Môt, fils des Élim, dans la fosse de l'Aimé (ydd), fils de Él.[2] «(Cette) tombe, ajoute-t-il, est la tombe des lions, l'océan».[3] Comme celle des humains, elle n'est qu'un lieu de passage qui permet à l'âme de se rendre dans l'Au-delà.[4] Dieu de l'élément humide, Baʿal ne doit pas s'effrayer de ce plongeon dans l'océan : « le désir du dauphin (n'est-il pas) dans la mer ? l'étang est l'aspiration des buffles ; la source, la convoitise des biches».[5] Comme Shapash, Baʿal rencontrera des monstres marins dans cette traversée, mais il ne se contentera pas de les refouler comme elle le fait,[6] il les frappera et les massacrera.[7]

Baʿal acquiesce à la demande de Môt de venir le remplacer dans le Monde inférieur, mais il ne traversera pas la mer comme l'a fait Môt, et comme celui-ci l'invite à le faire. Il empruntera la même voie que ses messagers. Il prend avec lui ses nuages, son vent, sa foudre, ses pluies, et avec ses filles Pidry et Ṭaly, qui engendrent la foudre et l'abondance, (p. 83), il rentre au cœur de la montagne qui enclot l'horizon ; il soulève la montagne de ses mains et descend dans la demeure souterraine. Il se trouve ainsi dans le domaine de Él où Môt faisait régner une chaleur torride. Lui, il y apporte le printemps et une relative fraîcheur. Dans un frais pâturage, il aimera la génisse et lui fera concevoir un fils.[8] Mais il n'empêche qu'à partir de ce moment, il fait partie des « descendus de la Terre», c'est-à-dire qu'il est mort.

---

[1] *Les rel. du Proche-Orient asiat.*, p. 422, l. 5, la traduction « quand a mûri l'olive « supposerait l'automne qui ne convient pas pour la mort de Baʿal. Virolleaud, *Syria*, 15, 1934, p. 315, « quand est brûlé l'olivier» répond mieux au début de l'été.

[2] *Syria, ibid.*, p. 306 et 309-310.

[3] *Études sur les dieux phéniciens*, p. 12, n. 3, et p. 41.

[4] *Les tessères et les monnaies de Palmyre*, p. 182-184. A partir de l'époque héllénistique, le Paradis des morts est situé dans le ciel astral et non plus sous la terre.

[5] *Études sur les dieux phéniciens*, p, 41, n. 3.

[6] Voir ci-dessus, p. 14.

[7] I* AB, Virolleaud, *Syria*, 15, 1934, p. 305 s. ; Herdner, *Corpus*, p. 31 s. ; Caquot-Sznycer, *Les rel. du Proche-Orient asiat.*, p. 420, l. 1-4, et p. 421, l. 28-31, quand Baʿal frappera les deux serpents de mer, « les cieux s'enflammeront», c'est-à-dire que Môt reviendra.

[8] *Ibid.*, p. 423-424, l. 18-22. Il est à remarquer que cette génisse n'est pas Anat qui ignore encore la mort de son frère.

Anat va aussi descendre dans le Monde inférieur pour y rechercher son frère. «Elle s'en va et inspecte (ṣd, «chasser») toute montagne au cœur de la contrée, tout vallon au cœur des champs» et elle parvient au plaisant pacage où demeure Ba'al. Elle constate qu'il se trouve bien dans le Monde inférieur, donc qu'il est mort,[1] et elle en prend le deuil avec éclat. Elle souhaite que la déesse-Soleil, Shapash, qui chaque jour descend dans le Monde inférieur, se rende auprès de Ba'al.[2]

On remarquera qu'Anat commence par aller constater que Ba'al se trouve bien dans le Monde inférieur: «Oui, Ba'al est descendu sous la Terre». Ensuite, seulement, elle prend le deuil, et s'occupe d'inhumer son corps sur les pentes du Ṣaphon.[3] Le dieu est assimilé à un souverain humain mort en combattant.[4] Si donc Ba'al est mort, c'est qu'il a été tué et on nous racontera comment. Il chassait sur les confins du désert, lorsque des buffles à garrot proéminent et à face humaine, les Dévorants, se sont jetés sur lui et l'ont accablé de coups.[5] Ce côté humain des dieux phéniciens est très important à noter. Ba'al est assimilé à un mortel. Avec l'aide de la déesse Shapash, Anat charge le corps sur son épaule et le porte en terre.[6] La sépulture de Ba'al est identique à celle des humains: le texte précise «elle le place dans la sépulture (ḫrt) des dieux, la terre».[7] Mais cette similitude est surtout dans la forme, car l'inhumation de Ba'al ne le conduit pas dans le Monde inférieur où il est installé dès avant les funérailles. Pour les humains la tombe est un acheminement de leur âme vers la demeure des morts, une caverne qui se trouve dans le corps de la Terre, non au-dessous.

Môt règne alors sur la terre des vivants. Il y amène une chaleur meurtrière: «la lampe divine, Shapash, est ardente; le ciel est épuisé

---

[1] *Ibid.*, p. 425, l. 26-32.

[2] *Ibid.*, p. 426, l. 9.

[3] *Ibid.*, p. 425-427.

[4] Sur le caractère humain des dieux d'Ugarit, *Études sur les dieux phéniciens*, p. XIV-XV et XIX.

[5] Virolleaud, *Syria*, 16, 1935, p. 247-266; Herdner, *Corpus*, I, p. 53-55.

[6] *Les rel. du Proche-Orient*, p. 426, l. 11-26 (Herdner, p. 38).

[7] *Ibid.*, l. 17-18.

à cause de Môt».[1] Anat saisit Môt par son vêtement et lui demande
de lui rendre son frère, mais il se dérobe.[2]

Puis « les jours passent ; les jours deviennent des mois[3] ». L'automne
approche ; les grandes chaleurs se terminent. La royauté de Môt touche
à sa fin. Anat se jette sur lui et le met en pièces :

« Avec le van, elle le vanne.
Avec le fer, elle le concasse.
Au feu, elle le brûle.
Dans le moulin, elle le broie.
Dans le crible, elle le crible.
Dans le champ, elle le disperse pour que les oiseaux en dévorent
la chair.
Dans la mer, elle le répand».[4]

Les deux premières opérations se rapportent à la préparation du grain
pour l'alimentation. Les trois suivantes font allusion à deux façons
différentes de consommer le blé en Orient : ou bien on le grille sur une
plaque chauffée, ou bien on le broie et on le crible pour en faire de la
farine, puis du pain. Josué (V, 11) fait clairement cette distinction :
quand les Hébreux arrivèrent en Canaan, ils mangèrent le blé du pays
« en pains non levés et en (grains) grillés (litt. brûlés)». Les deux dernières opérations de la liste visent l'extermination de Môt, sous la
forme du blé qui ne servira pas à la semence prochaine.[5] « La dispersion
dans le champ» dont il est ici question est un moyen de mise à mort de
Môt, et non une semence. En « le répandant dans la mer», Anat l'achemine vers le Monde inférieur. Son but est que l'esprit de Môt y descende
et pour y parvenir elle doit tuer son corps. Ensuite seulement Baʿal
pourra remonter du séjour des morts.

De ce texte on déduira qu'à ce moment Môt s'est emparé du blé, le

---

[1] *Ibid.*, p. 429, l. 24-25. La même phrase, p. 418, l. 22-23, fait allusion à l'été que
Môt fait à cet autre moment régner dans le Monde inférieur.

[2] *Ibid.*, l. 14-23.

[3] *Ibid.*, p. 429, l. 26-27.

[4] *Ibid.*, p. 430, l. 32-35, et p. 433, l. 13-19. Les deux textes sont ici combinés.

[5] Ce traitement infligé au grain est sans rapport avec les procédés de destruction du
Veau d'or par Moïse, *Exode*, XXXII, 20. Il fut, nous dit-on, brûlé, puis réduit en une
poudre fine que Moïse répandit sur l'eau. Nous laissons aux métallurgistes le soin d'expliquer ce texte.

domaine de Baʿal, et qu'il s'est identifié avec le grain. A cet état de choses Anat met fin en vouant à la mort une partie du blé, mais le rite qu'elle accomplit est sans rapport avec celui de la dernière gerbe,[1] qui se situe à la fin de la moisson (juin-juillet). Le rite accompli par Anat a lieu à la fin des chaleurs de l'été, au début de l'automne (septembre-octobre). Il se rapporte au blé déjà battu sur l'aire et ensilé. S'il en était autrement, le poète ne manquerait pas de nous dire qu'Anat bat Môt avec le fléau.

Le dieu étant tué, son esprit va descendre dans le Monde inférieur. Comme dans le cas de Baʿal, la mort du corps conditionne cette descente. Anat elle-même, on l'a vu, lui en a donné le moyen par « la dispersion [2] (de ses cendres) dans la mer ».[3] C'est en traversant la mer que Môt atteint le dessous de la Terre : « (sa) tombe est l'Océan (*thw*) ». Il apporte alors l'été dans le Monde inférieur et y habite une ville qui est « sa ville (*qrth*) », en attendant son retour dans la terre des vivants.

La mort de Môt, c'est-à-dire sa descente dans le Monde inférieur, a pour conséquence la remontée de Baʿal : on proclame qu'il est vivant.[4] A nos yeux cependant il n'a cessé de l'être, puisque dans son plaisant pâturage du Monde inférieur il a continué à procréer avec vache ou génisse.[5] Pour les Phéniciens, celui qui est un « descendu de la Terre » est mort, dut-il habiter « au plus agréable des terrains de pâture, au plus plaisant des champs ».[6] Baʿal de retour va ramener avec lui « ses nuages, son vent, sa foudre et ses pluies ».[7] Il reprendra possession du blé de la semence et régnera sur la terre des vivants jusqu'à l'été ; à ce moment, il sera tué de nouveau. Ainsi se referme le cycle de Baʿal et de Môt. Le premier règne neuf mois sur le dessus de la Terre, le second y est le roi de l'été pendant trois mois. Au moment où Baʿal remonte du Monde inférieur, Él nomme sa sœur, « l'Anat des champs,

---

[1] Rapprochement plusieurs fois fait par R. Dussaud, *Les rel. du Proche-Orient asiat.*, p. 370.

[2] *Les rel. du Proche-Orient asiat.*, p. 429, l. 26-27.

[3] *Ibid.*, p. 433, l. 19.

[4] *Études sur les dieux phéniciens*, p. 41.

[5] *Les rel. du Proche-Orient*, p. 423, l. 19-21.

[6] *Ibid.*, p. 424, l. 5-6.

[7] Ces attributs de Baʿal sont importants à noter, car (sauf le vent) il ne peut en faire usage en Orient que de novembre à mars, pendant cinq mois. Il n'est donc pas un dieu

l'Anat des labours».[1] Cette évocation des cultures et des labours indique le moment : le début de l'automne. Dans le Poème des dieux gracieux, la fin du règne de Môt est caractérisée par la préparation des vendanges, c'est-à-dire l'approche de l'automne.[2] Môt est apparemment « le roi de l'été, le roi des décrépitudes » du poème de Nikkal,[3] car on nous dit ailleurs que Môt tient « en main le sceptre de la stérilité, le sceptre du veuvage ».[4]

Ainsi Môt, le dieu-Mort, passe la plus grande partie de son existence au-dessous de la Terre. Sa venue dans le monde des vivants est passagère. Il était naturel que les Grecs l'aient identifié avec Pluton, fils de Kronos et de Rhéa, selon la mythologie d'Hésiode.[5] A Ugarit, Môt était « fils des Élim » qui ont comme lui leur demeure au-dessous de la Terre.

Quant à Ba'al, lorsqu'il n'est pas dans le Monde inférieur, ou qu'il ne parcourt pas le ciel à cheval sur les nuages, sa résidence habituelle est le Ṣaphon,[6] le mont Cassius. Au sommet se trouvait un haut lieu où résidait Él sous le nom de « Él du Ṣaphon » (*'il Ṣpn*),[7] avec une épouse ou Ashérat nommée « l'Élat du Ṣaphon » (*'ilt Ṣpn*),[8] différente de « la Grande Ashérat de la Mer » de Ras Shamra. C'était les dieux père et mère, et à leurs côtés se trouvait le dieu fils Ba'al du Ṣaphon accompagné de sa sœur Anat appelée ici « Anat du Ṣaphon ».[9] Elle était au

qui dort ou meurt en hiver comme Melqart, Bêl, etc., ou qui est à ce moment aux Enfers comme Adonis.

[1] *Les rel. du Proche Orient*, p. 431-432, I AB, III-IV, l. 25-27 et 36-38.

[2] Voyez ci-après p. 92, 94, 98 et 109.

[3] *Études sur les dieux phéniciens*, p. 7 et 70.

[4] *Les rel. du Proche-Orient*, p. 454, l. 7-8.

[5] Philon de Byblos. fragm. II, 24, *in fine*, M.-J. Lagrange, *Études sur les rel. sémit.*, 2e éd., p. 424 et 432 ; R. du Mesnil du Buisson, *Mélange Jérôme Carcopino*, p. 282-284. La mère de Ba'al n'est certainement pas l'Ashérat de la mer de Ras Shamra, car « elle et ses fils se réjouissent » de la mort de Ba'al, *Les rel. du Proche-Orient asiat.*, p. 247, l. 40-43, cf. aussi p. 406, l. 24, et p. 432, V, l. 1-2.

[6] *Ugaritica*, V, p. 565, l. 9, « mrym Ṣpn, « les hauteurs du Ṣaphon ».

[7] Herdner, *Corpus*, p. 110 ; *Ugaritica*, V, p. 44, B, liste de dieux commençant par Él du Ṣaphon, suivi de Ba'al du Ṣaphon quatre lignes plus loin. Cette personnalité particulière donnée à Él sur le Ṣaphon viendrait de ce qu'il y aurait succédé à Élioun ('Élyôn), *Études sur les dieux phéniciens*, p. 53. Cette explication de Dussaud est fort douteuse.

[8] *Le Palais royal d'Ugarit*, II, 4, 21 (p. 13-14), *'ilt Ṣpn*.

[9] *Ugaritica*, V, p. 592, l. 13-14 et 17.

Ṣaphon en « résidence secondaire », son habitat principal était son palais d'Inbab [1] et son palais d'Ughar (peut-être le même).[2] Le haut lieu du Ṣaphon était certainement du type habituel : deux bétyles ou pierres dressées étaient le logement de Él et de Baʿal; un poteau (car on peut difficilement imaginer un arbre vert en un lieu si aride) servait d'habitat à l'Ashérat accompagnée de sa fille, Anat. Ce haut lieu étant à ciel ouvert, Baʿal pouvait se plaindre de n'avoir « pas de maison comme les autres dieux ».[3]

Le rôle principal de Baʿal était de faire pleuvoir pour que vivent animaux et plantes, spécialement les troupeaux et le grain dont il était le dispensateur. Anat l'assistait tout en étant particulièrement la dame des sources. Dans le Poème de Baʿal et d'Anat,[4] le retour de la fraîcheur rendue par cette déesse, le soir, après ses combats, est ainsi décrit :

38   Elle puise son eau et elle répand
       la rosée des cieux, graisse de la terre.
39-40 « Fais abonder (rbb) [5] (dit-elle), ô Chevaucheur des nuées,[6]
       la rosée des cieux ! ». Elle verse
       abondamment; elle verse comme les étoiles.
42   Elle frappe dans ses mains pour faire danser [7] les lièvres [8]

---

[1] *Ugaritica.*, V, p. 570, l. 4.

[2] *Les religions du Proche Orient asiat.*, p. 398, l. 78-79.

[3] Cf. II AB, « La construction du palais de Baʿal ».

[4] V AB, B, II-III, Virolleaud, *La déesse ʿAnat*, 1938, p. 26-27; *Syria*, 18, 1937, p. 100-102; Herdner, *Corpus*, p. 16.

[5] *rbb* est un impératif factitif d'un verbe dont le *paʿel* est bien attesté en araméen.

[6] Désignation habituelle de Baʿal, le père de la rosée qui est la déesse Ṭaly, fille d'abondance (*rb*). Voyez ci-après p. 83.

[7] Verbe *tpp*, hébreu תפף, Virolleaud, *Syria, l.c.*, p. 102. Les battements de mains accompagnés d'hululements correspondent à un usage oriental très répandu. Mais on peut comprendre aussi que la déesse fait danser les lièvres ou les rassemble au son d'un tambourin (hébreu תף).

[8] Sur les lièvres symboles de la fraîcheur nocturne comme les antilopes, voyez *Études sur les dieux phéniciens*, p. 9, « les antilopes et les lièvres », et 90. fig. 23; *Persica*, 3, 1967-1968, p. 22, fig. 10-11; *Iranica Antiqua* 8, 1968, p. 33, fig. 21, pl. I, 2, le massacre des lièvres à l'apparition du jour. Voir ci-après p. 135, fig. 29, B; p. 139, fig. 32; p. 142-143, fig. 35 (le dieu-Lièvre à corps humain); p. 144, fig. 100; p. 193, fig. 70 A. A l'époque chrétienne, le lièvre devient le symbole du Paradis, le lieu de fraîcheur par excellence, p. 157, fig. 76, 2.

qui sont en mille champs, (et) sa brume monte de la mer.[1]

Le puissant Ba'al acquiesce et encourage sa sœur : « Répands, lui dit-il, le bien-être au sein de la terre, des averses de délice au sein des champs ».[2]

4. L'ENTRÉE DU MONDE INFÉRIEUR POUR LES ÉGYPTIENS

Les Égyptiens de l'Ancien Empire, nous l'avons dit, se représentaient le Monde inférieur, le dessous de la Terre, comme l'Égypte des Morts conçue à l'image de celle des vivants. Les habitants y cultivaient l'épeautre et le blé.[3] On y trouvait des villes et des villages.[4] L'eau y était abondante : des mers, des lacs, mais surtout de vastes marécages aux rives verdoyantes remplies de plantes aquatiques : papyrus, souchets et lotus. Dans le milieu était l'île où se rend le roi décédé ; c'est le lieu où se tiennent les assemblées des dieux, où se réunit le tribunal qui juge Horus et Seth,[5] « la grande île qui est au milieu du champ des offrandes avec son herbe et ses arbres purs ».[6] Là se trouvait l'« Arbre de Vie », « la Plante des Vivants », d'où les dieux tiraient leur vie et qu'ils pouvaient concéder.[7] Cette « Plante verte était sous les pieds de Geb », le dieu-Terre.[8] C'était très exactement l'Ile du milieu des océans des Sémites,[9] mais avec cette différence qu'on n'y trouvait pas la Source universelle, l'Apsou. Les Égyptiens concevaient autrement le système des eaux. Toutes les eaux douces, proprement les eaux de la vie, venaient du ciel. Le chaos originel, le dieu Nou ou le père Nou (*nnw*), ne contenait que des eaux saumâtres qui avaient fourni les océans

---

[1] Littéralement : « son évaporation (*z'u*) (est) dans la mer ». Comparez : « une nuée monte de la mer », I *Rois*, XVIII, 44.

[2] *Les rel. du Proche-Orient asiat.*, p. 395, l. 13-14 ; p. 398, l. 13-14 ; p. 398, l. 74-75, 87-89 (sous réserve de mes modifications dans la traduction).

[3] *Pyramides* 874 et 285, Speleers, *Textes des Pyramides égyptiennes*, Bruxelles, 1934, p. 116, 44, etc ; du Mesnil du Buisson, *L'Ethnographie*, 49, 1954, p. 40.

[4] *Pyr.* 961 et 1678, Speleers, p. 125 et 194.

[5] G. Lefebvre, *Romans et contes égyptiens*, 1949, p. 189-190 ; P. du Bourguet, *Histoires et légendes de l'Égypte mystérieuse*, 1968, p. 25. Ce sont « les lieux d'Horus et Seth au Champ des Souchets » de *Pyr.* 480, 487, 943, 948, 961, 994.

[6] *Pyr.* 1216 et 471, Speleers, p. 149 et 67.

[7] *Pyr.* 1216 et 567-569, Speleers, p. 149 et 79-80 ; du Mesnil, p. 44.

[8] *Pyr.* 541, Speleers, p. 76.

[9] Voir ci-dessus, p. 2-4, fig. 1.

après l'émersion de la terre ferme.[1] L'eau douce n'était apparue sur la Terre qu'avec les deux déesses Nout qui représentaient les deux voûtes d'eau qui enserraient la Terre par-dessus et par-dessous. Ces voûtes touchaient la Terre sur son pourtour et c'est de là qu'elles fournissaient en abondance l'eau qui se répandait sur toute la surface, spécialement au Sud où elle alimentait le Nil.[2]

Le pourtour de la terre des vivants était entouré de montagnes inaccessibles qui empêchaient de descendre dans le Monde inférieur, sauf aux deux horizons de l'Orient et de l'Occident. De ces deux côtés, il y avait les quatre supports du ciel dont nous avons parlé, des portes [3] dont on ne s'explique pas bien le rôle et surtout une montagne à deux sommets par où passait journellement le soleil. Ces deux montagnes jumelées nous sont bien connues par les idéogrammes ⌣, « la montagne à deux sommets », et ⌣, la même avec le soleil visible dans le col. Le Soleil est l'Horus des deux doubles montagnes, *3ḫty* au duel, avec le déterminatif 𓈌. Sur celle de l'Occident se tenait Anubis qui contrôlait la venue des morts.

Malgré leur identité apparente, ces montagnes différaient par la manière de les franchir : pour traverser celle de l'Orient, on passait par dessus.[4] Mais pour entrer par celle de l'Occident, il fallait passer au travers.

Les Textes des Pyramides ne nous font connaître cette particularité que par des allusions. Voici comment y est décrite l'entrée du roi décédé dans le Monde inférieur.

> « Bienvenue ! » dit Osiris ; « Viens en paix ! », te dit Osiris. On t'a rempli les marais ; les berges fleurissent pour toi. Le Chef des Occidentaux (Osiris) a pris ton bras au bord de la montagne (*ḫbt*). La terre est ouverte à la hache. Les deux nomes du dieu hurlent devant le roi quand il descend sur (leur) terre. Geb (dieu-Terre) ! ouvre la bouche pour ton fils l'Osiris (le roi) ».[5]

On nous dit que « la terre s'ouvre devant le roi, le jour où il aime

---

[1] *Études sur les dieux phéniciens*, p. 40.

[2] Je fais ici une réserve pour les époques préhistorique et prédynastique.

[3] *Pyr.* 194, 252, 873, 876, 1291, 1575, etc.

[4] « Les deux monts se séparent, un dieu surgit », *Pyr.* 264, Speleers, p. 222. Shamash fait de même en Mésopotamie, d'après les cylindres-sceaux, *Mél. de l'Univ. S. Joseph*, 16, 1932, pl. IV.

[5] *Pyr.* 1392-1395, Speleers, p. 168. « On hache la terre pour le roi », *Pyr.*, 1138, p. 141.

venir : le Grand de Labour qui est dans le Monde inférieur (*dwȝt*) (lui dit) : « Vois-la ! Elle vient à ta rencontre, la Belle de l'Occident ».[1] Le passage souterrain de la montagne est appelé *tpḥt*, « l'antre ». Quand le roi suit « le chemin du crépuscule, on lui ouvre l'antre du ciel (*ptrw*) » et on élargit la lumière.[2] « Au beau jour où il va vers la montagne, il arrive avec son âme (*bȝ*) et va vers son antre ».[3]

Par la suite, il en sera de même pour tous les morts : la stèle 614 du British Museum souhaite au défunt « que la Montagne s'ouvre devant lui ».[4]

Le document le plus explicite relatif au passage de la barque solaire à travers la montagne de l'Occident est une peinture reproduite par Maspero en 1895 (fig. 11), avec cette simple légende : « La barque

Fig. 11. La barque du Soleil (Rê) au moment où elle entre dans le Monde inférieur (*dwȝt*) après avoir passé à travers la Montagne de l'Occident (lever du soleil dans le Monde inférieur).

Maspero, *Histoire ancienne des Peuples de l'Orient*, I, *Les origines*, p. 197, figure.

---

[1] *Pyr*, 281-282, Speleers, p. 44.

[2] *Pyr*. 1675-1680, Speleers, p. 194.

[3] *Pyr* 1555-1557, Speleers, p. 184. Cf. aussi *Pyr*. 1078, p. 135.

[4] J. Vandier, *La religion égyptienne*, I, 1949, p. 95; Du Mesnil du Buisson, *Iranica Antiqua*, 8, 1968, p. 22.

solaire s'enfonce dans la montagne de l'Occident».[1] En réalité, il est aisé de reconnaître la sortie de la barque qui vient de traverser la montagne. Une représentation de la poupe serait caractérisée par le gouvernail composé de deux avirons pendant obliquement sur les

Fig. 12. La barque solaire vue en entier, d'après une peinture du Livre des Morts (on reconnaît qu'il s'agit de la proue, et non de la poupe, dans la figure précédente).

Maspero, *ibid.*, p. 196, figure.

côtés (fig. 12) ; or il n'apparaît pas. Il s'agit certainement de la proue portant les deux déesses Isis et Maât (Isis était à l'avant de la barque solaire et Nephtis à l'arrière) ;[2] ces déesses étaient toujours tournées vers l'avant. Au-dessous de la barque, la vache Hathor sort aussi de de la montagne. Les Textes des Pyramides nous disent que cette vache divine « qui est sur la Montagne où descendent les luminaires »[3] « fait de beaux chemins au roi » lorsqu'il se dirige lui-même vers le Monde inférieur.[4] La scène est donc un lever de soleil dans l'Au-delà, ce qui explique les acclamations du cynocéphale représenté en avant. L'inscription hiéroglyphique en donne le commentaire :

> « (La guenon cynocéphale) adore Rê-Harakhti (Horus dans l'horizon), Amon-Rê, chef (?)[5] des dieux et des grandes (déesses),[6] qui est (en ce moment) dans le Monde inférieur (*dwȝt*), demeure d'Anubis (qui est) en haut du Pavillon divin aux deux horizons ».

[1] *Histoire ancienne des Peuples de l'Orient*, I, *Les origines*, p. 198. figure.

[2] *Pyr.* 2097, Speleers, p. 225.

[3] *Pyr.* 388-389, Speleers, p. 57.

[4] *Pyr.* 1153, Speleers, p. 143. Cf. aussi *Pyr.* 729, p. 99.

[5] Les signes paraissent avoir été ici mal copiés.

[6] Nous tenons compte du *t* du féminin qui pourrait cependant n'être qu'une fantaisie orthographique, ce qui donnerait : « des dieux grands », au lieu de « des dieux et des déesses ». Comparez à la scène 2 du Papyrus de Te-hem-en-Mout, Tadensz Andrzejewski, *Acad. pol. des Sc., Arch. médit.*, I, 1959, p. 16-28.

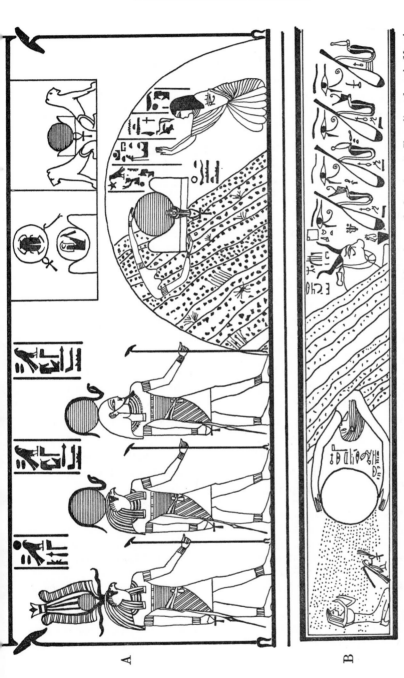

Fig. 13-14. Le soleil passant à travers la montagne de l'Occident à son coucher dans le monde des vivants. Il se lève dans le Monde inférieur, celui des morts, d'après des miniatures du Livre des Morts, du Nouvel Empire, Ions et Jospin, *Mythologie égyptienne*, Paris 1969, frontispice et p. 30.

A côté de la montagne, dans la figure A, on lit : « Louange à Ré à l'horizon de l'Occident (= le Monde inférieur) ».

Cette scène ne s'expliquerait pas si la barque s'enfonçait dans la montagne.

Dans une enluminure du Livre des Morts (fig. 13, A),[1] la traversée de la montagne de l'Occident par le soleil couchant est figurée autrement. Ici on ne voit pas la barque, mais seulement le disque [2] posé sur le signe de l'horizon. Le tout est porté par deux bras se rattachant à une poitrine féminine. Ils ont ouvert le chemin pour le passage du soleil. Celui-ci sort de la montagne dans le royaume des morts, où est déjà parvenu le défunt qui attend sa venue dans l'attitude des adorateurs. Au-dessus de cette scène, à droite, les deux lions étoile du matin et étoile du soir soutiennent le soleil aux deux horizons : c'est là un thème entièrement asiatique.[3] A gauche, l'astre est en transformation, passant par des phases successives : tel est le sens du scarabée qui le surcharge. Du disque émane la « vie », ♀, et le « bien être », ⌉ . Au-dessous, l'Horus de l'Occident dans le disque solaire apparaît, posé sur l'horizon, et il est reproduit trois fois, à gauche, sous divers aspects avec l'inscription répétée : « Horus des deux horizons, dieu grand ». Dans la dernière figure, à gauche, il porte la couronne d'Osiris avec lequel il s'identifie en entrant dans le royaume des morts.

Un papyrus de la XXIe dynastie du British Museum (fig. 14, B) [4] représente encore, d'une autre façon, la marche du soleil à travers la montagne. Celle-ci barre le passage. A droite, du côté des vivants, la vache Hathor [5] sort en partie de la montagne. On l'a vue dans une autre image (fig. 11) guidant la barque solaire. Ici elle fait figure de gardienne de la montagne et de son accès. Les quatre bateliers du ciel se sont arrêtés devant elle. De l'autre côté de la montagne, à gauche, le soleil porté par le dieu Shou a déjà fait sa traversée et il illumine, dans le Monde inférieur, la défunte titulaire de ce papyrus et son âme *bâ*

---

[1] Véronique Ions, *Mythologie égyptienne*, trad. L. Jospin, Paris, 1969, frontispice.

[2] Nous adoptons ce terme en faisant bien remarquer que le disque pour représenter le soleil n'est qu'une création des sculpteurs soucieux de ne pas trop charger le haut des statues. En réalité, les Égyptiens se représentaient le soleil comme une sphère, la boule que fabrique le scarabée Kheperer.

[3] *Bulletin de l'Institut d'Archéologie orientale*, Le Caire, 68, 1969, p. 70-71, fig. 2.

[4] Ions, *op. cit.*, p. 30, Papyrus de Pa-Shébout-en-Mout, musicienne d'Amon-Rê.

[5] Le nom de la déesse est inscrit au-dessus. On trouve une disposition identique dans une miniature du Papyrus Ani (chapitre 186). La tête de la vache Hathor sort de la montagne et son nom est inscrit au-dessus, A. Champdor, *Le Livre des morts*, 1963, p. 143.

en forme d'oiseau à tête féminine. Il est intéressant de voir ici intervenir le dieu Shou dont le rôle principal est d'élever le ciel sur ses mains. Il est particulièrement apte à « soulever la montagne sur les mains, la colline sur la face des paumes », suivant la formule des textes de Ras Shamra.

Il serait facile de donner d'autres exemples de cette scène du passage du disque solaire à travers la montagne de l'Occident gardée par la vache Hathor,[1] mais ils ne feraient que confirmer ce qu'on vient de dire.

5. Les antipodes

Cette conception des deux Égyptes, celle des vivants et celle des morts, placées en symétrie au-dessus et au-dessous de la Terre, tour à tour éclairées par le soleil, avait pour conséquence que les morts étaient la tête en bas, les pieds posant sur une sorte de plafond. C'étaient proprement des antipodes (mot inventé par les Grecs). Dans l'Au-delà les astres voguent « sens dessus-dessous ».[2] Les prêtres savaient bien que les morts étaient des esprits sans pesanteur, comme les dieux qui séjournaient dans le Monde inférieur. La conception des deux mondes qui découlait d'observations astronomiques n'avait donc pour eux rien de choquant. Mais le bon sens populaire ne pouvait admettre que les êtres ainsi placés ne tombent pas dans le vide. La théorie des antipodes était pour la plupart des Égyptiens une absurdité. Aussi voyons-nous, au Moyen Empire, un nouveau système se substituer à l'ancien : le Soleil ne passe plus au-dessous de la Terre, mais suit une vaste galerie située dans la masse de la Terre. Cet immense tunnel allant de l'Occident à l'Orient était parcouru par un grand fleuve semblable au Nil. La barque solaire y voguait, traversant douze chambres souterraines, franchissant des portes successives et mille obstacles décrits dans le Livre des Morts. Les défunts l'acclamaient au passage.

Mais on constatera que la conception de pays situés sous la calotte inférieure de la Terre, abandonnée par les Égyptiens du Moyen Empire, s'est maintenue dans le milieu sémitique, mais que les textes ne préci-

---

[1] M.-Th. Picard-Schmitter, *Revue Archéologique*, 1971, 1, p. 45, fig. 14; p. 54-55, fig. 24-26.

[2] *Pyr.* 323 et 1516, Speleers, p. 49 et 180.

sent jamais la position des personnages qui s'y trouvent. Ce ne sont pas cependant de purs esprits, et Gilgamesh peut y descendre et y circuler avec son corps. Éa y navigue pour aller en Mésopotamie à l'aurore du temps. Dans une épitaphe de Mactar, en milieu punique vers 300 après J.-C.,[1] la défunte décrit ainsi le Monde inférieur où elle est descendue : « J'habite les doux Champs-Élysées de Proserpine, et je vois d'en haut le soleil et les constellations ». Proserpine n'habite donc pas le palais souterrain d'Ereshkigal, situé dans le corps de la Terre,[2] mais au-dessous de la Terre un pays éclairé par le soleil ; ici encore il n'est fait aucune allusion à une position inversée.

Dans l'iconographie, il en est généralement de même. Sur les cuves de Tell Mardikh,[3] dans la région d'Alep, au IIe millénaire avant J.-C., on voit le lion de la planète Vénus passer au-dessous du trône de Él dans le Monde inférieur, mais le dieu est dans une position nor-

Fig. 15. Cylindres-sceaux montrant des personnages et des scènes tournés dans les deux sens. 1-2, G. Contenau, *La glyptique syro-hittite*, pl. XVIII-XIX, 137 et 144 ; 3-4, H. Frankfort, *Cylinder Seals*, fig. 81 (Smyrne) et 107 (Crète).

---

[1] Épitaphe de Julia Benenata, *Comptes rendus de l'Acad. des Inscr.*, 1946, p. 461 ; 1951, p. 375 ; Gilbert Charles-Picard, *Les rel. de l'Afrique antique*, Paris, 1954, p. 146
[2] Voyez la Descente d'Ishtar aux Enfers, *Les rel. du Proche-Orient*, p. 258-265.
[3] *Rivista degli Studi orientali*, 42, 1967, p. 359, pl. I, 1, et II, fig. 6.

male. Les bas-reliefs d'un étui de carquois du Luristan du VIIIᵉ ou VIIᵉ siècle avant J.-C.[1] représentent de même Él assis sur son trône dans le Monde inférieur et le lion de la planète Vénus couché au-dessous.

Quelques cylindres-sceaux de Crète, d'Asie Mineure, de Syrie et de Mésopotamie représentent des personnages placés dans les deux sens (fig. 15, pl. I)[2]. On pourrait y voir une allusion aux antipodes, mais cette interprétation n'est jamais bien assurée. Sur l'un d'eux, on reconnaît six grandes figures de Gilgamesh, groupées par deux en tête-bêche, de façon à évoquer un mouvement tournant. Éa dont le substitut est Uta-napishtim dans l'épopée de Gilgamesh préside à cette scène. Il tient dans ses mains le vase aux eaux jaillissantes, c'est-à-dire la Source universelle située dans le Monde inférieur, dans l'île que l'on connaît, à la jonction des deux Océans de l'Orient et de l'Occident. Il s'agit donc bien du voyage de Gilgamesh dans le Monde inférieur. Le mouvement tournant des figures du héros est une allusion au caractère cyclique de cette expédition : chaque année Gilgamesh reconquiert l'eau nécessaire au monde et la Plante de Vie, et chaque année elles lui sont ravies. Il règle ainsi l'ordre des saisons. La piété populaire en a fait un dieu bon, gardien de la vie. Ce thème est connu sous diverses formes.[3] Mais dans ce cylindre, il y a plus. Trois des figures, après le mouvement tournant, paraissent marcher sur la tête et sur les mains. J'y verrais volontiers une allusion à ce pays où l'on vit la tête en bas et les pieds en l'air.

Comme on le voit les Anciens étaient fort réticents en présence de la théorie des antipodes qu'ils ne pouvaient comprendre. Il faudra attendre le XVIᵉ siècle et les premiers voyages maritimes dans l'hémisphère Sud pour que cette conception s'impose à l'humanité contre le bon sens.

---

[1] Ci-après, pl. XVIII, panneau du bas.

[2] M. van Loon, *Annales arch. arabes syr.*, 18,1968, p. 30-31, fig. 13, cylindre de Tell Selenkaḥiyé, vers le XXIᵉ siècle avant J.-C., comparable au cylindre cappadocien de la fig. 15,3, de 1950-1850 avant J.-C. ; Frankfort, *Cyl. Seals*, 1939, p. 304, fig. 107 (Crète), ici fig. 15,4.

[3] *Rivista degli Studi orient.*, 42, 1967, p. 356-359, fig. 9. Nimet Özgüç, *Seals and seal impressions of Lever Ib from Karum Kanish*, Angora, 1968 (en turc) pl. XI, C, ronde de quatre figures de Gilgamesh entourées par les eaux, de la Source universelle.

II

ORIGINE ET ÉVOLUTION
DU PANTHÉON DE TYR

1. LE HAUT LIEU PRIMITIF

Aux dires d'Hérodote (II, 44), la fondation du temple de Tyr se situerait vers l'année 2750 ou 2740 avant J.-C..[1] L'aspect du haut lieu primitif nous est connu par des monnaies de la ville de l'époque impériale romaine (fig. 16). On y voyait deux bétyles ou pierres dressées et, à côté, le tronc noueux d'un olivier, qui jouait le rôle d'arbre sacré.[2] Un feu était entretenu à cet endroit sur un pyrée ou thymiatérion, aussi représenté, et l'on remarque une source qui jaillit au pied des bétyles.[3] Les pierres dressées et l'arbre qui les ombrageait sont caractéristiques des hauts lieux sémitiques auxquels il est fait plusieurs fois allusion dans l'Ancien Testament, « sur les collines et sous tout arbre vert ».[4]

---

[1] G. Maspero, *Hist. anc. des peuples de l'Orient*, 3e éd., 1878, p. 192; Dussaud, *Syria*, 25, 1946-1948, p. 208.

[2] E. Will, « Au sanctuaire d'Héraclès à Tyr », *Berytus*, X, 1950-1953, p. 4, fig. 1.

[3] *Ibid.*, p. 4. n. 1. Cette source toutefois ne pouvait nullement alimenter la ville, voir Chabas, *Le voyage d'un Égyptien*, p. 165-171, citant le *Papyrus Anastasie*, I, pl. XXI, 1-2. Elle paraît être celle qu'Eusèbe de Césarée voyait dans la cathédrale de Tyr vers 317, ce qui localise exactement le haut lieu, *La revue du Louvre*, 15, 1965, p. 164.

[4] II *Rois*, XVI, 4; *Deut.*, XII, 2-3; *Jér.*, II, 20. Sur ce type de haut lieu sémitique, voyez É. Dhorme, *L'évolution rel. d'Israël*, I, 1907, p. 149 s.; A.-G. Barrois, *Précis d'arch. bibl.*, 1935, p. 160-166; L.-H. Vincent, « La notion biblique du haut lieu », *Rev. bibl.*, 1948, p. 245-278, 438-445. A Ras Shamra, un ordre divin peut être donné par «le message de l'arbre et le chuchotement de la pierre», sans doute un oracle d'un haut lieu, joint à d'autres signes. Virolleaud, *La déesse 'Anat*, p. 35, 1. 19-20. Autre allusion à un haut lieu de ce type dans le poème de « La naissance des dieux gracieux et beaux », *Syria*, 14, 1933, p. 132 et 136, 1. 66, « là, tu circuleras parmi les pierres (dressées) et les (troncs d')arbres », voyez ci-après p. 97. Sur l'oracle (*môréh*) révélé par « le bruissement occasionné par le vent dans les feuilles » des arbres sacrés. É. Dhorme, *op. cit.*, p. 128-129 et 157. Multitude des hauts lieux, R. du Mesnil du Buisson et R. Mouterde, *Mél. de la Faculté orient.*, 7, 1921, p. 392.

Fig. 16. Monnaies romaines de Tyr représentant le haut lieu de la ville et les divinités qui y étaient adorées au IIIe siècle après J.-C. D'après A. B. Cook, *Zeus*, III, 2, p. 980, fig 783-789 (pour la dernière reproduite, G, voyez aussi, I, p. 530, fig. 402).

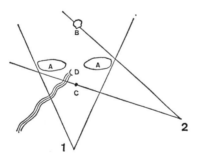

Fig. 17. Plan reconstitué du haut lieu de Tyr, avec les deux bétyles (A), l'olivier (B), l'autel à feu (C) et la source (D).

1. Point de l'observation de face, faisant apparaître l'olivier entre les deux pierres dressées vues dans toute leur largeur. Monnaies A, B et G de la fig. 16.

2. Point de l'observation oblique, faisant voir l'olivier et l'autel sur les côtés des bétyles vus eux-mêmes en raccourci. Monnaies C et D de la fig. 16, et monnaies E et F sans l'olivier, mais avec la source.

L'olivier paraît placé tantôt entre les deux pierres, tantôt sur le
coté. Ce n'est là qu'un effet de perspective : l'arbre était un peu en
arrière des pierres de sorte que l'aspect variait suivant qu'on se plaçait
en face ou sur le côté (fig. 17).

Les arbres, objets de culte, pouvaient être d'essences diverses, « de
tout bois » (*kâl-ʿêṣ*),[1] chêne, peuplier, térébinthe.[2] Nous avons découvert
à Mishrifé-Qatna, sur la butte de l'église, un haut lieu de ce type.[3]
L'arbre sacré était un cèdre. L'olivier de Tyr perpétuait « l'olivier
embrasé » qui avait joué un rôle essentiel dans la légende de la fondation
de la ville ; [4] le souvenir en était rappelé lorsque la fumée du pyrée se
mêlait aux branches. Sur l'acropole d'Athènes, on trouvait un arbre
sacré de même essence. A Tyr, il devait exister dans d'autres sanctuaires des arbres du même genre, mais d'espèces différentes. Sur une
monnaie de cette ville d'Alexandre Sévère sont groupés un palmier et
une statue du silène Marsyas, symbole des libertés coloniales ; [5] ce
sont évidemment deux *sacra* groupés dans un temple apparemment
différent du haut lieu. Sur une autre monnaie de Tyr, le palmier sacré
se trouve auprès d'un bétyle en forme d'œuf,[6] autour duquel s'enroule
un serpent.[7] Sur un bronze provenant de Sidon, trois cyprès en forme
de fuseau avoisinant deux lions devaient avoir quelque rapport avec
un sanctuaire de la ville ou des environs.[8] Dans les temples de Palmyre,

[1] *Deut.*, XVI, 21.

[2] *Osée*, IV, 13 ; *Juges*, IX, 6.

[3] Du Mesnil du Buisson, *Le site arch. de Mishrifé-Qalna.* 1935, p. 97-111 ; question de
l'ashérâ, p. 109 s.

[4] Will, *loc. cit.*, p. 3. avec référence à Achille Tatius, *Leucippê et Clitophôn*, II. 14, et à
Nonnos. *Dionys.*, ch. XL, vers 442 s. ; *Mél. de l'Université Saint-Joseph*, 41, 1965, p. 14.

[5] H. Hamburger, *Israel Exploration Journal*, IV, 1954, p. 223, nº 131, pl. 20. Sur des
monnaies de Damas, une statue semblable est à côté d'un cyprès.

[6] A. B. Cook, *Zeus*, III, IIᵉ partie, p. 982, fig. 791 ; Babelon, *Les Perses Achéménides*,
p. 328, nº 2240, pl. 37, 5 ; p. 339, nº 2296, pl. 37, 29 ; Hill, *Brit. Mus.*, Phoenicia, pl. 33, 8.
On y reconnaîtra peut-être l'aérolithe qu'Astarté « transporta à Tyr pour le consacrer
dans l'île sainte », Philon de Byblos, Fragm. II, 24.

[7] Le serpent, souvent associé à l'aigle sur les monnaies de Tyr, paraît être un symbole
d'immortalité qui conviendrait à Baʿal Shamîm, cf. notre étude des *Mélanges R. Mouterde*, II, p. 150. Il n'est pas exclu toutefois que le serpent soit ici un symbole d'Eshmoun
= Asclépios.

[8] H. Seyrig, *Syria*, 1937, p. 204, figure 2 ; Du Mesnil du Buisson, *Les tessères et les
monnaies de Palmyre*, p. 197, fig. 134, 2.

on trouvait un palmier et un cyprès, ce dernier, symbole et demeure de Malakbêl.[1]

L'olivier était considéré comme éternel : il avait toujours existé sur l'île flottante aux deux collines sur laquelle fut fondée la ville insulaire de Tyr. Comme le Buisson ardent, il était embrasé d'un feu miraculeux qui ne le consumait pas. Sur ses branches, il soutenait un aigle, un serpent et une coupe. Lorsque le dieu Ousô accosta à l'île pour fonder la ville, il sacrifia l'aigle et l'île se stabilisa.[2]

Pour les deux pierres, voici ce qu'on en disait. Suivant Nonnos,[3] les deux roches « rendues célèbres sous le nom d'*Ambrosæ*», c'est-à-dire « les Divines», existaient déjà aux côtés de l'olivier sur l'île flottante. Philon de Byblos [4] nous apprend de son côté qu'Ousô après son débarquement « consacra deux stèles (peut-être préexistantes) au feu et au vent»; il en fit des bétyles en les adorant et en les arrosant de sang.[5] C'est apparemment à ce moment que les dieux de la ville nouvelle prirent possession du haut lieu pour s'y installer. C'est du moins ce que suggère la légende, car dans la réalité un haut lieu de type aussi primitif pouvait avoir une antiquité beaucoup plus grande.

Ces deux pierres étaient certainement très vénérées car lorsque les Phéniciens fondèrent Gadès (actuellement Cadix), sans doute dans les dernières années du XIIe siècle avant J.-C.,[6] sur l'Océan, près du détroit de Gibraltar, ils ne manquèrent pas de dresser dans le haut lieu nouvellement établi et entouré d'un mur deux stèles semblables à celles de Tyr, mais ils les firent en bronze et hautes de huit coudées.[7] Une source jaillissait auprès comme à Tyr. Il y avait certainement aussi un olivier, bien qu'il n'en soit pas fait mention.

Comme on le voit sur les monnaies, les deux bétyles du haut lieu

---

[1] *Op. cit.*, p. 439 ; « Les origines du panthéon de Palmyre», *Mélanges de l'Université Saint-Joseph*, 39, 1964, p. 189.

[2] *Mélanges de l'Université Saint-Joseph*, 41, 1965, p. 13-14.

[3] *Dionysiaques*, XL, trad. Marcellus, 1856, V, p. 150.

[4] Fragm. II, 8, Lagrange, *op. cit.*, p. 417.

[5] En consacrant ces pierres au vent et au feu, Ousô les préparait à recevoir les dieux qui devaient y habiter (Él et Melqart) car la divinité se manifeste volontiers dans ces éléments. Voyez I *Rois*, XIX, 11-12. Plusieurs fois Élohim est perçu comme un vent (*roûḥa*) ou un feu (le Buisson ardent).

[6] Denis van Berchem, *Syria*, 44, 1967, p. 80.

[7] *Op. cit.*, p. 85.

de Tyr, placés l'un près de l'autre, avaient une forme arrondie du sommet, et étaient posés sur une base rectangulaire. L'inscription les nomme *AMBPOΣIE ΠETPE* « Pierres divines». Elles étaient aplaties : c'étaient proprement des stèles.

La création du temple de Tyr noté par Hérodote a consisté sans doute à entourer d'une enceinte l'arbre sacré et les deux bétyles.[1] Au IIe siècle de notre ère, Lucien[2] a encore vu ce temple primitif « où il n'y avait ni statues, ni figures sculptées»; il le considère comme l'un des plus anciens de la Syrie. Il était alors inclus dans le grand temple d'Héraclès-Melqart.

On se demandera quels dieux habitaient ces trois *sacra*. La réponse est encore donnée par les monnaies romaines de Tyr (fig. 16, E-G).[3] Sur l'une, on voit, à côté du haut lieu, une déesse voilée, debout, avec son nom *EYPΩΠH*, inscrit à droite, et le taureau bondissant hors de la mer, évidemment Zeus-taureau, à gauche.[4] Sur une autre, Océanos étendu, avec son nom inscrit au-dessous : *ΩKEANOϚ*, montre de son bras étendu la source sortant de sous les pierres dressées : c'était probablement l'ancien dieu de la mer des textes de Ras Shamra, Yam, devenu le protecteur et le dieu de la source. Une autre monnaie encore[5] désigne Héraclès-Melqart, le *ba'al* de Tyr, comme le dieu du temple. En combinant ces images, on pensera que les dieux principaux du haut lieu étaient le couple Zeus et Eurôpê et un dieu-fils, le *ba'al* de Tyr, triade familiale typiquement méditerranéenne; Océanos aurait eu un domaine un peu en marge : la source.

Il nous faut maintenant rechercher les noms sémitiques de ces divinités. Pour le dieu-fils, il n'est jamais désigné que sous l'appellation de « Maître de Tyr» (*B'l Ṣwr*) ou de « Roi de la cité» (*Mlqrt*). A partir du Ve siècle avant J.-C., il est devenu l'Héraclès tyrien. Son nom originel nous sera sans doute toujours inconnu. Zeus-Taureau, dieu-père, correspond évidemment à Shor Él, le Taureau-Él, le père des dieux des textes de Ras Shamra. On en conclura qu'Eurôpê devenue

---

[1] « L'emplacement sacré à l'intérieur d'un péribole», τὸ δὲ χωρίον ἱερὸν ἐν περιβόλῳ, Achille Tatius, *Leucippé et Clitophôn*, II, 14 s., éd. Gaselee, 1947, p. 80 s.

[2] *De dea syria*, 2-3.

[3] Will, *op. cit.*, p. 4, fig. 1, nᵒˢ 787-789.

[4] Sur une monnaie du Cabinet des Médailles (Tyr, nᵒ 2258), le taureau est représenté dans une frise au-dessous du bétyle de gauche.

[5] Cabinet des Médailles, Tyr, nᵒ 2198.

à Tyr l'épouse de Zeus-Taureau, c'est-à-dire de Shor Él, n'était autre que l'Ashérat locale, l'Ashérat de Tyr, épouse de Él.

Mais cette identification ouvre une perspective. On sait par l'Ancien Testament [1] que la déesse nommée 'Ashêrâh ou 'Asheîrâh en hébreu, nom correspondant à 'Athirat en ugaritique, avait dans les hauts lieux la forme d'un arbre sacré ou d'un tronc d'arbre : [2] arbre vert à l'origine, mais il est évident que, lorsque les temples duraient des millénaires, l'arbre finissait par mourir; on en conservait pieusement le tronc qui prenait l'aspect d'une sorte de poteau, forme ordinaire des *ashérâ* de l'époque tardive. On les recouvrait alors d'un manteau d'étoffe précieuse comme on le faisait pour les pierres bétyles.[3] Lorsqu'il s'agissait d'un olivier, cependant, il était aisé en utilisant des rejetons de renouveler le plan[4] et de donner l'impression que l'arbre était immortel. C'est ce qu'on faisait à Tyr, semble-t-il. Notre première conclusion sera donc que parmi les *sacra* du haut lieu de cette ville, c'était l'olivier qui représentait Eurôpê-Ashérat.

---

[1] Gesenius-Brown, *Lex.*, 1929, p. 81; Lagrange, *Études sur les rel. sémit.*, 2e éd., p. 175-176, « l'arbre ou le pieu représente la déesse ». La déesse pouvait aussi se dédoubler et se multiplier quand il y avait plusieurs arbres, *Exode*, XXXIV, 13, « vous couperez leurs ashérâ »; *Juges*, III, 7, « les ba'alîm et les *'ashérôt* ».

[2] Comme l'a fort bien remarqué A. Lods (*Israël*, 1930, p. 153), la déesse n'est pas proprement le tronc d'arbre, puisque le mot *ashérâ* est au féminin lorsqu'il désigne la déesse et au masculin lorsqu'on parle du second. La déesse anime l'arbre. La question se complique, comme on le verra, lorsque la déesse qualifiée de « maison des dieux » ou de « maison de dieu » reçoit en elle, c'est-à-dire dans le tronc d'arbre, d'autres divinités. Elle était une sorte de déesse bétyle, comparable aux bétyles de pierre. Lorsque les Israélites infidèles disaient « au bois », c'est-à-dire à l'*ashérâ* : « tu es mon père », et à la pierre, c'est-à-dire au bétyle, « c'est toi qui m'as enfanté », ils faisaient apparemment une fâcheuse confusion dont se moque Jérémie (*Jér.*, II, 27; *Rev. de l'hist. des rel.*, 169, 1966, p. 38, n. 1). A l'époque historique, l'*ashérâ* pouvait être un pieu dès l'origine, I *Rois*, XIV, 15; XVI, 33, etc. Il semble même que certains arbres sacrés étaient faits de métal, *Les tessères et les monnaies de Palmyre*, p. 289, et *Études sur les dieux phéniciens*, p. 125, fig. 32, *ashérâ* en forme de cyprès posé sur un socle.

[3] II *Rois*, XXIII, 7; *Les tessères et les monnaies de Palmyre*, p. 318.

[4] Virgile et Columelle ont noté ce fait (*Géorg.*, II, 39 et 63; éd. J. Delille, 1852, p. 175-176) et Tacite (*Annales*, III, 61) dit avoir vu encore vivant l'olivier au pied duquel seraient nés Apollon et Diane dans le bois d'Ortygie. Les guides de Jérusalem affirment que les arbres du Jardin des Oliviers sont des rejetons de troncs contemporains de J.-C.; ce n'est pas impossible. Voyez à ce sujet les observation de *Job*, XIV, 7-9; Dhorme, *Le livre de Job*, p. 179 s.; *L'évolution rel. d'Israël*, I, p. 158.

On disait que Zeus-Taureau avait emmené Eurôpê à Gortyna, en
Crète, et que là s'était consommée leur union, près d'un platane de-
meuré vert jusqu'à l'époque romaine.[1] Or sur certaines monnaies de
cette ville, on voit sur une face le Taureau Zeus et sur l'autre Eurôpê,
le buste nu, assise sur le sommet d'un énorme tronc d'arbre, au milieu
de quelques branches.[2] On ne peut douter qu'il s'agisse du platane et
que cet arbre était habité par Ashérat-Eurôpê elle-même, adorée dans
le temple de la ville.

L'Ashérat-Eurôpê de Tyr était donc originairement la grande déesse
du haut lieu de cette ville. Une déesse identique jouait le même rôle
dans le temple de Sidon. Nous en trouvons la preuve dans la légende
de Kérét de Ras Shamra, d'après une tablette du XIVᵉ siècle avant
J.-C. Quand ce héros vint à Tyr et à Sidon, il n'eut rien de si pressé
que de rendre visite aux deux grandes déesses locales « au sanctuaire
d'Ashérat des Tyriens et à Élat des Sidoniens» (qdš 'aṯrt ṣrm wl'ilt
ṣdynm).[3] Le nom d'Élat qui désigne l'épouse de Él n'est qu'une déno-
mination différente d'Ashérat. On le constate dans un autre texte de
Ras Shamra, où les deux noms alternent de même.[4] A l'époque de
Lucien,[5] au IIᵉ siècle après J.-C., les prêtres de Sidon se souvenaient
encore que leur temple avait été dédié à Eurôpê avant de l'être à Astarté, c'est-à-dire à ʿAshtôret = ʿAshtart,[6] et au IVᵉ siècle après J.-C.,
le poète grec Achille Tatius y a encore vu des peintures représentant
l'enlèvement d'Eurôpê. Il nous les décrit.[7]

Kérét distingue donc deux Ashérôt, celle de Tyr et celle de Sidon,[8]
bien qu'il ne soit pas exclu qu'il les ait honorées dans le même temple,

---

[1] Pline, *Hist. nat.*, XII, 11; Varron, *De re rustica*, I, 7; Théophraste, *Hist. plant.*, I, 5.

[2] W. Wroth, *Brit. Mus., Catal. of the Greek Coins of Crete*, pl. IX-XI; J. Babelon,
Hommage en l'honneur de Deonna, p. 63.

[3] Virolleaud, *La légende de Keret*, p. 14; Gordon, *Ugaritic Manual*, p. 186, Krt,
l. 198-199 et 201-202; Herdner, *Corpus*, p. 65, l. 197-199. Leucippê, deux millénaires
plus tard, fait un geste analogue en arrivant à Sidon, Achille Tatius, I, l. 2.

[4] Virolleaud, *La déesse ʿAnat*, p. 82-84, l. 44-54; Gordon, *Ugar. man.*, p. 189, l. 44-45.

[5] *De dea syria*, 4 (éd. E. Chambry, III, p. 357); R. Dussaud, *Rev. arch.*, 1904, II,
p. 231-232; V. Bérard, *Cultes arcadiens*, p. 123.

[6] Il en était de même à Tyr où, au IIᵉ siècle avant J.-C., le temple de cette déesse
n'était autre que celui du haut lieu, le grand temple de Tyr, qu'elle partageait avec
Héraclès-Melqart.

[7] *Leucippê et Clitophôn*, I, 1, éd. Gaselee, p. 2-9.

[8] A moins que Tyr soit ici désignée par deux noms. Voyez I *Rois*, XVI, 31, le roi de
Tyr nommé « roi des Sidoniens ».

celui de Tyr. Il y avait, semble-t-il, autant d'Ashérôt que de villes phéniciennes, et Él allait de l'une à l'autre. A Tyr et à Sidon, la dualité des déesses mères paraît s'être maintenue après l'identification avec Eurôpê, car textes et monnaies distinguent une Eurôpê enlevée sur la plage de Tyr, et une autre, sur celle de Sidon.

Ashérat-Eurôpê, en qualité de Grande déesse de Tyr, était aussi nommée Astéria, « l'Étoilée ».[1] Cicéron [2] nous apprend en effet qu'Héraclès tyrien, c'est-à-dire le Ba'al de Tyr, Melqart, était « fils de Jupiter et d'Astéria sœur de Latone ». Jupiter correspond très exactement au Zeus-Taureau de la légende d'Eurôpê. Ce dieu établi en Crète y avait reçu le nom de Zeus Astérios, « le Zeus étoilé », en conservant le taureau pour symbole.[3] Dans une forme évhémériste, on disait même qu'Astérios était le roi de ce pays et qu'Eurôpê l'avait épousé après son aventure avec Zeus. Astéria, « l'Étoilée », était donc bien l'épouse d'Astérios = Zeus-Taureau = Él, et elle-même Eurôpê = l'Ashérat locale. Il n'est pas impossible que les Grecs aient vu un rapport phonétique entre Ashéra et Astéria, comme ils l'ont fait pour d'autres noms aussi dissemblables. Él et l'Ashérat de Tyr étant les père et mère de tous les dieux locaux. [4] Rien d'étonnant qu'Héraclès Melqart, ba'al de Tyr, ait été leur fils. Cicéron ajoute une précision intéressante en nous disant qu'Astéria était sœur de Latone qui présente en effet des caractères communs avec Eurôpê : elle fut aimée de Jupiter et parcourut les mers avant de mettre au monde Apollon et Diane. Eurôpê avait eu aussi des jumeaux.[5]

Cette déesse Astéria = Ashérat-Eurôpê est représentée sur une

---

[1] On comparera ce nom avec celui d'Astronoê, « mère des dieux », Damascius, *Ap. Phot., Biblioth.*, 242, p. 352, (éd. Bekker).

[2] *De natura deorum*, II, 16, 42; IX, 392; Clermont-Ganneau, *Rec. d'arch. or.*, VII, p. 151 (citant Eudoxe de Cnide); VIII, p. 165.

[3] Decharme, *Mythologie*, p. 618.

[4] A Ras Shamra, Él est dit « père des fils de Él », *'ab.bn.'il*, c'est-à-dire « père des dieux et des hommes », Virolleaud, textes de 1929, nᵒ 2, l. 25, car il est dit ausssi « père de l'homme », *'ab.'adm*, I *Keret*, l. 37 s.; parallèlement son épouse Ashérat est qualifiée de « créatrice des dieux », *qnyt.'ilm*, Gordon, texte 51, col. III, l. 26; Virolleaud, *Syria*, 1932, p. 126-127. Cette création se fait donc par enfantement. Sur le sens de la racine QWN, « créer », voyez *Les tessères et les monnaies de Palmyre*, p. 248.

[5] Nonnos, *Dionysiaques*, trad. Marcellus, I, p. 276 et 310. On est ici en présence d'additions propres à la Crète.

monnaie de Philadelphie (Ammân, en Jordanie), à l'effigie de Lucius
Vérus. On l'y voit en buste, la tête voilée et surmontée d'une fleur, avec
le nom inscrit en grec (ΘEA $A\Sigma TEPIA$). Cette fleur, si particulière,
est une allusion à la légende d'Eurôpê. La déesse, disait-on, était occu-
pée à cueillir des fleurs, avec ses compagnes, et sans doute à s'en orner,
lorsque le Taureau Zeus l'enleva. Dans les représentations de la scène,
on voit assez souvent qu'Eurôpê assise sur le taureau bondissant n'a
pas abandonné son panier de fleurs et le porte à la main. D'autres fois,
elle tient une simple fleur.[1]

En qualité d'épouse de Zeus-Taureau, Eurôpê était originairement
une déesse de caractère bovidé. On raconte qu'après son enlèvement
par le taureau, son frère Cadmos se lança à sa poursuite, mais que l'oracle de Delphes lui ordonna de ne pas continuer sa recherche : lorsqu'il
rencontrera une vache, il devra se laisser conduire par elle. Cet animal
divin ne tarda pas, en effet, à se présenter à lui et le mena en Béotie,
à l'endroit où Thèbes devait être fondée.[2] Cette vache était évidemment la déesse Eurôpê elle-même ou son animal attribut.

Ce caractère particulier de la déesse est rarement noté sur les
représentations des époques grecque et romaine. Dans une terre cuite
du Ve siècle avant J.-C.,[3] on remarque cependant qu'Eurôpê enlevée
par le taureau porte sur sa tête deux cornes courtes sortant d'une abondante chevelure.

La seconde divinité du haut lieu de Tyr, qui habitait certainement
un des deux bétyles, pierres qualifiées d'*ambrosiœ*, «divines», était
Zeus-Taureau = Shor Él, «le Taureau Él», «père des dieux et des
hommes», «créateur de la création», qui nous est bien connu par les
textes de Ras Shamra.

Le dieu Él de Tyr n'est cependant pas absolument semblable à celui
de Ras Shamra. Il tend à s'identifier avec une autre forme prise par
le dieu suprême en Phénicie, celle d'ʽÉlioun, «le Très-Haut» (ʽLYWN,
de la racine ʽL, «sur», «au-dessus»). Shor Él et Élioun, quoique tous

---

[1] A.B. Cook, *Zeus*, I (1914), pl. XXXII, p. 526, n. 1. Sans doute faut-il reconnaître
le panier et la fleur sur la monnaie reproduite dans notre fig. 16, G, en bas et à droite. Sur
l'attribut du panier, voyez Cook, *op. cit.*, I, p. 441 et 530 s., fig. 405.

[2] Saglio, *Dict.*, I, p. 775, «Cadmus» . Références.

[3] «Allard Pierson Museum van Amsterdam», *Algemeene Gids*, 1937, n° 242, pl. XVI,
Béotie, Ve siècle avant J.-C.

deux issus du concept Él, étaient devenus des dieux différents. Nous en trouvons la preuve dans le traité d'une stèle de Séfiré (Sfiré), du VIIIe siècle avant J.-C., où sont pris à témoins « Él et Élioun ».[1] Él, grand dieu de Byblos, a été identifié à Kronos ; Élioun, qui paraît avoir été le dieu de Beyrouth,[2] l'a été avec Zeus. Or le dieu Él de Tyr, qui a enlevé Eurôpê, est précisément Zeus. Élioun qui sera adoré par la suite sous le titre de Ba'al Shamîm, « le Maître des cieux », est essentiellement le Très-Haut. Il était l'objet à Tyr d'un culte très ancien. Philon de Byblos (Fragm. II, 7-8) nous en fournit un écho lorsqu'il y fait habiter « Samîm-roumos », « les-Cieux-hauts », qui est le même, dit-il, qu'« Hyps-ouranios », « le Très-Haut-céleste ». Ce dieu y construisit les premières cabanes de roseaux, à une époque évidemment fort archaïque.[3] Comme nous allons le voir, ce même dieu est appelé Ba'al Shamîm, « le Maître-des-cieux » dans un traité d'Assar-Haddon, vers 676 avant J.-C. Tandis que Shor Él habitait le haut lieu primitif, Élioun, en réalité le même, était installé dans un sanctuaire particulier situé sur un îlot séparé de l'île de Tyr. Un texte de Dios, cité par Josèphe,[4] racontait qu'au Xe siècle avant J.-C., Ḥiram, roi de Tyr, « combla le bras de mer qui séparait de la ville le temple de Jupiter Olympien, temple jusque-là isolé dans son îlot, et l'orna d'offrandes d'or ». Ce « Jupiter Olympien », tyrien, du Xe siècle avant J.-C., ne saurait être qu'Élioun = Ba'al Shamîm, « le Maître des cieux ».[5]

Mais il est évident que Él et Élioun, en qualité de dieux suprêmes, pouvaient facilement se confondre.[6] C'est ce que nous constatons dans

---

[1] Dupont-Sommer et Starcky, « Les inscriptions araméennes de Sfiré », *Mémoires présentés par divers savants à l'Acad. des Inscr. et B.-L.*, XV, 1960, p. 213 et 215, ligne 11, et p. 230, « et devant Él et Éliôn ».

[2] Philon de Byblos (Fragm. II, 12) lui donne pour épouse la déesse éponyme de la ville de Beyrouth.

[3] « L'ancien dieu tyrien Ousô sur les monnaies de Tyr », *Mél. de l'Université Saint-Joseph*, 41, 1965, p. 7-8. Él fut de même le premier constructeur de Byblos, Philon de Byblos, Fragm. II, 17, et de Beyrouth, Nonnos, *Dion.*, trad. Marcellus, V, p. 158.

[4] *Contre Apion*, I, 18 ; *Ant. jud.*, VIII, 5, 3 ; Clermont-Ganneau, *Rec. d'arch. or.*, VIII, p. 152.

[5] II *Macc.*, VI, 2, B'L ŠMYM, Ζεὺς 'Ολύμπιος cf. G.A. Cooke, *A Textbook*, p. 46. Ce dieu pouvait facilement s'identifier avec Élohîm.

[6] Un indice de la confusion d'Él et Élioun peut être révélé dans Philon de Byblos.

l'expression de l'Ancien Testament. « Él Élioun », pour dire « le Dieu Très-Haut ».[1] Dans le milieu païen, c'est toujours Élioun qui recouvre Él, et c'est précisément ce qui paraît s'être produit à Tyr. Au Ier millénaire avant J.-C., Él n'y est plus représenté que par le bétyle, la « roche divine », et par le taureau légendaire, mais on n'y invoque qu'un dieu suprême Ba'al Shamîm = Zeus. Sous cette forme, Philon de Byblos le nomme Dêmarous ou Zeus Dêmarous, dont « naquit Melqart ». Ce nom paraît signifier « le Zeus du secours du peuple ».[2] C'est bien le dieu compatissant et sauveur que représente Ba'al Shamîm.

Reste la troisième divinité, le dieu-fils, que nous ne connaissons que sous les appellations de *ba'al Ṣoûr*, « le Ba'al de Tyr », de Melqart, « le roi de la cité », puis, à partir du Ve siècle avant J.-C., d'Héraclès. Nous savons qu'il était adoré dans le temple du haut lieu. Sur une monnaie romaine de Tyr (fig. 16, E), on le voit debout devant les *sacra*, faisant une libation sur l'autel à feu, et Achille Tatius,[3] après avoir fait allusion au sanctuaire de l'olivier et du feu, ajoute : « C'est là (κεῖθι) que je t'ordonne d'offrir un sacrifice à Héraclès (= Melqart) ». On n'a aucune raison de douter qu'il ait été l'un des anciens dieux du haut lieu. Ce dieu habitait donc le second bétyle de ce santuaire. A Laodicée en Canaan, près de Tyr, il demeurait de même dans une pierre dressée.[4]

En résumé, le plus ancien panthéon de Tyr représenté essentiellement par un arbre et deux pierres dressées, nous paraît avoir formé une triade familiale ainsi constituée :

l'Ashérat de Tyr → Eurôpê, déesse-mère ;

Shor Él → Élioun → Ba'al Shamîm → Zeus-Taureau → Zeus Olympios, dieu-père ;

Ba'al de Tyr → Melqart → Héraclès, dieu-fils.

On y a ajouté, semble-t-il, deux divinités secondaires de l'eau et du

---

Quand Él-Kronos est donné comme le père d'Athéna, il se confond avec Zeus, c'est-à-dire Élioun (Fragm. II, 16).

[1] *Gen.*, XIV, 18-22 ; *Psaumes*, LXXVIII, 35.

[2] « Zeus Dêmarous, père de Melqart », *Mélanges K. Michalowski*, 1966, p. 553-559.

[3] Will, *op. cit.*, p. 3. Achille Tatius, II, 14.

[4] Seyrig, dans *The Excav. at Dura-Europos, Prel. Rep.*, IV, p. 70.

feu, habitant la source du sanctuaire et le pyrée voisin, le ḥammân ; c'est un point que nous examinerons par la suite.

2. Le panthéon de Tyr du Xᵉ au Vᵉ siècle avant J.-C.

Nous allons constater qu'un grand changement s'est produit aux Xᵉ et IXᵉ siècles avant J.-C.

Un texte de Ménandre, utilisé à deux reprises par l'historien Josèphe,[1] nous apprend qu'au Xᵉ siècle avant J.-C., époque de la grande extension de Tyr, Ḥiram, le contemporain et l'ami de Salomon, démolit les anciens lieux sacrés (ἱερά) et construisit de nouveaux naos (ναοί), proprement maisons bâties pour le dieu. Il consacra le téménos (τέμενος), l'enceinte sacrée de l'Héraclès (= Melqart) et de l'Astarté (= ʿAshtart). D'après ce qui suit, on ne voit pas très bien s'il y avait dans cette enceinte deux naos, pour chacune de ces divinités ou un naos commun à Héraclès et à Astarté, mais il est certain qu'elles habitaient dans la même enceinte, le même templum, qui était évidemment le grand temple de Tyr. On comparera avec la disposition du temple de Baʿalbek : l'enceinte sacrée contenait deux naos, le grand temple habité par l'Hadad et l'Atargatis locaux, et le petit temple, celui du dieu-fils.[2]

A Tyr, comme on le voit, Héraclès-Melqart et Ashtart, nommés dans cet ordre, faisaient figure de protecteurs de la famille royale. A Sidon, d'après l'inscription d'Eshmounazar,[3] l'Ashtart locale et Eshmoun jouaient le même rôle. Ḥiram inaugura le naos de Melqart du temple de Tyr au mois de Péritios (février) et le premier célébra la fête du Réveil du dieu, en ce mois. Cette solennité qui devint annuelle était évidemment la fête de la Dédicace, la plus grande fête de l'année. Palmyre, à 1000 ans d'intervalle, nous présente un cas exactement

---

[1] Contre Apion, I, 18; Ant. Jud., VIII, V, 3; Clermont-Ganneau, Rec. d'arch. or., VIII, p. 153; Baudissin, Adonis und Esmun, p. 172.

[2] Sous réserve que les deux temples sont séparés par un mur, Seyrig, Syria, 10, 1929, p. 316-317, ce qui n'empêche pas qu'ils soient englobés dans un même péribole.

[3] C.I.S., I, p. 10 s.; Lagrange, Études sur les rel. sémit., 2ᵉ éd., p. 483 s., l. 15-17. Comme « dieux des Sidoniens », les deux noms sont repris sous la forme « le Baʿal Sidon » et « l'Astarté Sidon » autrement dit « l'Astarté du nom du Baʿal ».

similaire, avec l'inauguration du temple de Bêl, le jour de la libération de ce dieu sortant de sa prison hivernale.[1]

C'est apparemment Ḥiram qui porta Ashtart [2] et Melqart au premier rang des dieux de Tyr. Le second n'était autre que le *ba'al* de Tyr, le « maître de la ville », ou comme son surnom l'indique, le « roi de la cité ». Nous assistons à un phénomène fréquent dans le paganisme oriental : le dieu-fils passant au premier rang.

Cette situation prééminente prise par Ashtart et Melqart fait penser qu'au IXe siècle avant J.-C. ils étaient les dieux d'Ittoba'al, roi de Tyr, et ceux de sa fille Jézabel, devenue l'épouse d'Achab.[3] Il y a tout lieu de croire que c'est ce dieu qu'elle introduisit en Israël sous le nom de Ba'al, dieu alors « bien classé comme l'époux d'Astarté

Fig. 18. Le dieu Melqart, d'après une stèle de la fin du IXe siècle avant J.-C., découverte près d'Alep. Dunand, *Bull du Musée de Beyrouth*, III, 1939, pl. XIII.

Le lotus renversé symbole de la mort suivie de la résurrection se retrouve sur le sarcophage d'Aḥiram, Dussaud, *Syria*, 11, 1930, p. 180-181, fig. 10-11. Voyez ci-après p. 56, n. 4, et p. 59.

---

[1] *Les tessères et les monnaies de Palmyre*, p. 571-572.
[2] I *Rois*, XI, 5 et 33.
[3] I *Rois*, XVI, 31 ; XVIII, 19 s., etc.

(= Ashtart)».¹ Dans le récit de l'épreuve proposée par Élie aux
« prêtres de Baʻal » au Carmel, il faudrait préciser « de Baʻal Ṣoûr »,
c'est-à-dire du Baʻal de Tyr, Melqart. Quand Élie nous dit : « il est en
voyage, peut-être dort-il ? » (I *Rois*, XVIII, 27), il paraît faire allusion
à l'absence et au sommeil hivernaux du dieu.²

Nous savons qu'à cette époque, le culte de Melqart pouvait s'étendre
au loin, non seulement dans tout le bassin de la Méditerranée, mais
même dans l'intérieur de la Syrie. Une stèle araméenne (fig. 18), découverte au nord d'Alep, a été dédiée vers la fin du IXᵉ siècle avant J.-C
par un roi d'Aram nommé Barhadad, « à son Seigneur (*mrʼh*), à
Melqart».³ Il l'avait donc adopté comme son dieu particulier.

Une tablette assyrienne du VIIᵉ siècle avant J.-C. va nous permettre
de voir comment avait évolué le panthéon de Tyr à cette époque. C'est
un traité d'alliance passé entre Assar-Haddon, roi d'Assyrie, et Baʻal,
roi de Tyr, vers 677 avant J.-C. Les dieux de ces deux pays y sont
appelés à punir toute transgression.⁴ La liste des dieux de Tyr se
présente ainsi :

1º dieu ou déesse Maison-des-dieux (*Ba-a-ati-ilî*, signe du pluriel)
et ᵈᶜAnat (*A-na* (?) *-ti*) de Maison-des-dieux ;

2º ᵈBaʻal Shamîm (*Ba-al-sa-me-me*), ᵈBaʻal Malagé (*Ba-al-ma-la-
ge-e*), ᵈBaʻal Ṣaphon (*Ba-al-ṣa-pu-nu*) ;

3º ᵈMelqart (*Mil-il-[qar-tu]*), ᵈEshmoun (*Ia-su-mu-nu*) ;

4º ᵈᶜAshtart (*As-tar-tú*).

Les dieux et les déesses sont ici séparés ; on note d'abord la Grande
déesse-mère locale et une fille, puis en pendant le Grand dieu-père
et deux fils, ensuite deux dieux-fils groupés à part, et une déesse-fille.

¹ Dussaud, *Syria*, 1946-1948, p. 213. Il aurait fallu préciser « de l'Astarté de Tyr »; ceci
n'était vrai qu'à Tyr, et nullement à Byblos ou à Ugarit.

² C'est la thèse du Père R. de Vaux, « Les prophètes de Baʻal au Mont Carmel »,
Bull. du Musée de Beyrouth, V, 1941, p. 7-20; *Bible et Orient*, 1967, p. 485-497.

³ M. Dunand, *Bull. du Musée de Beyrouth*, 3, 1939, p. 65-76, pl. XIII; 6, 1942-43,
p. 41-45; Albright, *Bull. Amer. Sch. of Or. Res.*, 1942, nᵒ 87, p. 23-29; de Vaux, *Bull. du
Musée de Beyrouth*, 5, 1941, p. 9.

⁴ Riekele Borger, « Die Inschriften Asarhaddons », *Archiv für Orientforschung*,
Beiheft 9, 1956, p. 109. On nomme seulement quelques divinités assyriennes, tandis que
les dieux de Tyr apparaissent au complet. M. Labat explique ce fait ainsi. Il s'agit en
réalité d'un traité imposé par les Assyriens. Il importait donc d'obtenir l'engagement
des dieux de Tyr. Pour les dieux d'Assour, on était sûr de leur fidélité.

Il est fort intéressant de trouver d'abord l'Ashérat-Eurôpê nommée Maison-des-dieux.[1] Nous avons noté sa forme d'un arbre ou d'un tronc d'arbre, véritable bétyle, dans lequel peuvent habiter diverses divinités.[2] Dans l'inscription dite de Maʿṣoub,[3] on trouve mention d'une « Ashtart dans l'Ashérat de (la ville) de Él Ḥammôn » (ʿštrt bʾšrt ʾl ḥmn). Ainsi la déesse Ashtart pouvait, dans cette ville, demeurer dans le tronc de l'ashérâ. Dans les papyrus araméens d'Éléphantine,[4] l'expression ʿAnat-bêt-ʾel doit se comprendre « ʿAnat de Maison-de-dieu », ou « en Maison-de-dieu »,[5] c'est-à-dire de même, « ʿAnat en ʾAshérat », « ʿAnat habitant le tronc d'arbre du temple ». Anat étant fille de Shor Él et de l'Ashérat, il est naturel qu'elle demeure dans l'ashérâ.

C'est exactement ce que nous constatons à Tyr au VIIᵉ siècle avant J.-C. : « ʿAnat de Maison-des-dieux » ne signifie rien d'autre qu' « ʿAnat en ashérâ ».[6]

Nous trouvons ensuite Él-Élioun devenu Baʿal Shamîm. Il est remarquable qu'au caractère de dieu-Taureau de Shor Él, s'ajoute à Tyr celui d'un dieu-Aigle qui caractérise Baʿal Shamîm.[7] Les monnaies autonomes de Tyr de l'époque grecque représentent un aigle de profil, tenant une longue palme sous son aile et un éperon de navire sous sa griffe, avec la massue, symbole d'Héraclès-Melqart, dans le champ,

---

[1] Borger a traduit ces mots « Bethel », soi-disant divinité éponyme de la ville de Bethel en Palestine, mais le signe du pluriel rend cette lecture impossible. Ashérat est nommée Bêt'el, byt'l, dans les papyri de Touna el-Gebel, *Études sur les dieux phéniciens*, p. 121-123.

[2] Karl Marti, *Geschichte der israël. Rel.*, 5ᵉ éd., p. 34, n. 3; Lods, *Israël*, p. 153; A. Vincent, *La rel. des judéo-aram. d'Éléph.*, p. 583.

[3] Clermont-Ganneau, *Rec. d'arch. or.*, I, p. 81 s.; Hoffmann, *Uber einige phönik. Inschr.*, p. 20 s.; Lagrange, *Études sur les rel. sémit.*, 2ᵉ éd., p. 488 s.; E. Meyer, *Zeitschr. f. alttest. Wissenschaft*, 1931, p. 1, 15.

[4] A. Vincent, *op. cit.*, p. 622 s.

[5] Sur l'emploi de byt ou bt pour bbyt ou bbt, *Les tessères et les monnaies de Palmyre*, p. 545, n. 5.

[6] Dans le poème de *La naissance des dieux gracieux* de Ras Shamra, l'expression ʾaṭtm.ʾaṭt.ʾilʾaṭt.ʾil, « les (deux) femmes, Femme-de-Él, Femme-de-Él » (l. 42, 48-49), qui alterne avec l'expression btm.bt.ʾil.bt.ʾil, « les (deux) maisons, Maison-de-Él, Maison-de-Él » (l. 45), est à comprendre « les deux femmes de Él, Bétyle (et) Bétyle ». Voyez ci-après p. 98-99 et *Rev. de l'hist. des rel.*, 169, 1966. 1. p. 38-42.

[7] *Les tessères et les monnaies de Palmyre*, p. 317 et 409; *Mélanges René Mouterde*, II, 1962, p. 153-155.

en avant;[1] il n'est pas douteux que les habitants de Tyr reconnaissaient dans cet aigle Ba'al Shamîm = Él-Élioun, père de Melqart. Sur les monnaies de Gortyna en Crète, l'aigle alterne avec le taureau comme représentant du dieu ravisseur d'Eurôpê-Ashérat. L'une nous fait assister à l'union du dieu-Aigle et de la déesse.[2] Sur un bas-relief de Tyr, de l'époque romaine,[3] il semble bien qu'il faille reconnaître la triade primitive sous la forme d'un aigle, représentant Ba'al Shamîm, d'une femme étendue, Eurôpê-Ashérat, et d'un enfant allaité par une chèvre, Melqart.[4]

Dans le groupe de Ba'al Malagé et de Ba'al Ṣaphon, le second est bien reconnaissable. Les tablettes de Ras Shamra nous ont appris que le dieu de la montagne du Ṣaphôn était Ba'al, frère et époux de la déesse Anat,[5] tous deux enfants de Él. Ba'al Shamîm et Ba'al Ṣaphon, père et fils, font donc pendant à Maison-des-dieux et Anat, mère et fille.

Ba'al Malagé ne se trouve ainsi nommé nulle part ailleurs. Il s'agit certainement d'un *ba'al* d'un certain lieu nommé Malagé, ou d'un dieu remplissant une fonction particulière désignée par ce mot. Son rang, aussitôt après Ba'al Shamîm et avant Ba'al Ṣaphon, doit le faire considérer comme un dieu assez important, au moins à Tyr. Ne serait-ce pas alors le dieu marin que certaines monnaies romaines identifient à Océanos? On se souvient qu'on le voit dans le haut lieu, montrant la source. Nous avons proposé de l'identifier avec le dieu Yam, «le dieu-Mer» de Ras Shamra.

Le traité d'Assar-Haddon et du roi de Tyr demande à Ba'al Shamîm, à Ba'al Malagé et à Ba'al Ṣaphon de «provoquer une tempête qui détruise les vaisseaux» des transgresseurs, «brise leurs câbles, arrache leurs amarres et les engloutisse dans la mer».[6] Cette tempête est bien

---

[1] Cabinet des Médailles, n°s 2018, 2023-2047 A, 2049 A-2055, etc.; J. Babelon, *Catal. de la Coll. de Luynes*, III, p. 160-161, n°s 3226-3231. Dans les n°s 2136 A-2150 *a* du Cabinet des Médailles, on reconnaît cet aigle avec la massue en avant, élevant au ciel un buste de Trajan.

[2] W. Wroth, *Brit. Mus., Catal. of the Greek Coins of Crete*, pl. X, 7-8; A.B. Cook, *Zeus*, I, p. 529, fig. 397-400.

[3] E. Will, *Berytus*, X (1950-1951), p. 50, pl. 1.

[4] *Les tessères et les monnaies de Palmyre*, p. 737; Cook, *op. cit.*, fig. 401.

[5] A Ras Shamra, ce couple peut porter les noms de Ba'al Ṣaphon et d'Anat Ṣaphon.

[6] W.F. Albright, «Baal-Zaphon», dans *Festschrift Alfred Bertholet*, p. 7. Ṣaphôn signifie proprement: «la nuée ténébreuse».

du ressort du premier et du dernier, qui brandissent la foudre et peuvent ébranler le ciel; il faut reconnaître qu'un dieu de la mer, qui serait Baʿal Malagé, aurait sa place à côté d'eux.

O. Eissfeldt [1] traduit ce nom, sous réserve, le « baʿal des bateliers », rattachant malagé à la racine MLḤ, qui a donné en hébreu מֶלַח, « marin ». En akkadien, malaḫḫu, « batelier », paraît dériver du sumérien MÁ-LAḪ₄. M. André Caquot propose de voir dans malagé un substantif tiré de la racine lǧʾ, connue seulement par le verbe arabe, laǧaʾa, « se réfugier »; malǧaʾ d'où malagé, désignerait un « refuge » ou un « havre ». Il faudrait comprendre : « le baʿal du port ». Le sens serait voisin. Mais cela ne nous dit pas son vrai nom.

Le groupe qui suit est formé de Melqart et d'Eshmoun. Le second est venu de Sidon où il était le protecteur de la dynastie royale. On trouve ensuite, placée à part, l'Ashtart de Tyr, protectrice locale. Rien n'indique encore que ces trois dieux forment une triade familiale.

Au VIIe siècle avant J.-C., le panthéon de Tyr paraît donc formé de trois couples, ainsi groupés :

Ashérat-Maison-des-dieux (Eurôpê) et Baʿal Shamîm (Él-Élioun);

Anat et Baʿal Ṣaphôn (Baʿal de Ras Shamra);

Melqart et l'Ashtart locale;

auxquels se joignaient le baʿal Malagé et un dieu de Sidon, Eshmoun. On remarquera qu'Ashtart et Anat sont nommées les premières.

3. L'IDENTITÉ D'ANAT ET D'ATHÉNA

La présence de la déesse Anat dans le panthéon de Tyr du VIIe siècle avant J.-C. est intéressante à noter, car elle explique le culte d'Athéna dans cette ville, culte révélé par les monnaies grecques et romaines. On y reconnaîtra la même déesse sous des noms différents, c'est-à-dire Anat → Athéna.

Les monnaies grecques autonomes de Tyr, contemporaines des Achéménides (450-332 avant J.-C.), représentent avec insistance la chouette, symbole et hypostase d'Athéna, portant sous son aile la houlette et le fouet de bouvier [2] d'Osiris et aussi des souverains égyp-

---

[1] Baal Zaphon, Zeus Kasios, p. 7, n. 4.

[2] Sous réserve du désaccord des égyptologues sur la nature de ce sceptre, Gardiner,

tiens.[1] On voit la déesse debout sur une monnaie d'Antiochus VII attribuée à Tyr.[2] A l'époque impériale romaine, plusieurs types de monnaies tyriennes montrent Pallas Athéna, casquée, assise sur un trône,
tenant de la main droite soit une statue d'Astarté debout sur une galère,[3]
soit une Victoire,[4] soit deux statues qui représentent presque sûrement
Astarté et la Victoire; ces deux statues paraissent posées sur une galère
ou une proue de navire.[5] Sur d'autres monnaies de Tyr, de même
époque, on reconnaît Astarté, debout, s'appuyant sur son sceptre et
Pallas assise à son côté, tenant une Victoire.[6] Athéna fait figure de
protectrice militaire d'Ashtart-Astarté, devenue la Tyché de Tyr;
elle lui assure la victoire.

Un passage du roman d'Achille Tatius, *Leucippê et Clitophôn*,[7]
écrit vers la fin du IIIe siècle après J.-C. ou le début du IVe, cite un
oracle prononcé, nous dit-il, à Byzance. Il ne prétend pas décrire le
panthéon de Tyr, mais mentionne seulement trois divinités qu'on
adorait dans le grand temple contenant le haut lieu, c'est-à-dire, à
l'époque grecque, le temple d'Héraclès-Melqart. Il s'exprime ainsi:
«Là, Héphaistos est uni à Athéna aux yeux pers; c'est là que je t'ordonne
d'offrir un sacrifice à Héraclès». Un assistant donne l'explication de
cet oracle: «Il est fait allusion, dit-il, à l'olivier et au feu qui cohabitent
chez nous: c'est un emplacement sacré à l'intérieur d'un péribole;
là, un olivier étend ses feuilles brillantes et un feu a été planté avec lui;
la flamme multiple s'attache aux branches, et la suie du feu cultive la
plante». On a reconnu sans peine l'olivier et l'autel à feu du haut lieu
représenté sur les monnaies (fig. 16). Naturellement, la flamme qui
atteint les branches est une exagération du romancier, sans quoi l'arbre

---

Egypt, Gramm., p. 496, § 44-45. Le manche est trop court pour un fléau, et les pendants,
trop raides pour un chasse-mouches.

[1] J. de Morgan, *Numism. orient.*, I, p. 59, fig. 46; G.F. Hill, *A Catal. of the Greek
Coins in the British Museum*, Phœnicia, pl. XXVIII-XXIX; Babelon, *Les Perses Achéménides*, Chypre et Phénicie, pl. XXXV.

[2] Hill, *op. cit.*, p. CXXXIII.

[3] Babelon, *op. cit.*, p. 348, n° 2352, pl. XXXVIII, fig. 26.

[4] Babelon, p. 343, n°s 2324-2325, pl. XXXVIII, 12.

[5] Hill, *op. cit.*, p. 287, pl. XXXIV, 8; Babelon, *op. cit.*, p. 328, n° 2239, pl. XXXVII,
fig. 4 (Élagabale).

[6] Babelon, *op. cit.*, p. 339, n° 2299, pl. XXXVIII, 3 (Volusien).

[7] II, 14, *Anth. Pal.*, XIX, 34.

serait mort depuis longtemps; tout au plus peut-on admettre que la fumée chargée de suie se mêlait parfois au feuillage. D'après Nonnos qui écrivait un siècle plus tard, cet olivier et ce feu existaient déjà sur l'île flottante lorsqu'elle fut fixée pour la fondation légendaire de Tyr.[1]

Pour l'oracle grec, donc, un dieu forgeron qu'il nomme Héphaistos, et qui est en réalité l'ancien dieu phénicien Koushor,[2] était le feu du thymiatérion embrasé ou en habitait les flammes. Il avait sa place dans une cité qui pratiquait avec tant de succès la fonte des métaux.[3] Athéna logeait dans l'olivier en arrière des deux pierres ambrosiennes.

On se demandera alors si, pour l'auteur, Athéna n'était pas Ashérat-Eurôpê, le tronc même de l'olivier, mais ces déesses sont tellement dissemblables qu'on ne peut les confondre. Athéna est la fille de Zeus, tandis qu'Ashérat-Eurôpê est essentiellement son épouse.[4] C'est évidemment « Anat en *ashérâ* », c'est-à-dire « Anat dans l'olivier », qui est ici identifiée à Athéna. L'oracle avait les meilleures raisons pour reconnaître cette identité :

1º Anat, fille de Él à Ras Shamra, est fille de Baʻal Shamîm = Zeus, à Tyr. Athéna est fille de Zeus. Pour Philon de Byblos[5] qui ignorait Anat, Athéna était fille de Él, à Byblos.

2º Anat et Athéna sont les déesses les plus guerrières de leur panthéon respectif.[6]

3º Toutes deux peuvent être munies d'ailes et traverser les airs.[7]

---

[1] *Dionysiaques*, XL, 422 s.

[2] *Les tessères et les monnaies de Palmyre*. p. 340; « L'ancien dieu tyrien Ousô », *Mél. de l'Université Saint-Joseph*, 41, 1965, p. 19-24.

[3] I *Rois*, VII, 13-51.

[4] Sans doute, les Arabes ont-ils commis une erreur aussi grave en identifiant Athéna avec Allât, épouse d'Allâh, mais à une époque plus tardive et dans un milieu moins éclairé, cf. *Les tessères et les monnaies de Palmyre*, p. 374-375.

[5] Fragm. II, 16 et 24.

[6] Voir les combats d'Anat. Virolleaud, *La déesse ʻAnat*, p. 13-25; « Athéna, la déesse armée par excellence », Denyse Le Lasseur, *Les déesses armées dans l'art classique grec et leurs origines orientales*, 1919, p. 1. Anat en déesse armée égyptienne, *op. cit.*, p. 229-230, fig. 93 (l'identification avec Qadesh = Ashtart est une erreur). Mme Le Lasseur cite cette phrase du papyrus Harris : « Que ton glaive massacre comme ʻAnata ».

[7] Athéna ailée, Cook, *Zeus*, III, part I (1940), p. 785, fig. 580, p. 805-809, fig. 612-618; Le Lasseur, *op. cit.*, p. 334-337. Pour Anat, voyez Virolleaud, *Syria*, 1936, p. 152, l. 10-12.

4º L'une est nommée dans les textes de Ras Shamra (*btlt 'nt*), « la vierge Anat »; l'autre est Athéna Parthenos, « la vierge Athéna ».

5º A Ras Shamra, Anat est qualifié de *ybmt l'imm*, « la belle-sœur des peuples ».[1] Athéna est la déesse Polias, « protectrice des cités » et « des peuples ». Elle avait une antique statue dans l'Érechteion, à l'Acropole d'Athènes, mais était honorée dans bien d'autres villes de la Grèce, spécialement à Troie en Béotie et à Érythrée.[2]

6º Anat et Athéna ont des rapports avec le dieu fabricant et forgeron. Anat envoie des messagers à Koushor pour lui demander de construire le temple de Ba'al;[3] Athéna reçoit un culte dans le temple d'Héphaistos, à Athènes; elle y est qualifiée d'Héphaistia. Ils encouragent, l'un et l'autre, les arts utiles, sans parler de leur aventure amoureuse qui n'est sans doute qu'une adjonction tardive.[4]

Anat et Athéna sont parfois en lutte avec le dieu marin. La première se vante d'avoir abattu le dieu-Mer, Yam, et d'avoir massacré ses alliés;[5] elle encourage Ba'al à les combattre.[6] Athéna lutte contre Poseidon et lui dispute la possession de l'Acropole.[7]

7º Anat est qualifiée à Ras Shamra « l'oiseau de proie des oiselles de proie planantes » (*di dit rḫpt*);[8] elle commande aux aigles et aux vautours. « Parmi les aigles, je plane, moi (Anat) ».[9] La chouette est l'animal attribut d'Athéna qui peut être représentée par une

---

p. 157-158; iconographie, ci-après, fig. 82; M.-T. Barrelet, *Syria*, 1955, p. 222 s. Voyez aussi II AB, l. 2 = Herdner, *Corpus*, texte 10, l. 2. (lecture incertaine).

[1] V AB, B, 33, etc., Aistleitner, *Wört. d. ugaritischen Spr.*, 1963, p. 122-123, nº 1130.

[2] D. Le Lasseur, *Les déesses armées dans l'art classique grec et leurs origines orientales*, p. 95-105.

[3] Virolleaud, *La déesse 'Anat*, p. 87-90.

[4] C. Picard, dans Saglio, *Dict.*, V, p. 981-982, et G. Fougères, dans Saglio, *Dict.*, III, p. 1919.

[5] V AB, D, 35-43.

[6] III AB, A, 28-30.

[7] G. Fougères, dans Saglio, *Dict.*, III, p. 1919, fig. 5051, et O. Navarre, *op. cit.*, IV, p. 65-66. On en conclura que cette lutte est une fable importée de Phénicie et ne correspond pas à une réalité grecque comme on le croit généralement.

[8] Tablette 24.252, l. 8-9; *Études sur les dieux phéniciens*, p. 136.

[9] Virolleaud, *La légende de Danel*, p. 219-220, l. 20 et 31-32 (traduction corrigée, cf. *Les tessères et les monnaies de Palmyre*, p. 405, n. 4).

chouette tenant une lance [1] ou un écheveau.[2] La chouette était le plus ancien oiseau consacré à Athéna.[3] Elle fut ensuite concurrencée par la corneille qui fut détrônée à cause de ses bavardages.[4] Dans Homère, Athéna prend parfois la forme d'un vautour [5] ou d'une orfraie.[6]

8º Dans le temple de Beisan, Anat était symbolisée par de nombreux serpents.[7] Dès l'époque archaïque, Athéna avait un ou plusieurs serpents pour attribut. Son égide était recouverte de peaux de serpents, et bordée de serpents vivants qui se jetaient sur ses ennemis.

9º Dans une précédente étude,[8] j'ai montré qu'un distique de la Légende de Kérét [9] permet de penser que pour les Phéniciens la « prunelle» (d'q) de l'œil d'Anat était « un clair lapis-lazuli» ('ib.'iqn'i). Or pour Homère Athéna est la déesse γλαυκῶπις, c'est-à-dire aux yeux bleu clair qui est bien la teinte du lapis-lazuli.

Leurs lieux de culte sont aussi extraordinairement pareils : un olivier qui n'est pas la déesse elle-même son arbre ; à Athènes, il a été planté ou suscité par Athéna. Autour du tronc s'enroule souvent un serpent à Tyr comme à l'Acropole.[10] Selon Athénagoras,[11] le premier symbole d'Athéna Polias fut un xoanon en bois d'olivier, ce qui laisse entendre que la déesse a d'abord habité dans un tronc de cette essence. A Tyr comme à Athènes, on trouve auprès de l'arbre un autel à feu [12] et une source qui, dans les deux cas, est la propriété spéciale du dieu de la

---

[1] Denyse Le Lasseur, *Les déesses armées*, 1919, p. 354-362, fig. 130-131.

[2] *Ibid.*, p. 360, fig. 132 ; *Les tessères et les monnaies de Palmyre*, p. 436, fig. 226 ; Claude Meillier, « La chouette et Athéna», *Revue des Études anciennes*, 72, 1970, pl. I.

[3] Meilier, *op. cit.*, p. 5-30.

[4] Allusion dans la fable d'Ésope « La corneille et le chien», E. Chambry, *Ésope, Fables*, coll. G. Budé, 1927, p. 75, fable 171.

[5] *Iliade*, VII, 58-59.

[6] *Odyssée*, I, 319-320 ; III, 372.

[7] *Études sur les dieux phéniciens*, p. 136.

[8] *Mélanges Jérôme Carcopino*, 1966, p. 276.

[9] Virolleaud, *La légende de Keret*, p. 50, I K, l. 291-295 ; A. Herdner, *Corpus*, I, p. 67, texte 14, l. 291-295.

[10] Cook, *Zeus* III, part I (1940), p. 749-763, fig. 539-540 ; Le Lasseur, *op. cit.*, p. 313, fig. 120. Pour Tyr, voyez Nonnos, *Dionysiaques*, chant XL, trad. Marcellus, V, p. 150 ; Will, *op. cit.*, p. 2-3, pl. I.

[11] Le Lasseur, *op. cit.*, p. 42.

[12] Cook, *op. cit.*, fig. 537.

mer, Poseidon [1] ou le dieu Yam des Phéniciens. Les lieux de culte ne diffèrent que sur un point : à l'Acropole les deux pierres ambrosiennes, prototypes des colonnes d'Hercule, proprement tyriennes, ne sont pas représentées ; ce n'est donc pas l'ensemble du panthéon de Tyr qui a été importé à Athènes (comme il le fut apparemment à Gadès et à Carthage), mais spécialement la déesse Anat en *ashérâ*, avec sa compagne Ashtart, devenue Astarté.

L'identité d'Anat et d'Athéna est attestée par une inscription bilingue d'un autel de Larnax Lapêthos à Chypre, de la fin du IVe siècle avant J.-C..[2] Il est dédié dans le texte en grec : ᾿Αθηνᾷ Σωτείρᾳ Νίκῃ καὶ βασιλέως Πτολεμαῖου, « A Athéna salvatrice Victoire et de roi Ptolémée» (*sic*) ; dans le texte en phénicien, on lit : L'NT 'Z ḤYM WL'D MLKM PTLMYŠ, « A Anat, rempart (ou force) des vivants (ou de vie), et au seigneur des rois, Ptolémée». Il s'agit de Ptolémée Ier Sôter, qui régna de 323 à 285 avant J.-C. A cette époque, Anat-Athéna était donc considérée comme la protectrice du roi grec de l'Égypte, celle qui lui avait donné la victoire et la domination sur ce pays ; cela explique que la chouette des monnaies de Tyr tienne sous son aile les sceptres des pharaons. Ce détail permet aussi de dater approximativement ces monnaies.

L'inscription de Lapêthos est illustrée par une monnaie de cette ville,[3] à dater entre 449 et 420 avant J.-C.,[4] qui représente la tête d'Athéna, au droit, avec le casque corinthien habituel et, au revers, avec un casque muni de deux grandes ailes et de deux oreilles de génisses qui sont un attribut d'Anat.[5] Sur des antéfixes étrusques de Véies, du Ve siècle avant J.-C., Athéna-Anat est figurée avec des cornes et des oreilles de génisse encore plus apparentes. Dans ces deux séries de documents, on souligne le caractère opposé d'Astarté-Ashtart, sa sœur et sa compagne (fig. 19 et pl. III, 1).

---

[1] Le Lasseur, *op. cit.*, p. 41.

[2] *C.I.S.*, I, 95 ; Lebas Waddington, 2778 ; Vogüé, *Journ. Asiat.*, 1867, II, 120 ; *Rec. d'épigr. sémit.*, 1515 ; G.A. Cooke, *A Text-Book*, p. 80, n⁰ 28. Fac-similé, Ronzevalle, *Mél. Univ. St-Joseph*, 3, 1909, p. 762.

[3] J. Babelon, *Catal. de la Coll. de Luynes*, III, n⁰ 3021.

[4] G.A. Cooke, *A Text-Book*, 1903, p. 349, B 7, pl. IX, 7.

[5] Cf. Virolleaud, *'Anat et la génisse*, Syria, 1936, p. 150-173 ; Dussaud, *Syria*, 1936, p. 287-295, la génisse est de toute évidence « une des formes primitives d'Anat » (p. 292). Il faut remarquer toutefois qu'elle ne l'est plus dans les tablettes de Ras Shamra.

Fig. 19. Têtes d'Astarté-Ashtart et d'Athéna-Anat, sur des monnaies de Larnax Lapêthos, à Chypre, du Ve siècle avant J.-C., G.P. Hill, *Catal. of the Greek Coins of Cyprus*, Londres, 1904, p. 30-31, pl. VI.

Philon de Byblos, qui connaissait bien les anciennes traditions religieuses de Tyr, affirme l'origine phénicienne d'Athéna. Pour lui, cette déesse était fille d'Él-Kronos (fragm. II, 16), c'est-à-dire de Shor Él, comme Anat à Ras Shamra. Elle était à ses yeux différente d'Astarté = Ashtart,[1] qu'il identifie avec Aphrodite, et d'Astarté la Grande qui « régna sur le pays », c'est-à-dire sur la Phénicie, par décision de Él (Fragm. II, 24) ; Athéna reçoit, au contraire, de son père « la royauté de l'Attique » (*ibid.*), ce qui veut dire que son culte était venu d'Asie s'établir en Grèce.

Les Anciens avaient donc gardé le souvenir de l'origine phénicienne de la déesse. Le scoliaste de Lycophron [2] dit formellement que c'est l'Athéna phénicienne qui était honorée à Corinthe, φοινίκη ἡ ᾽Αθηνᾶ ἐν Κορίνθῳ τιμᾶται.

L' « Anat de Maison-des-dieux » à Tyr était donc la même déesse qu'Athéna. Il ne s'agit pas ici d'une identification tardive telle que les Grecs les affectionnaient, mais d'une identité réelle ; Athéna était la forme grecque prise par la déesse phénicienne importée en Grèce, de Tyr, très probablement. Ashérat, on l'a vu, avait été introduite en Crète de façon analogue par les Tyriens et les Sidoniens, le nom d'Eurôpê n'étant qu'une appellation particulière de la déesse voyageuse.

A l'identification d'Athéna avec Anat on pourrait objecter que pour

---

[1] Différence affirmée aussi par les monnaies qui représentent ensemble Athéna et Astarté. Voir ci-dessus, p. 48-49.

[2] *Alexandre*, v. 658 ; *C.I.S.*, I, 243 ; Lagrange, *Études sur les rel. sémit.*, p. 72, n. 5 (il établit un rapport entre Eurôpê et Athéna, « déesses, toutes deux, phéniciennes ».

Hérodote (II, 59 et 175) [1] Athéna n'est autre que la déesse égyptienne Neit, dame de Saïs, dans le Delta; mais si l'on examine les caractères des deux déesses, on s'aperçoit qu'elles n'ont qu'un point commun : ce sont des déesses armées, encore Neit l'est-elle d'arcs et de flèches tandis qu'Athéna tient presque toujours une lance. Le nom de Neit *(Nt)* est écrit idéographiquement en hiéroglyphes par deux arcs liés ensemble et empaquetés; les bouts des arcs sortent du ballot ainsi formé.[2] A l'époque prédynastique et pendant les premières dynasties, les arcs sont parfois figurés entièrement emballés, puis liés au milieu par une bandelette, et accompagnés de deux flèches croisées placées sur le devant.[3] Certains archéologues ont pris ce paquetage allongé pour une navette de tisserand, d'où cette idée fausse que Neit était une déesse « tisserande »; ce caractère l'aurait rapprochée d'Athéna, mais il n'existe pas. Neit paraît issue d'un culte archaïque de l'arc et des flèches considérés comme *sacra* et demeure de la divinité. On ne voit rien d'analogue dans le culte d'Athéna.

4. L'apparition de la triade de Melqart, d'Ashtart et d'Eshmoun à l'époque perse

On a vu que dans le traité d'alliance des rois d'Assyrie et de Tyr vers 677 avant J.-C. (p. 45), la liste des dieux de Tyr se terminait par les nom de Melqart, d'Eshmoun et d'Ashtart. Ils y forment un groupe, mais rien n'indique qu'ils y constituent un triade familiale. Nous allons examiner maintenant un monument de l'époque perse, qui apporte, semble-t-il, ce supplément d'information.

Il s'agit d'un trône vide dédié à Ashtart (Astarté) (pl. II A-B), [4]

---

[1] Voyez aussi Platon, *Timée*, 21. Les références utiles sont données par Saglio, *Dict.*, III, p. 1910, et Le Lasseur, *Les déesses armées*, p. 215 s.

[2] Gardiner, *Egypt. Gramm.*, p. 491, R 24-25.

[3] Newberry, *Proceed. of the Soc. of bibl. arch.*, 1906, pl. I, fig. 6; Petrie, *Royal Tombs*, II, pl. II, nos 11-12; Le Lasseur, *Les déesses armées*, p. 220; F. Daumas, *Les dieux de l'Égypte*, 1970, p. 80-92.

[4] S. Ronzevalle, *Comptes rendus de l'Acad. des Inscr. et B.-L.*, 1907, p. 589 et 696; 1908, p. 44; *Mél. de la Faculté orientale*, 3, 1909, p. 755-784, pl. IX; G. Contenau, *La civilisation phénicienne* 1949, pl. V.

provenant de Ḥirbet aṭ-Ṭayibeh, non loin de Tyr.[1] Cette sculpture
d'une pierre très poreuse est conservée au musée du Louvre. Elle se
compose d'un siège étroit flanqué de deux sphinx ailés qui sont des
attributs d'Ashtart = Astarté.[2] Le devant, sous le siège, est orné
d'un grand croissant, image du ciel,[3] et au-dessous de deux lotus qui
se relèvent, symboles de résurrection.[4] Ashtart était la Reine du ciel,
dispensatrice de toute vie. Elle accordait donc le salut comme le
prouvent les innombrables figurines de la déesse nue découvertes
dans les tombeaux. Sur le dossier, en arrière du siège, on voit les images
de deux bétyles, des stèles dressées arrondies du haut, ornées de figures
masculines, en faible relief (fig. 20). Sur le socle du trône, une inscription
en phénicien, nous informe que cet objet sacré (qdš) est dédié à Ashtart
« qui (demeure) à l'intérieur ».[5] C'est donc très exactement un bétyle,

Fig. 20. Les deux bétyles représentés sur le trône d'Astarté, du Louvre (pl. II A-B), et la
silhouette d'un prêtre phénicien d'après la stèle de Baʿalyaton, prêtre du Malak d'Ashtart
(Dunand-Duru, *Oumm el-ʿAmed*, pl. LXXIX, 3).

Sur les bétyles, on reconnaîtra des figures de Melqart, à droite, et d'Eshmoun, à gauche,
tous deux en costumes de rois phéniciens.

---

[1] Ronzevalle, *Mél. de la Fac. or.*, 3, 1909, p. 759. Non loin aussi d'Oumm el-Amed
qui a fourni des documents comparables.

[2] *Études sur les dieux phéniciens*, p. 61, pl. II, 2.

[3] *Les tessères et les monnaies de Palmyre*, p. 129-143.

[4] Le lotus renversé symbolise la mort ; la même fleur placée droit est un signe de vie.
Le lotus qui se relève évoque donc le passage d'un état à l'autre.

[5] *Études sur les dieux phéniciens*, p. 122-123.

et cela explique les deux bétyles accessoires du dossier : la déesse y est présente avec deux autres dieux, ses hôtes. La valeur magique du sacrum se trouvait ainsi triplée.[1]

A première vue, on sera tenté de reconnaître dans les deux bétyles figurés les célèbres pierres ambrosiennes du haut lieu de Tyr, habitées par Él auquel avait succédé Ba'al Shamîm et par Melqart. Nous les avons étudiées dans le premier paragraphe de ce chapitre (p. 33, fig. 16).

Mais cette identification soulève plus d'une objection. On notera d'abord que ce trône vide est dédié à Ashtart qui était absente de ce haut lieu. Il serait étrange qu'elle s'annexât des objets sacrés qui appartenait au groupe des dieux primordiaux de Tyr dont elle ne faisait pas partie, et d'autant plus qu'à l'époque perse le culte de ce groupe était en pleine décadence. Les grands dieux de Tyr étaient alors Melqart et Ashtart. On remarquera aussi que sur les monnaies de Tyr (fig. 16) les pierres ambrosiennes sont toujours rendues reconnaissables par la présence soit de l'olivier, soit de la source. Cette indication fait défaut sur le trône.

On sait d'autre part que les pierres ambrosiennes ont servi de modèle aux Tyriens lorsqu'ils fondaient de nouveaux sanctuaires. On connaît l'exemple fameux de Gadès. A Malte, on a découvert deux cippes de marbre dédiés à Melqart et qui se rattachaient certainement à un sanctuaire de ce dieu.[2] Je pense que les bétyles figurés sur le siège d'Astarté étaient de ce genre, et se trouvaient dans un temple où cette déesse était adorée en premier. Elle y habitait sans doute elle-même dans un bétyle, et y était associée aux deux dieux figurés sur les bétyles en forme de pierres dressées qui leur étaient consacrés dans son temple. Celui de la déesse était certainement différent de celui de l'Ashérat de la ville dans le haut lieu de Tyr, l'olivier formant *ashérâ*. Il n'est pas exclu qu'il ait eu l'aspect d'un trône vide. A en juger par

---

[1] Dans le temple d'Astarté à Sidon, un trône vide paraît avoir servi de support à un bétyle en forme de sphère céleste, H. Seyrig, *Syria*, 36, 1959, p. 50-52, pl. X = *Ant. syr.*, VI, p. 23-25, pl. X, 3 et 5; S. Ronzevalle, *Mél. de la Faculté orientale*, V, 2, 1912, p. 188, pl. XV, 1.

[2] Perrot et Chipiez, *Hist. de l'art dans l'antiquité*, III, 1885, p. 306, et fig. 28; *C.I.S.*, I, 122; D. van Berchem, *Syria*, 44, 1967, p. 85; Lagrange, *op. cit.*, p. 487-488. L'inscription ne dit pas quels dieux habitaient ces deux bétyles, mais l'un l'était sûrement par Melqart.

le lieu de découverte du monument que nous étudions, ce haut lieu ne devait pas être à Tyr, mais dans la montagne, en arrière.

Ce groupe de trois divinités, deux masculines et une féminine, nous est connu dans le milieu méditerranéen : c'est celui des triades familiales comprenant un dieu père, une déesse mère et un dieu fils. La divinité féminine était ici l'Ashtart de Tyr. Comme elle était alors l'épouse de Melqart, une des divinités masculines représentées était certainement ce dieu. Nous connaissons donc le couple des père et mère. Reste le dieu fils, troisième figure. Les documents préhelléniques ne font aucune allusion à un fils de ce couple, mais on va voir qu'à partir du IVe siècle avant J.-C. Héraclès-Melqart époux d'Astarté a pour fils Iolaos-Eshmoun. Il devient clair que dès le Ve siècle avant J.-C. ce groupe familial était déjà constitué sous la forme Melqart-Ashtart-Eshmoun. Ce dernier était un dieu de Sidon, protecteur de la dynastie royale. Il y apparaît vers le début du Ve siècle dans l'inscription d'Eshmouna-zar [1] sous le nom d'Eshmoun, au côté de Ba'al Sidon, le dieu de la ville. Ils étaient des enfants de Él. Il est fort intéressant de constater que les prêtres de Tyr ont attiré Eshmoun dans le panthéon de leur ville pour en faire un fils de leur ba'al. C'était apparemment un moyen d'assurer la suprématie de Tyr sur Sidon.

L'aspect de ces dieux dans la sculpture du trône mérite l'attention. Ils portent la robe descendant aux chevilles, des prêtres phéniciens de l'époque perse (fig. 20, 2),[2] mais les cheveux longs nous assurent que ce ne sont pas des prêtres. De plus, ils s'appuient sur un long sceptre sommé d'un lotus, d'inspiration égyptienne ; c'est le signe d'une autorité royale, et dans les ivoires étudiés dans un prochain chapitre (p. 182), on reconnaîtra le roi d'Ugarit avec une robe semblable et un sceptre court terminé par un lotus. On verra qu'en Asie ce sceptre à lotus convient à des divinités qui donnent la vie.[3] Ils sont vêtus en outre du long manteau porté en Phénicie par les prêtres et par les rois.

Sur le couvercle du sarcophage d'Aḥiram, roi de Byblos, le groupement des deux personnages vêtus de même et placés l'un en face de l'autre (fig. 21) se retrouve exactement. Il s'agit du roi décédé tenant

---

[1] Lagrange, *op. cit.*, p. 483-487.

[2] M. Dunand et R. Duru, *Oumm el-'Amed*, 1962, pl. LXXVII, LXXVIII, 1, et LXXIX, 3.

[3] Voyez p. 168-169.

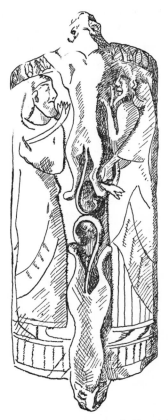

Fig. 21. Sarcophage d'Aḥiram. Le dessus du couvercle. Le roi Aḥiram, à droite, bénissant son fils et successeur le roi Ittobaʿal, à gauche, d'après Dussaud, *Syria*, 2, 1930, p. 181, fig. 1.

Les lions qui font allusion aux réapparitions cycliques de la planète Vénus sont un symbole d'immortalité fréquent dans les tombeaux (et non des gardiens de la tombe, comme on le dit souvent). On remarquera que le père est légèrement plus grand que le fils.

un lotus renversé, à droite, et de son fils et successeur avec un lotus relevé, à gauche.[1]

La comparaison de ce groupe et de celui formé par les personnages

---

[1] Sur ce symbole, voyez p. 44, fig. 18; p. 56, n. 4; p. 95, n. 5, pl. II A-B; p. 180; fig. 88; *Études sur les dieux phéniciens*, pl. II, 2; Schaeffer, *Ugaritica*, III, pl. VI (stèle rappelant deux personnages décédés).

du trône d'Astarté prouve que l'artiste a voulu représenter « les dieux-rois de la cité », père et fils. Pour Melqart, « Ba'al Ṣour », il ne pouvait mieux faire, puisque son nom signifie « le roi de la cité ». Eshmoun, étant devenu son fils, il était légitime de l'habiller de même.

Sur le trône d'Astarté, le personnage de droite est légèrement plus grand que celui qui lui fait face. Il est donc de rang plus élevé, ici le père, époux d'Ashtart, Melqart. La disposition est la même sur le sarcophage d'Aḥiram. De la main gauche, les deux dieux tiennent le long sceptre,[1] mais le geste de la droite n'est pas identique. Melqart, de sa main levée, donne sa bénédiction à Eshmoun. C'est exactement le geste d'Aḥiram bénissant Ittoba'al. Eshmoun a la main ouverte et moins relevée (on voit le dessus de sa main et ses cinq doigts). Il fait plutôt un geste d'amitié vis-à-vis de Melqart.

L'aspect de ces dieux est complètement différent de celui que nous leur trouverons à l'époque hellénistique et romaine.[2] Il ne faut pas s'en

1   2

Fig. 22. La transformation iconographique de Bêl dans le passage de Babylone à Palmyre, vers la fin du IVe siècle avant J.-C.

1. Type babylonien, d'après un bas-relief d'époque kassite, R. Koldewey, *The Excav. at Babylon*, trad. A.S. Johns, 1914, p. 222; Contenau, *Manuel d'arch. or.*, I, p. 226, fig. 137, description III, p. 1168-1169.

2. Type palmyrénien, *Les tessères et les monnaies de Palmyre*, p. 178, fig. 128.

[1] La position est très maladroitement rendue dans la figure de droite. Le sculpteur a fait passer le sceptre en arrière du bras droit pour ne pas le cacher. Contrairement à la logique, il a voulu mettre en avant la main bénissante, qui ne peut être qu'au second plan.

[2] Les traits d'Héraclès pour représenter Melqart ne se sont pas imposés, à Tyr, avant

Fig. 23. Les Cabires et leur vaisseau, d'après une monnaie de Béryte à l'effigie d'Élagabale.
Les Cabires assis en cercle racontent l'histoire des origines du monde (Philon de Byblos,
Fragm. II, 27). Comparez à l'attitude des apôtres enseignant sur le calice d'Antioche.
La proue rappelle qu'ils ont, « les premiers, imaginé un navire » (II, 11-12).

étonner. On en jugera par la transformation subie par Bêl à Palmyre
à cette époque (fig. 22).

5. Le panthéon de Tyr à l'époque grecque

Dans notre examen des dieux de Tyr, nous en arrivons maintenant
à l'époque grecque, le panthéon de la ville va subir un changement
considérable. Au Ve siècle avant J.-C., sous l'influence de la littérature
grecque, surtout des poésies de Pindare et des récits d'Hérodote,[1]
Melqart va être identifié à Héraclès.[2] En même temps, le nom sémitique
d'Ashtart ou Ashtoret s'hellénise en Astarté, et Eshmoun sera nommé
Iolaos.[3] Mais nous n'assistons pas seulement à des changements de
noms, c'est toute la personnalité de ces dieux qui se modifie.

l'époque hellénistique. Des monnaies de cette ville remontant aux Ve ou IVe siècles
avant J.-C., E. Babelon, *Les Perses Achéménides*, p. cxc, représentent ce dieu apparemment en costume de roi phénicien, chevauchant un dauphin.

[1] Roger Dion, « La promotion d'Hercule », *Antiquités nationales et internationales*,
mars-juin 1962, p. 22-26. Peut-être cette « promotion » a-t-elle commencé un peu plus tôt
que ne le suggère M. Dion ?

[2] Seyrig, *Syria*, 23 1944-1945, p. 70 = *Ant. syr.*, IV, p. 9 ; M. Chéhab, « Tyr à l'époque
romaine », dans les *Mélanges R. Mouterde*, II, 1962, p. 13 s. Voir l'inscription bilingue de
Malte du IIe siècle avant J.-C., *C.I.S.*, I, 122 A et B. Philon de Byblos mentionne
Μέλκαρθος ὁ καὶ Ἡρακλῆς, « Melqart qui est aussi Héraclès ».

[3] Sur ces identifications approximatives, Lagrange, *Études sur les rel. sém.*, 2e éd.,
p. 456 s.

Melqart était à l'origine le dieu d'une population d'agriculteurs de la côte phénicienne. Il dort pendant l'hiver, sans doute sous la terre, et l'on procède à son réveil au mois de Péritios, correspondant à ŠBT, « février ». On peut considérer à Tyr que les grands froids sont déjà terminés en février. Melqart avait donc l'aspect des dieux agraires qui sont paralysés pendant la saison froide et dont l'action se manifeste au printemps. De ce type était le dieu Mardouk, libéré de sa prison hivernale au début d'avril; cet événement donnait lieu à des fêtes très importantes à Babylone, comme plus tard à Palmyre.[1] Les Phrygiens et les Paphlagoniens adoraient les divinités comparables.[2] Le « réveil » du dieu, ou sa libération n'était pas proprement une résurrection, mais la distinction est difficile à faire,[3] et on pouvait penser que la résurrection des morts était aussi un réveil. Ces dieux devaient donc tout naturellement devenir des dieux du salut.

Melqart étant un maître de la foudre et de la pluie, on lui reconnaissait certainement un pouvoir particulier sur le feu du ciel qui avait joué un grand rôle dans la naissance même de Tyr. Un feu allumé par l'orage dans la forêt voisine avait permis de lancer la première embarcation sur la mer. Des stèles, objets d'un culte, y avaient été consacrées au Feu et au Vent divinisés.[4] On attribuait sans doute au dieu des embrasements miraculeux. On ne s'expliquerait pas sans cela que « les prêtres de Ba'al », dieu qu'il faut identifier avec Melqart, aient accepté si naïvement l'épreuve que leur proposait Élie, sur le mont Carmel. Le récit de l'Ancien Testament [5] montre assez que le *ba'al* de Jézabel était considéré comme un maître des phénomènes atmosphériques, un dieu de l'atmosphère.

Aucun texte cependant ne permet de penser que le « Réveil » de Melqart s'obtenait par un embrasement comme le pensait R. Dussaud [6]

---

[1] *Les tessères et les monnaies de Palmyre*, p. 565 s.

[2] Plutarque, *De Iside et Osiride*, 69.

[3] Voir ci-dessus, p. 17 et 20, la cas de Ba'al qui est mort parce qu'il est descendu dans le Monde inférieur « sous la terre », mais qui néanmoins y mène une vie fort agitée « dans un frais pâturage ».

[4] Philon de Byblos, Fragm. II, 8 b; Lagrange, *Études sur les rel. sémit.*, 2e éd., p. 417. Voyez *Mélanges de l'Université Saint-Joseph*, 41, 1965, p. 10, mon étude « L'ancien dieu tyrien Ousô sur des monnaies de Tyr ».

[5] I *Rois*, XVI, 31: XVIII, 19 s., etc.

[6] *Syria*, 1946-1948, p. 207-208.

qui faisait un rapprochement avec le rituel hiéropolitain décrit par Lucien.[1] L'auteur grec nous apprend, en effet, qu'au début du printemps on brûlait solennellement à Hiérapolis-Membidj sur l'Euphrate, un arbre avec divers animaux. Le mot ἔγερσις désigne une cérémonie tout autre, et l'apothéose par le rite du bûcher appartient évidemment au mythe d'Héraclès. Rien ne fait penser qu'il ait été pratiqué à Tyr avant l'identification de Melqart avec ce dieu. Le récit tout différent de la « résurrection » du dieu, obtenue par Iolaos = Eshmoun, à l'aide du rite magique de la caille rôtie me paraît représenter l'authentique tradition tyrienne.[2]

L'idée qu'on se faisait alors de Melqart nous est fournie par la stèle d'Alep, déjà citée, qui remonte au IXe siècle avant J.-C. Il y est figuré debout, de profil, marchant vers la gauche (fig. 18). Il porte une barbe et des cheveux longs. Son vêtement se compose d'un pagne pendant en arrière. M. Maurice Dunand le voit orné de deux *uraei*, mais ce détail est bien peu apparent. Sa tête est surmontée d'une sorte de bonnet arrondi du haut. De la main gauche, il tient une hache appuyée contre son épaule et de la droite un objet indéterminé qui ne peut être ni une croix ansée, ni une situle. On dirait une clochette pendue à un anneau, mais ce ne peut être là un attribut divin. Nous y reconnaîtrions plutôt un lotus renversé, allusion à la mort apparente du dieu pendant son sommeil hivernal. Sur le sarcophage d'Aḥiram, à Byblos (fig. 21), le roi défunt tient de même un lotus renversé signe de sa mort qui doit bientôt être suivie d'un réveil.[3]

Le dieu présente l'aspect d'un riche paysan de la Phénicie. Sans doute ce comportement a dû quelque peu changer sous l'influence des conquêtes phéniciennes et de la grande extension coloniale de Tyr. Le type de Melqart chevauchant un hippocampe ailé s'élançant sur les flots apparaîtra sur les monnaies grecques du Ve siècle avant J.-C.,[4] mais sa création est sans doute antérieure. On l'y voit bandant son arc et lançant des flèches. Il prend l'allure d'un conquérant fondateur

---

[1] *De dea syria*, 49.

[2] Voyez ci-après p. 95-96, mes observations sur cette pratique dont l'ancienneté est attestée par les tablettes de Ras Shamra.

[3] *Les tessères et les monnaies de Palmyre*, p. 81, n. 3; *Études sur les dieux phéniciens*, pl. II, 2.

[4] J. de Morgan, *Numismatique orientale*, I, p. 59.

de colonies lointaines. Mais sa monture nouvelle ne prouve nullement qu'il s'identifie alors avec le dieu de la mer, Yam.[1] Sous la même influence, le Taureau Zeus de l'enlèvement d'Eurôpê, qu'on voit sur une monnaie romaine (fig. 16 G) surgir de la mer, prend parfois une queue de monstre marin, avec de larges enroulements et une nageoire terminale ; [2] il ne faudrait pas en conclure que Poseidon a succédé à Zeus !

Le Ba'al de Tyr était primitivement un dieu de l'atmosphère. En qualité de protecteur de l'agriculture, il disposait de la foudre et de la pluie, mais son pouvoir ne s'étendait guère au-delà. Sous un nouvel aspect Melqart deviendra le maître absolu du ciel. Nonnos, au VIe siècle après J.-C., se fait l'écho de cette promotion lorsqu'il qualifie Melqart d'ἀστροχίτων, « celui dont la tunique est parsemée d'étoiles ».[3]

Sous le nom de « ba'al de Tyr », le dieu s'alignait avec les innombrables ba'alîm des villes phéniciennes. On lui attribuera le surnom de « Roi de la Cité », MLK QRT, qui deviendra son nom : Melqart. Le sens n'est pas bien différent de B'L ṢR, « ba'al de Tyr » ; le dieu conserve son caractère de protecteur de sa ville, mais le nom prend une chaude consonnance qui permettra de lui attribuer la royauté universelle. On a proposé de comprendre le nom de Melqart : « le Roi de la Cité infernale »,[4] parce que le monde souterrain serait appelé « la Cité » dans un texte de Ras Shamra.[5] Mais rien de ce que nous savons de Melqart ne peut faire penser qu'il ait été un roi des Enfers ; tous les témoignages de l'Antiquité y contredisent.[6]

L'identification de Melqart avec Héraclès va modifier beaucoup plus profondément sa personnalité. Melqart entre en léthargie pendant l'hiver ; il se réveille à l'approche du printemps. Héraclès meurt réellement : il est brûlé sur un bûcher et son âme est emportée dans les cieux par un aigle. Il devient le premier des Bienheureux et ouvre la voie

---

[1] Dussaud, *Comptes rendus de l'Académie des Inscr. et B.-L,.* 1947, p. 215.

[2] A.B. Cook, *Zeus*, III, part I (1940), p. 619 s., pl. XLVIII (p. 627), taureau à double queue de divinité marine, mosaïque romaine d'Aquilée. Cabrol, *Dict. d'arch. chr.*, I, col. 2124-2125, sarcophage de Flavia Sabina, au Louvre ; *Les tessères et les monnaies de Palmyre*, p. 417, n. 6. Cabrol, *op. cit.*, XII, p. 1123, fig. 8824, sarcophage de Rome, fin du IIe siècle après J.-C. (remarquez l'Éros volant au-dessus du taureau).

[3] Nonnos, *Dionys.*, trad. Marcellus, V, p. 146-147.

[4] W.F. Albright, *Arch. and the Relig. of Israel*, p. 81.

[5] *Amer. Journ. of Sem. Lang.*, 53, 11.

[6] M. Dunand, *Bull. du Musée de Beyrouth*, 6, 1942-1943, p. 45.

du salut aux hommes. Il est bien probable que la fête du Réveil de Melqart s'est alors transformée en une apothéose du dieu mourant sur un bûcher, bûcher réel, brûlé pendant la fête. A l'époque romaine, on montrait près de Tyr, de même qu'à Gadès, le lieu où avait été brûlé le héros, et son sépulcre (*sepulcrum*).[1] Lucien[2] dit bien que le héros tyrien n'est pas l'Héraclès des Grecs, et qu'il est beaucoup plus ancien : il faut reconnaître qu'aux époques hellénistique et romaine, il en a pris tous les traits (pl. III, 2). En réalité, le héros grec s'était substitué au dieu sémitique. Dès le Ve siècle avant J.-C., on représentera sur des monnaies phéniciennes, Héraclès luttant avec le lion de Némée. La légende de Melqart ne fournit aucun fait semblable.

La déesse parèdre devenue Astarté a aussi beaucoup changé. Dans sa forme primitive, Ashtart était l'étoile du soir et l'épouse d'Ashtar, l'étoile du matin. Ces divinités ont d'abord été imaginées comme un lion et une lionne, régnant dans le ciel; sous la forme humaine, ils sont accompagnés de lions; ils sont donc étrangers à la famille des dieux à forme bovidée de la Phénicie, dans laquelle ils sont entrés : on est tenté d'en faire des enfants de la déesse arabe Allât qui est aussi une déesse aux lions.[3] Lorsqu'on eut découvert que les deux étoiles du matin et du soir n'étaient qu'une seule planète, Vénus, Ashtart tendit à s'approprier cet astre, ce qui a entraîné la disparition d'Ashtar, au moins dans le milieu nord-sémitique. En même temps, la déesse est devenue la reine du ciel astral, et ce caractère s'affirmera de plus en plus, sous les noms d'Astarté et d'Atargatis. Ashtar étant oublié, la déesse prendra pour époux des divinités célestes d'origine différente. C'est ainsi qu'à Hiérapolis et à Ba'albek, elle est la parèdre de Hadad; à Palmyre, elle s'unira à Bêl et à Ba'al Shamîm. Le même phénomène s'observe à l'époque romaine dans les villes de la côte phénicienne, à Beyrouth, par exemple, où elle sera l'épouse de Poseidon. L'accouplement de Melqart et d'Astarté rentre dans cette série de faits.

Quant au dieu-fils, Eshmoun, qui avait un temple à Sidon et qui était le plus jeune des huit *kabirîm* phéniciens qu'on adorait à Beyrouth,

---

[1] V. Bérard, *Origines des cultes arcadiens*, p. 125, citant Pomp. Mel., III, 6.

[2] *De dea syria*, 3.

[3] *Les tessères et les monnaies de Palmyre*, p. 375-376 et 433. Deux lions animaux-attributs d'Allât, D. Schlumberger, *La Palmyrène du Nord-Ouest*, p. 67-68, n° 2, pl. XXIX, 3; de Rotrou-Seyrig, *Syria*, 1933, p. 181, et p. 12-19, pl. IV.

il ne semble pas originaire de Tyr; il est venu sans doute de Sidon.
A l'époque romaine, il apparaît surtout comme un dieu guérisseur assimilé à Asclépios. A Tyr, il joue un rôle magique dans la résurrection
d'Héraclès.[1] Iolaos avec lequel il a été identifié par les Grecs est un
personnage bien différent; il appartient à la légende thébaine d'Héraclès; il avait un tombeau et un hérôon à Thèbes en Béotie. Fidèle
compagnon du héros dans ses combats, il est avant tout le conducteur
de son char. On nous le montre vainqueur dans des courses de chars.
Ce trait est étranger à la légende d'Eshmoun. De plus, Iolaos n'est
pas le fils d'Héraclès mais son neveu. Comme on le voit, l'Eshmoun-
Iolaos de Tyr est tout à fait différent du héros grec.

En résumé, le mariage d'Héraclès et d'Astarté est en contradiction
complète avec la mythologie grecque, et la naissance de leur fils Iolaos
ne l'est pas moins. Du point de vue sémitique, l'union du *ba'al* de Tyr
et d'Ashtart, qui prépare la naissance de leur fils Eshmoun, est ignorée
de l'ancienne mythologie phénicienne et ne s'accorde ni avec l'origine, ni
avec la nature de ces dieux. C'est pourtant cette famille de caractère
tout artificiel qui, pendant près d'un millénaire, devait représenter les
dieux nationaux de Tyr, dans la métropole comme dans ses plus
lointaines colonies.[2]

La plus belle représentation d'Héraclès-Melqart qui ait été découverte à Tyr orne le côté d'un sarcophage d'époque romaine.[3] Le dieu,
debout, de face, nu et coiffé de la peau du lion de Némée, se trouvait
probablement entre Astarté, placée à sa droite, et Iolaos, à sa gauche
(pl. III, 2). De la déesse il ne reste que le bras et la main gauches,
main qui, d'après sa position, devait tenir un long sceptre sur lequel
elle s'appuyait. Il est assez rare que le sceptre soit ainsi tenu de la main
gauche.[4] La déesse devait porter dans la main droite quelque attribut

---

[1] Dussaud, *Syria*, 1946-1948, p. 216, Asclépios-Eshmoun-Iolaos. Voyez p. 63 et
p. 95-96.

[2] Dussaud (*op. cit.*, p. 212, 217, 225-226) a bien reconnu cette triade familiale, et il
en a souligné l'importance.

[3] Denyse Le Lasseur et Macridy Bey, *Syria*, 1922, p. 133, pl. XXIV, fragment d'un
grand sarcophage aujourd'hui au musée d'Istanbul. Une excellente photographie
nous en a été aimablement adressée par M. Necati Dolunay, directeur des Musées des
Antiquités d'Istanbul (pl. III, 2).

[4] Quelques exemples dans les tessères de Palmyre, *R.* 23, 119, 203, 207, 437, cf. *Les
tessères et les monnaies de Palmyre*, p. 365, fig. 200.

important, comme la sphère céleste. Iolaos n'est plus figuré que par une tête juvénile, coiffée d'une calotte hémisphérique, et tournée vers Héraclès et la déesse. Héraclès regarde aussi du côté de la déesse. De la main droite, il lui tend un objet aujourd'hui disparu; peut-être était-ce les pommes du jardin des Hespérides ou la coupe des Bienheureux,[1] c'est-à-dire un symbole d'immortalité. Cette triade divine devait en effet assurer le salut au défunt mis dans ce sarcophage. Héraclès-Melqart apparaît ici comme un dieu sauveur.

6. L'ÉPOQUE ROMAINE

Les fouilles faites par l'émir Maurice Chéhab à Tyr[2] permettent d'en suivre l'évolution jusqu'à l'époque impériale romaine. On constate que la primauté d'Héraclès s'affirme alors de plus en plus. Dans une inscription de 187-188 après J.-C.,[3] il est qualifié de θεὸς ἄγιος, «dieu saint». On met l'accent sur son caractère sacré, redoutable, sur sa perfection divine, cependant si contraires au type originel du héros grec.

Le prestige d'Héraclès-Melqart s'étendait alors jusqu'à Rome. Lorsque Trajan revendiquait comme patron l'Héraclès de Gadès,[4] il n'ignorait pas que ce dieu était en réalité Melqart. Il suivait ici l'exemple d'Annibal qui considérait ce dieu comme son protecteur dynastique. Les monnaies ibériques le prouvent.

Dans une autre inscription d'époque sévèrine[5] aussi découverte dans les fouilles de Tyr, un personnage est dit ἀρχιερεύς θεῶν κυρίου Ἡρακλέους καὶ θεᾶς Λευκοθέας καὶ προμάντεως ..., «grand-prêtre des dieux, seigneur Héraclès, déesse Leucothéa, et dieu des oracles ...». On reconnaîtra ici la triade d'Héraclès, Astarté et Iolaos. Κύριος Ἡρακλῆς traduit exactement l'expression MR MLQRT de l'inscription d'Alep, et il est intéressant de voir la déesse nommée ici «Celle à l'éclat blanc». C'est un souvenir du temps où elle était la planète Vénus à

---

[1] De Visscher, *Héraclès Épitrapézios*, pl. XII, XV-XVI, XVIII et XX.

[2] M. Chéhab, «Tyr à l'époque romaine», dans les *Mélanges René Mouterde*, II, 1962-1963, p. 13-40 [3-30].

[3] Chéhab, *op. cit.*. p. 16-17 [6-7], pl. V, 2.

[4] A. Piganiol, *Hist. de Rome*, p. 288.

[5] Chéhab, *op. cit.*, p. 18-19 [8-9], pl. V, 1.

laquelle on attribuait précisément cette particularité.[1] A Doura-Europos, dans un des rares cas où l'on peut juger de la couleur du vête-ment d'Atargatis-Astarté, ici Tyché de Palmyre, celui-ci est blanc avec des galons d'or.[2] Quant au qualificatif appliqué au dieu fils, il fait allusion aux consultations oraculaires accordées aux malades par un dieu devenu essentiellement guérisseur. C'était là une spécialité d'Asclépios avec lequel Iolaos-Eshmoun était identifié. Ces oracles se manifestaient généralement en songe.[3] L'usage des consultations oraculaires en cas de maladie est très ancien; on en trouve des témoi-gnages en Assyrie au XIXe siècle avant J.-C..[4] Le personnage nommé dans l'inscription était aussi ἱερεὺς τῆς Ἀγαθῆς Τύχης, « prêtre de la Bonne Tyché»; dans ce milieu tyrien, il est bien probable qu'on désignait par ce vocable la Grande déesse protectrice de la ville, c'est-à-dire Astarté, la même qu'Atargatis.[5] C'est elle qu'il faut encore reconnaître, sans doute, dans le fragment de statue d'une déesse flanquée de deux lions, découvert dans le voisinage.[6] Dans les mon-naies des villes phéniciennes à l'époque romaine, l'Astarté locale avait généralement l'aspect d'une Tyché.

Une particularité de ce temps est un certain retour aux cultes archaïques. On le remarque dans les monnaies romaines qui représen-tent les *sacra* du haut lieu primitif, avec leurs divinités ancestrales. Dans la belle statue d'Athéna-Niké, en marbre, de grandeur naturelle, et d'époque antonine, découverte dans la même fouille,[7] nous verrions volontiers l'image cultuelle d'un ancien temple d'Anat qui avait sa place dans l'enceinte du grand temple de Melqart ou auprès. Mais il est évident que ces relents d'un passé millénaire ne portaient aucune atteinte au prestige de la triade d'Héraclès, alors si fortement consti-tuée.

---

[1] Cf. nos *Peintures de la Synagogue de Doura-Europos*, 1939, p. 89. D'après la légende de saint Nil, le chameau qu'on sacrifie à la planète Vénus doit être choisi de couleur blanche, *op. cit.*, p. 231 ; *Mélanges Jérôme Carcopino*, p. 276.

[2] Cumont, *Doura*, p. 96-100 ; *Les tessères et les monnaies de Palmyre*, p. 368, fig. 143.

[3] *Les tessères et les monnaies de Palmyre*, p. 598 et 725.

[4] P. Garelli, *Bull. de la Soc. Ernest Renan*, 1942, n⁰ 11, p. 5.

[5] Comme on dirait, aujourd'hui : « curé de Notre-Dame-des-Victoires, chanoine de Notre-Dame de Paris».

[6] *Mélanges R. Mouterde*, II, p. 21, fig. VII.

[7] Chéhab, *op. cit.*, p. 14-15, pl. XV.

En résumé, l'évolution du panthéon de Tyr part d'une triade familale du type méditerranéen : père, mère et fils, pour aboutir après deux millénaires à une triade de même structure.

Le changement a cependant été considérable. La première triade formée de Shor Él, Ashérat et le *ba'al* de Tyr était des plus archaïques. Ces dieux liés à des bétyles ou à des *sacra* ne quittaient guère leur temple et leur action supposée était essentiellement locale. Ils s'occupent de leur ville et font pleuvoir sur un pays peu étendu.

La triade d'Héraclès-Melqart, Astarté et Iolaos est tout autre. Il s'agit de grandes divinités célestes, conçues aux dimensions du monde. Ils répondent aux besoins d'une grande cité qui fonde des colonies jusqu'aux confins de la Terre. Mais ils sont à la mesure, surtout du progrès des conceptions philosophiques : ce sont des divinités dispensatrices du salut, la « vie à jamais». Ils restent dieux nationaux et ancestraux, mais règnent sur l'univers entier.

III

LES LIVRES DE THOT ET L'ENSEIGNEMENT DE LA PHILOSOPHIE HERMÉTIQUE DANS LE TEMPLE DE TYR AUX ÉPOQUES HELLÉNISTIQUE ET ROMAINE

1. Thot auteur et Sanchoniathon de Beyrouth

Dans son livre *Préparation évangélique*, Eusèbe, évêque de Césarée, qu'on a surnommé le père de l'histoire ecclésiastique, mort vers 340, expose les idées des Phéniciens sur leur mythologie, pour en montrer l'inanité.[1] Dans ce but, il puise dans les écrits de Philon de Byblos, né vers 42 après J.-C. d'après Suidas, et vivant encore au temps d'Hadrien (117-138), et subsidiairement dans ceux de Porphyre, philosophe alexandrin, né à Tyr en 232 ou 233, mort en 304. Ces écrivains auraient utilisé les écrits d'un auteur très ancien : Sanchoniathon de Beyrouth, qui lui-même aurait puisé dans des textes encore beaucoup plus anciens attribués à Thot, le dieu égyptien à tête d'ibis, que l'on voit dans les miniatures du Nouvel Empire écrivant sur une tablette.[2]

Dans cette cascade d'auteurs, les deux plus anciens sont mystérieux. L'existence même de Σαγχουνιάθων a été mise en doute, surtout comme écrivain « contemporain de la guerre de Troie».[3] Le nom est cependant bien phénicien : il se transcrit *Skn ytn*, « le (dieu-) Préfet (Sakkôn) a donné». Pour les Grecs, ce « préfet» ou intendant était le même que le secrétaire et conseiller de Él dans Philon de Byblos (II, 14), Hermès = Thot.[4] Ainsi compris Sanchoniathon pourrait être un pseudonyme phénicien de Thot. Il semble bien qu'aux époques

---

[1] Karl Mras, *Eusebius Werke, Die Praeparatio Evangelica*, I, 1954, p. 39-53; M.-J. Lagrange, *Études sur les religions sémitiques*, 2e éd., 1905, p. 396-437; E. Renan, « Mémoire sur l'origine et le caractère véritable de l'Histoire phénicienne qui porte le nom de Sanchoniathon», *Mémoires de l'Académie des Inscr. et B.-L.*, 23, p. 241-334.

[2] *Études sur les dieux phéniciens*, 1970, p. 55, fig. 13.

[3] Vers 1190 avant J.-C., A. Moret, *Hist. de l'Orient*, 1936, II, p. 609.

[4] Lagrange, *op. cit.*, p. 401, n. 2; Giselle Halff, « L'onomantique punique de Carthage», *Karthago*, 12, 1965, p. 70, 105-106 et 132.

hellénistique et romaine, il circulait des ouvrages portant le nom de Sanchoniathon. Suidas, lexicographe du Xe siècle de notre ère, sous le mot Σαγχωνιάθων, cite les titres de trois d'entre eux :

Περὶ τῆς τοῦ Ἑρμοῦ φυσιολογίας, « Au sujet de l'Étude sur la nature des choses d'Hermès = Thot», « qui est traduit», c'est-à-dire apparemment « qui est une traduction d'un écrit en phénicien».

Πάτρια Τυριῶν, « Les origines des Tyriens», «dans le dialecte des Phéniciens».

Αἰγυπτιακὴν θεολογίαν, « Théologie égyptienne». Suidas connaissait-il ces titres par ouï-dire, ou a-t-il eu ces ouvrages en main ? Nous l'ignorons. En tout cas, ce sont ces livres bien probablement qui ont été utilisés par Philon de Byblos et par Porphyre.

Comme on le voit, Sanchoniathon, ce Beyrouthain, s'intéressait surtout, à quelqu'époque qu'il ait vécu, à l'histoire ancienne de Tyr et à la théologie égyptienne dont Thot passait pour l'auteur. A ce dernier titre, il pouvait être considéré comme le continuateur de Thot, s'il ne se confondait pas avec lui. Quant à son intérêt pour Tyr, nous rechercherons si la raison n'en serait pas que cette ville était le centre des études relatives aux doctrines attribuées à Thot.

Si nous ne savons, comme on le voit, que bien peu de choses sur Sanchoniathon, nous en connaissons moins encore sur Thot considéré comme auteur.

Le dieu Thot, en égyptien Ḏḥwty, était une divinité très ancienne en Égypte. Il s'y serait formé dans la préhistoire par la fusion en une seule figure divine de deux dieux de nomes du Delta.[1] Dans les Textes des Pyramides, Thot est cité soixante fois. On y trouve mention de ses formes primitives : il est un dieu-Lune à côté de Rê-Soleil,[2] et surtout le dieu-Ibis. Il est plusieurs fois question de ses ailes qui lui serviront éventuellement à transporter le roi défunt dans le Paradis.[3] Il est plusieurs fois nommé à côté du faucon Horus,[4] et aussi avec Anubis qui préside à la pesée des cœurs :[5] c'est le thème du jugement des

---

[1] G. Jéquier, *Considérations sur la rel. égypt.*, p. 123 s.; J. Vandier, *La rel. égypt.*, p. 64-65.

[2] *Pyr.* 126, 128, 130, 709.

[3] *Pyr.* 387, 594-596, 976, 1176, 1235, 1254, 1377, 1429.

[4] *Pyr.* 956, 967, 1233, 1254, 1507, 1570, 1979, 2213.

[5] *Pyr.* 1523, cf. aussi *Pyr.* 1713, 2150.

morts dans les miniatures des Livres des Morts du Nouvel Empire.[1]
Thot est « le (plus) fort des dieux » [2] et l'un des plus habiles : au roi
décédé il remet sa tête » [3] et « il lui apporte son bras ».[4] Il le défend et
le secourt.[5] Mais ces textes ne font pas d'allusion à son caractère de
dieu des lettres, des sciences et des arts, « maître des paroles divines
et des écrits divins », le grand magicien mesureur et régulateur.[6] Il
n'y est dit nulle part qu'il y était l'auteur des livres sacrés de l'ancienne
Égypte, dits « Parole divine ».[7] Ce caractère intellectuel de Thot est une
création postérieure.

C'est cet aspect du dieu cependant qui conduira les savants alexandrins à lui attribuer des écrits anonymes authentiquement très anciens
et des livres de philosophie de leur temps auxquels ils voulaient donner
un caractère archaïque et sacré. C'était une manière de conférer à ces
textes une origine divine. Mais il y avait une autre façon de comprendre
les choses. Pour l'école évhémériste, Thot identifié à Hermès avait été
un homme ayant vécu dans des temps très anciens et il avait réellement laissé des écrits : c'était l'explication de Philon de Byblos en particulier. Dans les textes cités par Eusèbe, on va trouver les deux tendan-
ces exprimées successivement : dans l'histoire primitive (II, 1), il est
nommé « le Taautos », et dans l'épopée de Él, première partie (II, 14-24),
il apparaît sous le nom d'Hermès ou Hermès Trismégiste. Il a tout
à fait le comportement d'un homme. Dans la seconde partie (II, 25-27),
le ton change. Dès l'abord, on nous parle de l'Ashérat de Byblos,
identifiée à Dionée, en la qualifiant de « déesse »; ce n'est plus une
simple femme. Aussitôt après, il est question du « dieu Taautos »;

---

[1] A. Champdor, Le Livre des Morts, p. 164-165.

[2] Pyr. 1237.

[3] Pyr. 10. Geb remplit le même rôle, Pyr. 639. Rapprochez de la légende grecque de
Thot soudant la tête de vache d'Isis, Études sur les dieux phéniciens, p. 97, cf. Plutarque,
De Iside et Osiride, ch. 19-20, J. Gwyn Griffiths, Plutarch's De Iside et Osiride, Cambridge,
1970, p. 146-149; Mario Meunier, Isis et Osiris, Paris, 1924, p. 74 et p. 75, n. 2.

[4] Pyr. 535.

[5] Pyr. 575, 635, 962, 1999.

[6] Kees, Totenglauben, p. 317 s.; Vandier, La rel. égypt., p. 90; Mario Meunier, Isis
et Osiris, p. 50, n. 1, et p. 52 (Thot créateur des jours Épagomènes); Griffiths, op. cit.,
p. 263, 521, 559 etc.

[7] Abdel-Aziz Saleh, Plural Sense and Cultural Aspects of the Ancient Egyptian mdw-
nṯr, Bull. de l'Inst. franç, d'arch. orient., 68, 1969, p. 15-38.

cette qualité de dieu est répétée deux fois ensuite, et on cite les dieux de la Phénicie sans faire de restriction. Il est évident que ce n'est plus l'évhémériste Philon de Byblos qui parle, et je pense que c'est Porphyre, philosophe platonicien, non un évhémériste, car les théories d'Évhémère de Messène n'étaient pas admises par tous. Pour s'en convaincre, il suffit de lire ce qu'en dit Plutarque,[1] contemporain de Philon de Byblos.

Voyons donc ce que nous apprennent les citations d'Eusèbe dans ces deux parties successives. On y trouve d'abord la présentation des personnages. Après plusieurs générations de l'histoire primitive du monde, vinrent deux mortels nommés Μισώρ et Συδύκ. Pour le second qui est père des Dioscures, donc un Zeus, le sens de son nom est clair : צדק, « Justice »; [2] les Phéniciens y voyaient apparemment une forme du dieu créateur = Él ou Ba'al Shamîm.[3] Pour le premier, Misôr, il nous est présenté comme le père du seul dieu égyptien que nomme l'auteur, Thot. Le sens dicte donc une transcription de Μισώρ par מִצּוֹר, «Égypte» = hébreu מִצְרַיִם : « Égypte donne naissance à Thot». Le groupe מצר et צדק, « Égypte et Justice » est de bonne teinte cananéenne. On objectera peut-être que cette association de l'Égypte et d'un Zeus est singulièrement disparate, mais Philon de Byblos fournit des exemples analogues, celui d'Ousô, héros éponyme de la Tyr continentale, et de Hypsouranios, « le Très-Haut » (II, 7), celui de Élioun, autre forme du Très-Haut, et de Bêrouth, déesse éponyme de la ville de Beyrouth (II, 12), celui de Æon, « l'Univers », et de Protogonos « le premier homme » (II, 5).

A cette rédaction originelle d'un phénicien apparemment, un auteur de langue araméenne a ajouté, après les deux noms transcrits en grec une glose ainsi rédigée : « c'est-à-dire « bien délié », (ou εὔλυτος, de εὖ, « bien » et λύω, « délier », et « juste », δίκαιος (II, 11). Il a donc cherché à expliquer le nom de Μισώρ par sa langue. Il a transcrit משור (et non מצור) et il y a vu, avec une certaine bonne volonté, un participe passif Pu'al du verbe שרי, « délier », connu en araméen biblique et en syriaque. Pour lui, Μισώρ était « l'Agile », « le Souple » par excellence,

---

[1] *De Iside et Osiride*, 23, Griffiths, *op. cit.*, p. 152-153; Mario Meunier, *op. cit.*, p. 83-84.

[2] Ch. Jean et Jacob Hoftijzer, *Dict. des inscr. sémit. de l'Ouest*, Leiden, 1965, p. 243.

[3] Voyez ci-après, p. 104, fig. 25, B.

et il a transmis ce caractère à son fils, Hermès. Le dieu égyptien est perdu de vue.

Il faut ajouter que pour les commentateurs modernes, ni le premier auteur, ni son scoliaste n'ont compris le groupe mis en scène : le sens évident serait : « Équité et Justice ». Μισώρ transcrit מישׁר serait une forme nominale de la racine ישׁר, « être droit ». Ces deux personnages auraient inventé l'usage du sel comme symbole de la justice, et non comme condiment culinaire (II, 11). Le groupe ainsi rétabli serait de très ancienne origine.[1]

L'auteur dit ensuite que le fils de Μισώρ, ὁ Τάαυτος, « le Taautos », fut nommé Θωύθ par les Égyptiens, Θώθ par les Alexandrins, Hermès par les Grecs (II, 12).[2] La mention ici des Alexandrins indique assez l'origine de l'information : elle émane des savants grecs d'Alexandrie de l'époque hellénistique et postérieure. L'informateur n'était pas de langue égyptienne car, s'il l'avait été, il n'aurait pas transcrit le nom égyptien de Thot, Ḏḥwty, par Θωυθ, qui n'est qu'une variante de la forme grecque (Thôth). Il s'agit clairement cependant du dieu égyptien à tête d'ibis, mais il a pris ici une forme entièrement humaine.

Le récit attribué par Eusèbe à Philon de Byblos le montre d'abord « secrétaire » de Él, son conseiller et son auxiliaire (II, 14), sous le nom d'Hermès Trismégiste, « Trois-fois-Grand ». Il entraîne les alliés de Él « en les haranguant avec des paroles magiques » (II, 16). Él, « ayant eu des soupçons contre son propre frère Atlas,[3] l'ensevelit dans les profondeurs de la terre [4] sur l'avis d'Hermès » (II, 17). Grâce aux conseils de Thot-Hermès et d'Athéna, la même que la déesse guerrière

---

[1] Deux assesseurs de Kérét (Virolleaud, *La légende de Keret*, p. 54) se nomment *Ṣdq* et *Yšr* = צָדִיק et יָשָׁר, « Justice et Droiture », cf. M. Liverani, *Stud. E. Volterra*, VI, Roma, 1969, p. 55-74. Dans *Ṣdqmšr* d'une liste de noms divins d'une tablette de Ras Shamra, *Ugaritica*, V, p. 585, l. 14, il faudrait reconnaître les mêmes noms, soudés, pour désigner un seul dieu. Ch. Virolleaud n'était pas de cet avis. En Mésopotamie, on trouve assez souvent les noms groupés de *Kittum* et *Mešarum*, cf. W. von Soden, *Akkadisches Handwörterbuch*, p. 659.

[2] Renan, *op. cit.*, p. 268.

[3] Sur Atlas considéré comme un fils d'Ouranos et de Gê, donc un frère de Kronos, cf. Roscher, *Lex.*, I, col. 708, citant Diodore; Lagrange, *op. cit.*, p. 429, n. 2.

[4] Confusion avec Titan, frère de Kronos, qui fut en effet précipité sous la terre, et assimilation avec Ashtar-Réshéf, dieu de l'étoile du matin, qui au lever du jour subit le même sort sur l'ordre de Él, *Rev. de l'hist. des rel.*, 169, 1966, p. 47-48.

Anat,[1] Él « fabriqua en fer une harpé et une lance » (II, 16).[2] Thot
« imagina la forme extérieure des dieux », c'est-à-dire leur aspect
corporel, parfois si étrange en Égypte, et « dessina les caractères sacrés
de l'écriture » (II, 11 et 25). Il inventa de donner des ailes aux dieux, et à
Él, quatre ailes et quatre yeux, comme insigne de sa royauté (II, 26).
Enfin Thot a révélé aux Phéniciens leur histoire primitive, en particulier l'histoire de Él et des premiers âges après la création (II, 27). Il
leur a en outre exposé une doctrine philosophique profonde dont ses
successeurs ont donné l'explication allégorique.[3]

Él ne pouvait rester insensible à tant d'éminents services. S'étant
rendu « dans les pays (qui sont) au Sud de la Phénicie, il donna toute
l'Égypte au dieu Taaut pour être son royaume » (II, 27), ce qui suppose
que Él en était le maître.

La présence de ce dieu égyptien dans l'histoire phénicienne des
origines du monde est évidemment intéressante, d'autant plus qu'il
est le seul dieu égyptien qu'on y trouve. On se demandera quand et
comment il y est venu. Certes les échanges entre la Phénicie et l'Égypte
sont extrêmement anciens surtout à Byblos.[4] Les Égyptiens y ont
identifié Él avec Rê, et lui ont donné pour épouse Hathor. Sous le
Nouvel Empire, des divinités phéniciennes reçoivent un culte officiel
en Égypte, spécialement Anat et Ashtart, Ḥoron, Baʻal, Ashtar-
Réshéf.[5] Sur les cylindres phéniciens de cette époque apparaissent
quelques figures de dieux égyptiens, celles en particulier d'Horus et
de Seth (pl. IV). Mais les tablettes de Ras Shamra au XIVᵉ siècle
avant J.-C. semblent ignorer systématiquement ces faits. Ni le nom
d'Hathor, ni celui d'aucune autre divinité égyptienne n'y paraît dans
les listes de dieux qui cependant comprennent des divinités étrangères
venant du Nord, du milieu hittite indo-européen. Le patriotisme phénicien semble avoir voulu effacer toute trace de la domination égyptienne. Il en a été de même en Israël. Les historiens juifs de l'époque

[1] P. 48-55.

[2] Anat tenant une lance, *Mél. J. Carcopino*, p. 274-275, fig. 2.

[3] Lagrange, *Études sur les rel. sémit.*, 2ᵉ éd., p. 404, citant le § 43 de *Praep. evang.*,
éd. Dindorf, I, 10.

[4] *Études sur les dieux phéniciens*, p. 76.

[5] P. Montet, *Les énigmes de Tanis*, 1952, p. 88-89 (mauvaise traduction de *mhr*
d'après Virolleaud, *La légende de Danel*, 1936, p. 222-223), pl. X, 2 ; C. Boreux, dans
Mél. syr., p. 685 s. ; D. Le Lasseur, *Les déesses armées*, p. 229-241.

royale dont les ancêtres avaient cependant connu la suzeraineté des pharaons n'y font pas la moindre allusion.[1] Pendant la période d'occupation, Canaan avait pourtant collaboré avec l'Égypte, et plus d'un prince, spécialement à Byblos, avaient adopté les idées et même en partie la religion égyptiennes.[2] La même tendance à l'oubli se retrouve dans les textes tardifs de Philon de Byblos qui était cependant bien placé pour connaître le rôle qu'avait joué la religion et les légendes égyptiennes dans sa ville.[3] Il ne reconnaît à Él qu'une épouse à Byblos : l'Ashérat phénicienne qu'il identifie à Dionée. Il ignore Hathor, l'Asherat égyptienne imposée par le vainqueur.[4]

L'introduction de Thot au milieu des dieux de la Phénicie ne se rattache pas aux échanges de divinités de l'Ancien et du Nouvel Empire. L'identification de Thot avec Hermès Trismégiste nous incite à la placer à l'époque alexandrine et à l'attribuer, comme on l'a dit, aux savants d'Alexandrie, qui paraissent être déjà à l'origine de la légende d'Isis à Byblos.[5]

Ils ont voulu traduire l'idée, ancienne en Phénicie, qu'une grande partie des arts, des techniques et de la philosophie y venait d'Égypte. Déjà dans les tablettes de Ras Shamra, il est dit que le dieu des arts et des techniques Kothar-Khasis (Koushor), identifié par les Grecs à Hépaistos, vient de Kaphtor et de l'Égypte, pays où il réside.[6] Il est bien probable que le nom de Kaphtor désigne ici, non la Cappadoce, mais la Crête dont la Phénicie avait reçu tant d'enseignements. Les savants d'Alexandrie auraient donc introduit le dieu Thot dans la mythologie phénicienne comme un symbole. Il n'a jamais été l'objet d'un culte en Proche Orient asiatique. On n'y connaît aucun nom théophore contenant le nom de Thot.[7] Mais il est bien évident que les informateurs d'Eusèbe n'ont pas reçu directement leurs renseigne-

---

[1] Raymond Weill, *La Phénicie et l'Asie occidentale*, 1939, p. 8.

[2] Voyez ci-après, p. 197-198.

[3] *Études sur les dieux phéniciens*, p. 97-105.

[4] Fragm. II, 25, Lagrange, *op. cit.*, p. 424.

[5] *Études sur les dieux phéniciens*, p. 103.

[6] A. Caquot et M. Sznycer, dans *Les rel. du Proche-Orient asiat.*, coll. J. Chevalier, 1970, p. 441-442.

[7] Les noms de personnes formés de noms de divinités égyptiennes sont rares en Canaan. On peut citer ʿbd-ʾsr, « serviteur d'Osiris » = Σαραπίων, « De Sérapis », ʾsr-šmr, « Osiris protège », Inscr. de Malte, *C.I.S.*, I, 222.

ments de cette source. Ils les ont recueillis, fort remaniés dans des villes phéniciennes différentes qu'il est peut-être possible de retrouver.

Une de ces villes est la patrie de Philon de Byblos, Gébal, d'où est issue l'épopée de Él, le fondateur de la ville (II, 14-24). Dans ce récit Thot est toujours appelé Hermès, ou Hermès Trismégiste, jamais de son nom égyptien. Il est présenté comme l'auxiliaire de Él, demeurant à Byblos. Il favorise ses desseins bons ou mauvais. On le dépeint habile plus qu'intellectuel. Il est beaucoup plus grec qu'égyptien, et si l'auteur n'avait dit quelques lignes plus haut qu'Hermès était le nom grec de Thot, on n'hésiterait pas à reconnaître ici l'Hermès grec, coiffé du pétase ailé et tenant son mince caducée. On sent bien le préjugé anti-égyptien des Giblites.

Dans le passage qui suit ce récit sûrement giblite (II, 12 et 25s.), Thot est toujours appelé Τάαυτος, trois fois « dieu Taautos ». On ne cache pas son origine égyptienne, et Él l'a fait maître de l'Égypte. Il est essentiellement un dieu intellectuel : il a inventé l'écriture.[1] il a créé les images divines, raconté le premier l'histoire des origines du monde et inventé une philosophie.

On va voir que cette seconde source d'information qui n'est ni évhémériste, ni anti-égyptienne, nous entraîne vers Beyrouth et Tyr.

2. LES HÉRITIERS DE THOT EN PHÉNICIE

Eusèbe rapporte deux traditions à ce sujet. Le récit historique des origines a été communiqué par « le dieu Taautos aux sept fils de Ṣydyq, les Cabires, et à leur huitième frère Asclépios ».[2] Les huit Cabires sont des divinités de Beyrouth. Él a donné cette ville, nous dit-on, à Poseidon et aux Cabires. Sur des monnaies de Beyrouth (fig. 23), on les voit en effet assis en rond, contant le récit qu'ils avaient reçu.[3] On est donc ici en présence d'une tradition recueillie à Beyrouth, et apparemment due à Philon de Byblos qui y a récolté beaucoup de ses informations.

Dans une autre partie de son exposé Eusèbe relate les faits suivants :

---

[1] Sous réserve que les trois lettres du nom de Canaan (K, N, ʿA, כנע) furent inventées par Εἰσίριος, « frère de Χνᾶ, le surnommé Φοίνικος », Mras, *op. cit.*, p. 50.

[2] Fragm. II, 27.

[3] Voyez p. 61.

« Taautos, celui que les Égyptiens nomment $\Theta\omega\acute{v}\theta$,[1] apportant la Sagesse chez les Phéniciens, le premier, mit en ordre le culte des dieux hors de l'ignorance des gens du vulgaire dans une sage expérience. Après de nombreuses générations, un dieu Sourmoubêlos, et Thourô, celle qu'on nomme aussi Kousarthis, devenus adeptes de Taautos, mirent en lumière (sa) théologie voilée d'allégories».[2]

Les héritiers et les continuateurs de Thot dans le domaine philosophique sont donc représentés par un couple divin, un dieu nommé en grec $\Sigma o\nu\rho\mu o\nu\beta\eta\lambda\acute{o}s$ et sa parèdre $\Theta o\nu\rho\acute{\omega}$, dite aussi $Xo\acute{\nu}\sigma a\rho\theta\iota s$. La doctrine voilée qu'ils enseignaient à la suite de Thot-Hermès, est évidemment l'hermétisme, ce qui indique assez que les noms divins cités sont volontairement voilés ou allégoriques. De toute évidence, ils cachent des noms phéniciens qu'il reste à découvrir.

Pour retrouver le correspondant cananéen du nom divin $\Theta\epsilon\grave{o}s$ $\Sigma o\nu\rho\mu o\nu\beta\eta\lambda\acute{o}s$, je propose de couper ainsi $\Theta\epsilon\grave{o}s$ $\Sigma o\hat{\nu}\rho$ $Mo\nu\beta\acute{\eta}\lambda$ en supprimant la terminaison grecque -os.

La première partie de ce nom $\Theta\epsilon\grave{o}s$ $\Sigma o\hat{\nu}\rho$ peut se transcrire 'l Ṣwr, « le dieu Ṣour», désignant le dieu éponyme de la ville de Ṣour-Tyr. L'existence d'un dieu Ṣour, qui ne peut correspondre qu'à Melqart, semble attestée par le nom théophore masculin ʿbd-Ṣr, « esclave de Ṣour».[3] Le nom d'homme Ṣr, « Ṣour», s'expliquerait aussi comme un hypocoristique d'un nom formé par celui du dieu.[4]

Mais il faut reconnaître que le dieu Ṣour, Ṣwr, Ṣr, n'est pas autrement attesté. Le dieu particulier de la ville de Tyr se nomme toujours bʿl Ṣr, « Baʿal Ṣour», spécialement sur les monnaies phéniciennes de Tyr. Dans une inscription bilingue tyrienne de Malte, ce dieu est ainsi désigné Mlqrt Bʿl Ṣr, « Melqart Baʿal Ṣour», et en grec $\dot{H}\rho a\kappa\lambda\hat{\eta}s$ $\dot{a}\rho\chi\eta\gamma\acute{\epsilon}\tau\eta s$, « Héraclès, celui qui commande ou conduit».[5] Ainsi la désignation $\Theta\epsilon\grave{o}s$ $\Sigma o\hat{\nu}\rho$, devrait être considérée comme une traduction

---

[1] Comparez Fragm. II, 12 (ici, p. 74) $\dot{o}$ $T\acute{a}a\nu\tau os$ ... $\dot{o}\nu$ $Ai\gamma\acute{\nu}\pi\tau\iota o\iota$ $\mu\grave{\epsilon}\nu$ $\Theta\omega\acute{v}\theta$ ... $\dot{\epsilon}\kappa\acute{a}\lambda\epsilon\sigma a\nu$, « le Taaut, les Égyptiens le nomment Thoûth». Si les deux textes étaient du même auteur cette répétition ne s'expliquerait pas. Dans le premier cas, l'informateur est sans doute Philon de Byblos et dans le second Porphyre de Tyr.

[2] K. Mras, *Eusebius Werke, Die Praeparatio Evangelica*, I, p. 51, verset 43.

[3] *C.I.S.*, I, 3205; Halff, *op. cit.*, p. 132.

[4] Huit exemples dans le *C.I.S.*, à Carthage; Halff, *op. cit.*, p. 140.

[5] *C.I.S.*, I, 122, A.-B.

approchée de Baʿal Ṣour. On sait que le titre de « dieu» s'accorde mal
avec la théorie de Philon de Byblos qui voit dans tous ses personnages
des hommes des temps anciens divinisés par la suite. Sa présence ici
s'expliquerait par la main de Porphyre [1] et par le désir de traduire un
mot précis : Baʿal.

Μουβήλ, avec iotacisme de l'η [2] et adoucissement de ω en ου,
transcrit très exactement le participe actif *Hiphʿil* du verbe יָבַל :
מוֹבִיל (*môbîl*), qui veut dire en hébreu « Celui qui conduit». En
ugaritique, le verbe *ybl* est fréquent avec le sens d'« apporter», « produire»;[3] en forme nominale *ybl ʾarṣ* est « le produit de la terre».[4] Ces
sens dérivent de l'idée de « faire avancer», d'où « conduire quelqu'un»
ou « apporter quelque chose». Si donc on admet la première traduction,
môbîl équivaudrait à ἀρχηγέτης de l'inscription de Malte citée ci-dessus.
Je préfère cependant le second sens. Je traduirai donc Μουβήλ,
« Celui qui fait produire», car c'est là précisément la fonction la plus
ancienne de Melqart, en qualité de dieu agraire.[5] Ce titre est sans
doute antérieur à l'identification avec Héraclès, c'est-à-dire à l'époque
grecque. La traduction de l'expression complète Θεὸς Σοῦρ Μουβήλ
serait donc «Baʿal Ṣour, Celui-qui-fait-produire», בַּעַל צוֹר מוֹבִיל.

Comme le remarquait R. Dussaud, depuis le Xe siècle avant J.-C. au
moins, « Melqart est bien classé comme l'époux d'Astarté (= Ashtart)»; [6] il faudrait préciser « de l'Astarté de Tyr», qui devenait
ainsi la *Baʿalat Ṣour. Ceci est un fil conducteur pour l'identification
de la parèdre de Σουρμουβηλός = Melqart : « Θουρώ qu'on appelle
aussi d'un autre nom Χούσαρθις».[7]

L'opinion courante est que Θουρώ est Touéris, en égyptien *tʒ-wr*,
« Le Grand»,[8] déesse égyptienne, protectrice des femmes en couches.

---

[1] On a vu ci-dessus que les passages où il est question du « dieu Taautos » (II, 25 et 27)
et de la « déesse Baʿaltis » (II, 25) doivent être attribués à Porphyre.

[2] *Mélanges de l'Université Saint-Joseph*, 41, 1965, p. 7 et 24; *L'Ethnographie*, 62-63,
1968-1969, p. 53, n. 6; *Soc. nat. des Antiquaires de France*, 17 déc. 1969, p. 346, n. 3.

[3] Aistleitner, *Wört. der Ugaritischen Sprache*, p. 122, no 1129.

[4] I* AB, II, 5, comparez avec l'hébreu, *Juges*, VI, 4.

[5] *Rev. de l'hist. des rel.*, 164, 1963, p. 154 s.

[6] Dussaud, *Syria*, 25, 1946-1948, p. 213; *Rev. de l'hist. des rel.*, 164, 1963, p. 144.

[7] Mras. *op. cit.*, p. 51, l. 19.

[8] Sur les déesses à nom masculin, voyez *Études sur les dieux phéniciens* p. 75-76.

Cette identification avec une divinité égyptienne inconnue en Phénicie ne peut convenir si on admet que le dieu parèdre est Melqart.

S'il s'agit de l'Astarté de Tyr, son nom de Θουρώ doit s'expliquer par l'hébreu תֹּר ou תּוֹר, « colombe », « tourterelle ». Dans l'Ancien Testament, ce mot est fréquent pour désigner l'offrande sacrificielle d'une colombe.[1] Dans la grande amulette d'Arslan-Tash, du VIIᵉ ou VIᵉ siècle avant J.-C., en phénicien, on trouve le mot écrit תֹר : pour une naissance heureuse, on offre une tourterelle.[2]

La colombe était l'attribut d'Ashtart après avoir été son hypostase, aussi bien en Phénicie qu'en Syrie. A Afqa et à Césarée du Liban, cette déesse du Liban, qui pleure Adonis, est accompagnée d'une colombe.[3] Sur un cylindre paléo-syrien de Tell Mardikh, dans la région d'Alep, la colombe apparaissait posée sur la coiffure de la déesse qui suit ici son époux Ashtar-Réshéf. La planète Vénus luit au-dessus d'eux.[4] Dans l'art grec archaïque, spécialement à Chypre, Astarté porte la colombe sur son poing.[5] On pourrait citer une multitude d'exemples dans lesquels la colombe, souvent deux colombes, symbolisent ou accompagnent la déesse.[6] Originairement la colombe était la divinité elle-même. Dans la région d'Alep, les colombes (ainsi que les poissons, autres symboles de la déesse) étaient protégées par la religion.[7] A propos du serpent Babi (p. 228), je montrerai l'évolution iconographique de la déesse-Colombe, en partant de la figure de l'oiseau pour aboutir à celle d'une femme accompagnée d'une ou plusieurs colombes (p. 236-239, fig. 124-127).

Ce nom, « la Tourterelle », « la Colombe », représente apparemment l'appellation familière et populaire donnée par les Tyriens à leur déesse. Les surnoms de ce genre sont fréquents : à Marseille Notre-Dame-de-la-Garde, patrone des marins, est presque toujours appelée « la Bonne-

---

(supprimez la référence à l'inscription de Séville, cf. M. Delcor, *Mél. de l'Univ. St.-Joseph*, 44, 1969, p. 321-346).

[1] *Lévitique*, XII, 8 ; *Luc*, II, 24.

[2] *Bull. de la Soc. nat. des Antiquaires de France*, 1939-1940, p. 159.

[3] *Études sur les dieux phéniciens*, p. 109-110, fig. 31.

[4] P. Matthiae, *Syria*, 46, 1969, p. 5, fig. 1-3, pl. II. Ci-après p. 116, fig. 33, B.

[5] *Études sur les dieux phéniciens*, p. 131-132 ; H. Bazin, *L'Aphrodite marseillaise*, 1886, planche.

[6] *Les tessères et les monnaies de Palmyre*, p. 76, 136, 205-206, 426, 436, 497, 575.

[7] Xénophon, *Anabase*, I, 4, 9 ; Diodore de Sicile, II, 4.

Mère». A Syène, en Égypte, à l'époque perse Ashérat était surnommée
« la Créatrice », et Ashtart, « la Reine des Cieux ».[1] De tels noms peuvent
être d'origine très ancienne. Il se pourrait que ce surnom, « la Colombe »,
donné à l'Astarté de Tyr remonte au temps où la déesse était commu-
nément adorée sous la forme d'une colombe. A Ras Shamra, au XIVe
siècle avant J.-C., le nom de Shor Él, « le Taureau Él », appliqué à
Él, est dans ce cas. A l'époque des tablettes de ce site, Él n'avait plus
aucun caractère d'un taureau, et il était certainement tout à fait exceptionnel qu'il en revêtit l'aspect. Je ne puis citer qu'un exemple : dans le
haut lieu d'Aradus, d'après une monnaie romaine, Él était adoré sous
la forme d'une statue de taureau surmontée d'une enseigne sommée
d'une grande main ouverte.[2] Sa forme habituelle était celle d'un
veillard assis, une coupe à la main. Une fois, sur un cylindre présar-
gonique de Syrie, on le trouve muni d'une paire de cornes,[3] et une
autre fois à Tell Mardikh, dans la région d'Alep, il paraît porter une
petite corne au sommet d'un casque.[4] Dans un pendentif de Ras Shamra
(fig. 42, A), un personnage à tête de taureau est probablement Shor Él.
Ce sont les seuls souvenirs graphiques de sa forme originelle.

On objectera peut-être que Porphyre — si c'est bien lui l'informateur
d'Eusèbe dans ce passage — connaissait parfaitement les noms des
dieux de Tyr, Melqart et Astarté, et qu'il eut été bien plus simple qu'il
nous les présente sous ces noms. Mais peut-être a-t-il voulu précisément nous faire goûter cette « théologie voilée par l'allégorie » dont
parle le texte d'Eusèbe.

Ces considérations aideront à comprendre le second surnom donné
à l'Ashtart de Tyr : Χούσαρθις dans lequel il est aisé de retrouver
celui des déesses Kosharôt, connues surtout par les tablettes de Ras
Shamra, les accoucheuses divines de la Phénicie.[5] Elles habitent le ciel
et j'y ai reconnu un groupe de sept étoiles. On les y voit aux côtés
des dieux lunaires, Yarḫ et son épouse Nikkal, au moment où leur naît

---

[1] *Études sur les dieux phéniciens*, p. 121-127. Sur les surnoms donnés à Isis et à Typhon
en Égypte, cf. Plutarque, *De Iside et Osiride*, 62 (trad. Mario Meunier, p. 185).

[2] *Études sur les dieux phéniciens*, p. 125-126, fig. 32.

[3] *Op. cit.*, p. 25, fig. 6.

[4] *Rivista degli Studi orientali*, 42, 1967, p. 355-356, fig. 6, pl. II ; *Iranica Antiqua*, 8,
1968, p. 24, fig. 15.

[5] *Études sur les dieux phéniciens*, p. 1-7.

un fils. Sur terre, elles sont convoquées par le héros Danel pour la naissance de son fils. Elles peuvent aussi se livrer à des fonctions vétérinaires. C'est ainsi qu'elles sont appelées lorsque les génisses de Ba'al et d'Anat vont mettre bas.[1] Après Ras Shamra, les Kosharôt ne seront clairement nommées que dans le psaume 68, verset 7. Elles y font figure d'une constellation d'étoiles au milieu desquelles sort (ou naît) avant le jour l'étoile du matin.[2] Ce texte marque bien le lien qu'on établissait entre la planète Vénus et ces étoiles déjà mises en rapport avec la Lune. Il souligne en outre leur qualité d'accoucheuses. Ces déesses étaient certainement fort populaires en Phénicie, à en juger par le rang qu'elles tiennent dans deux listes de dieux à qui on offre des sacrifices à Ras Shamra.[3] Dans l'une, elles sont citées immédiatement après Él, avant Dagon, avant le Ba'al d'Alep et celui du Ṣaphon, avant Yarḫ, Koushor, Ashtar et Ashtart. Il est donc à peu près certain que Porphyre ou tel autre informateur d'Eusèbe a recueilli ici un nom d'origine très ancienne, pouvant remonter au IIe millénaire avant J.- C. ou au commencement du Ier.

Le mot Χούσαρθις est généralement expliqué comme une transcription de כשרת (au singulier), « une Kosharat ».[4] Ce serait l'unique exemple où ce nom apparaîtrait au singulier. Mais cette explication va à l'encontre de tout ce que nous savons de plus certain sur Ashtart et sur les Kosharôt. Ces dernières sont filles d'Ashtar, dieu de l'étoile du matin, et selon toute apparence, d'Ashtart, son épouse, déesse de l'étoile du soir.[5] L'Ashtart de Tyr ne saurait être l'une d'elles.

Mais si le nom de Kousartis ne peut exprimer que cette déesse devenue Astarté épouse de Melqart est une des Kosharôt, comment alors peut-il signifier qu'elle en est la mère ? L'explication me paraît être que le mot dont les Grecs ont fait Χούσαρθις n'est pas כשרת, mais כשרתי. On sait en effet que l'ugaritique possède une afformante adjectivale féminine -y, sans la désinence du féminin qui serait -t en ugaritique, dont le sens semble être : « Celle qui engendre » ou « four-

---

[1] IV AB, II, 39; III, 2-4; Virolleaud, *Syria*, 17, 1936, p. 153-167. Lecture douteuse.

[2] *Études sur les dieux phéniciens*, p. 6. Voir ci-après, p. 101, fig. 24.

[3] *Ugaritica*, V, p. 580, l. 5; p. 584, 5e partie, l. 3.

[4] Cette transcription grecque est morphologiquement possible, bien qu'on attendrait plutôt Χούσαρτη, comme dans ᾿Αστάρτη.

[5] *Études sur les dieux phéniciens*, p. 7.

nit». Elle s'ajoute à un substantif qui désigne l'objet engendré ou fourni. Cette forme nous est surtout connue par les noms des trois filles de Ba'al:

> *Pdry . bt . 'ar*
> *Ṭly . bt . rb*
> *'Arṣy . bt . y'bdr*

que je traduis: «Pidry, celle qui engendre la foudre (*pdr*),[1] fille de lumière;[2] Ṭaly, celle qui engendre la rosée (*ṭl*), fille d'abondance (*rb*, hébreu *rob* ou *rôb*); 'Arṣy, celle qui fournit la terre (*'arṣ*), fille d'*y'bdr* (?)». Pour la première, il y aurait lieu sans doute de préciser: «qui engendre ou a engendré le dieu-*Pdr*»[3] considéré comme la Foudre dont Ba'al tient dans sa main le symbole, sous la forme d'une lance tournée vers le sol.[4] La hampe se transformant en un rameau montre que la foudre était ici considérée comme un agent de fertilisation. A Palmyre, la lance d'Arṣoû était sans doute de même un dieu-Foudre nommé en grec Κεραυνός.[5] Comme je l'ai dit déjà,[6] l'expression «fille de …» marque une affinité sans rapport avec une filiation réelle.[7] Pour Ṭaly, elle signifie même de toute évidence: «mère de …», car c'est l'abondance qui vient de la rosée, et non le contraire.[8] On comparera à *Genèse*, XXVII, 28: «Qu'Élohim te donne la rosée (*ṭal*) des cieux», «graisse de la terre», d'où sortira «l'abondance (*rob*) de grain (*dâgân*)». C'est exactement ce qu'accordera Ba'al par l'intermédiaire de Ṭaly.

La même préformante -*y* paraît avoir fourni l'adjectif nominal appliqué à Ashérat, *dgy* en se soudant au substantif *dg*, «poisson». Je

---

[1] Sur le sens de *pdr*, voir R. Dussaud, *Rev. de l'hist. des rel.*, 105, 1932, p. 292, n. 6 Virolleaud, *La déesse 'Anat*, p. 10, n. 1. Réserves de Michaël C. Astour dans *Ugaritica*, VI, 1969, p. 10-11, mais il ne propose aucune explication meilleure de ce mot.

[2] «Fille de lumière» ferait donc allusion à l'éclair.

[3] Ce dieu est nommé dans les tablettes de Ras Shamra 22, 4; 23,5 («sacrifice d'un oiseau pour *Pdr*»), et V AB, A, 25 («*Pdr*, il connaît …»), et dans le patronyme *'bdpdr*, «Serviteur de *Pdr*».

[4] Schaeffer, *Ugaritica*, II, 1949, pl. XXIII-XXIV.

[5] *Les tessères et les monnaies de Palmyre*, p. 234-238, 378-379, fig. 207 (Kéraunos), pl. CXVIII (Arṣoû et la lance).

[6] *Études sur les dieux phéniciens*, p. XVIII, 13-15 et 49.

[7] Puisque ces trois déesses sont les filles de Ba'al.

[8] Le cas de Ba'al fils de Él est identique. Il est dit: «fils du grain ou du blé» (*bn.dgn*),

traduis l'expression complète : *ldgy . 'aṯrt*, « A celle qui fournit le poisson, Ashérat»,[1] ou *dgy. rbt . 'aṯr[t. ym]*, « Celle qui fournit le poisson, la Grande Ashérat de la mer».[2]

C'est cette afformante si bien attestée en ugaritique que je reconnais dans **Kṯrty*, « Celle qui engendre ou a engendré les Kosharôt», qui en passant par le phénicien et l'araméen est devenu כשרתי, puis en grec *Χούσαρθις*. On remarquera que l'ô long s'est ici encore adouci en ou.[3] Pour helléniser le nom, on s'est contenté d'ajouter un -ς final. Philon de Byblos (II, 25) fournit un autre exemple de formation semblable. Il s'agit alors de l'Ashérat phénicienne de Byblos, à qui son époux Él-Kronos a donné la ville de Byblos. Cet auteur l'assimile à Dionée, mère de Vénus = Astarté qui est, à Byblos, Ba'alat Gébal.[4] L'Ashérat phénicienne de Byblos était en effet aux yeux des Phéniciens la mère de cette déesse.[5] Or il semble, d'après le texte cité, que pour marquer cette qualité, la population de Byblos l'ait surnommée *Βααλτίς* qui est de toute évidence une transcription de בעלתי, « Ba'altî»,

---

alors que la logique veut qu'il en soit le père, le géniteur : il donne le blé aux hommes. Ce point de vue est précisé dans la tablette IV AB, III, 35, où Ba'al est désigné par l'expression *ḥtk.dgn*, « le géniteur du grain ou du blé». Ce mot *ḥtk* avec le sens de « père » se retrouve dans la tablette I AB, IV, 34-35, où Anat annonce à Shapash :

« Message du taureau Él, ton père (*'ab*),
Parole du Compatissant (= Él), ton géniteur (*ḥtk*) ».

Je respecte ici le parallélisme des lignes 34 et 35 de la tablette.

[1] V AB F, 10, Herdner, *Corpus*, p. 20, l. 10.

[2] II AB II, 31, Herdner, *Corpus*, p. 24, ligne 31. R. Dussaud, *Rev. de l'hist. des rel.*, 105, 1-2, mars-juin 1932, p. 275, voyait là «l'origine de la légende qui donnera Ichthys, « Poisson», comme fils d'Atargatis (Ashtart)». Mais il faudrait admettre alors que dans la légende Atargatis se soit substituée à Ashérat, ce que rien ne permet de penser. Un dieu-fils-Poisson suppose une déesse-mère-Poisson, or il n'est pas douteux qu'Ashtart phénicienne ait combiné une déesse-Colombe et une déesse-Poisson de la préhistoire, cf. *Les tessères et les monnaies de Palmyre*, p. 370, 437, 613 et fig. 98, et p. 136. Rien n'indique que l'Ashérat d'Ugarit, malgré son caractère marin, ait jamais eu cette forme. C'est pour cette raison que j'ai traduit *dgy*, « celle qui fournit le poisson » comme déesse de la mer, et non « celle qui engendre ou a engendré le (dieu-)Poisson». En grec, il faudrait la qualifier *ἰχθυοφόρος* et non *ἰχθυογόνος*.

[3] Comme dans *Μουβήλ* et *Θουρώ*, et aussi dans *Σαγχουνιάθων* pour *Σαγχωνιάθων*, Mras, *op. cit.*, p. 39-40. On remarquera que l'ô long n'est pas adouci en finale.

[4] *Études sur les dieux phéniciens*, p. 59-70.

[5] Les Égyptiens la considéraient sans doute comme une fille d'Hathor, l'Ashérat égyptienne de la ville, *op. cit.*, p. 74.

« Celle qui a engendré la Baʻalat », c'est-à-dire « la Mère de la Baʻalat Gébal », avec adjonction d'un *s* destiné à helléniser le nom, comme dans le cas de Χούσαρθις.[1]

Ma conclusion est donc que Sour Moubîl et Tourô Kousharti sont Melqart et l'Ashtart de Tyr, mais ces deux divinités n'ont aucun caractère intellectuel, et on se demandera comment elles peuvent enseigner la philosophie. Melqart, dieu agraire, s'intéresse à la bonne répartition de la pluie. Devenu l'Héraclès tyrien, il se fait remarquer par sa force et son audace. Quant à Ashtart, elle s'occupe des rapports sexuels des êtres vivants et de la fécondation. Il n'est dit nulle part qu'elle se soit jamais intéressée à la philosophie.

Je ne vois qu'une explication : l'usage en Orient était d'enseigner dans les temples. C'est là qu'on trouvait des bibliothèques,[2] et le calme propice à l'étude. De nos jours, l'enseignement se donnait encore récemment dans les mosquées. Or à Tyr, le temple de Melqart et d'Astarté était le grand temple de la ville et nous supposons qu'on y enseignait la philosophie hermétique. Les dieux du temple étaient censés diriger cet enseignement.

Mais on se demandera alors ce qu'était cette philosophie attribuée à Thot et l'ensemble de l'œuvre groupée sous son nom. Ici encore c'est Eusèbe qui nous renseigne. Il attribue à Thot (Ταάυτος) une théorie évolutionniste et rationaliste de la création. Les germes vivants seraient issus du limon par génération spontanée, « d'où sortirent des animaux intelligents ». Sous le choc des éléments, ils « se remuèrent sur la terre et dans la mer, comme mâle et femelle ».[3] Le principe de la création, apparemment le limon aqueux, prit, dit-il, la forme d'un œuf qui devint Môt, en égyptien *Mwt*, « mère », c'est-à-dire la Mère universelle, la Grande Mère. La déesse Mout était à Louxor, l'épouse d'Amon et la mère de Khonsou ; ils y formaient une triade familiale du type méditerranéen.[4] Ce trait est donc égyptien, mais en même temps l'auteur

---

[1] On remarquera que dans ce nom le ן est transcrit par θ, tandis qu'il l'est par un τ dans Βααλτίς La première manière, plus correcte, fait présumer que la transcription est due aux Alexandrins, la seconde à des écrivains phéniciens moins savants. L'explication que je donne ici de ce nom annule celle que j'en ai fournie précédemment, *op. cit.*, p. 58, n. 3, et p. 59, n. 2.

[2] P. Collinet, *Hist. de l'école de droit de Beyrouth*, 1925, p. 61.

[3] Mras, p. 42-43 ; Lagrange, p. 406, Fragm. II, 1.4.

[4] *Études sur les dieux phéniciens*, p. XIII.

emploie un terme sémitique pour nous dire que « les animaux intelligents » furent nommés Ζοφασημίν, « c'est-à-dire, dit-il, observateurs du ciel » : on estimait alors que la contemplation du ciel astral établissait une communion entre les êtres terrestres et les astres d'une puissance supérieure.[1] Le nom utilisé ici paraît formé de deux mots phéniciens : צף qui s'explique par l'hébreu צפה, « regarder attentivement », et le néo-punique צפא, « voyant » ; שמם ou שמין, « les cieux », qui est commun à toutes les langues sémitiques. Il est vrai que σημίν, transcrivant שמין (pluriel en -în), est araméen et non phénicien, mais cette mutation de m et n peut aisément s'expliquer par l'influence prédominante de l'araméen à cette époque tardive, ou simplement par une réaction du grec qui préfère n à m en final.[2] Ce rapprochement dans un même texte d'un nom égyptien Mwt et d'un nom apparemment phénicien, ζοφασημίν, marque la diversité des apports dans cette philosophie étiquettée sous le nom de Thot : l'inspiration rationaliste est grecque ; les savants alexandrins y ont ajouté des éléments soit égyptiens, soit asiatiques. Ceux qui l'exposaient et l'enseignaient étaient pour la plupart d'origine orientale, et il est fort possible qu'il y ait eu parmi eux d'authentiques prêtres égyptiens, instruisant dans des temples égyptiens. Comme le dit Franz Cumont,[3] « si dans les écoles enseignaient des interprètes de la pensée hellénistique restée pure, ou presque, de tout alliage, dans les temples, l'érudition que recherchait cet âge savant s'était combinée avec le vieux mysticisme oriental ou, pour mieux dire, celui-ci avait appris à parler la langue des écoles. Pour les prêtres égyptiens, les premiers auteurs de tout le savoir humain et de toutes les inventions utiles sont les dieux, et en particulier Hermès-Thoth, « l'écrivain de vérité ». Ces livres profonds, d'une intelligence difficile, ne pouvaient être communiqués aux profanes. Seule une élite en était digne ».

Eusèbe laisse bien entendre que cette philosophie était exposée dans des livres réels : « ceci se trouve écrit, dit-il, dans la *Cosmogonie de Taautos* et c'est ce que ses livres nous font connaître » (II, 4). Outre

---

[1] F. Cumont, *L'Égypte des astrologues*, Bruxelles, 1937, p. 156-157.

[2] Lagrange, *op. cit.*, p. 409, n. 6. Voyez le cas semblable d'Élioun, « le Très-Haut », qui est écrit 'Ελιούμ ou 'Ελιούν, Mras, *op. cit.*, p. 46, n. 14, suivant les manuscrits, *Études sur les dieux phéniciens*, p. 37.

[3] *L'Égypte des astrologues*, p. 152-153.

la partie philosophique, ces écrits devaient contenir, on l'a vu, un exposé de l'histoire primitive du monde, car l'auteur ajoute que l'histoire du dieu Él (= Kronos) a été communiquée aux Cabires par le dieu Taautos (II, 27).

Ces données cadrent avec ce que nous tenons d'autres sources. D'après Jamblique les « Livres hermétiques » étaient au nombre de vingt mille, et traitaient de toutes sortes de sujets : religion, astrologie, morale, médecine, etc., mais ils ne devaient pas être très anciens, au moins sous cette forme étendue, car on n'en trouve aucune trace antérieure à notre ère.[1]

J'en arrive donc à ce tableau d'ensemble : à l'époque hellénistique ou romaine, est arrivée en Phénicie une philosophie rationaliste venant d'Alexandrie. Le clergé phénicien s'en est emparé pour la commenter, l'adapter à la Phénicie et la diffuser. Le centre principal de leur enseignement était le grand temple de Melqart et d'Astarté à Tyr. La mythologie et l'histoire primitive y étaient expliquées par l'évhémérisme. Tels sont les faits dont Eusèbe nous a légué le reflet.

---

[1] Louis Ménard, *Hermès Trismégiste*, Introduction ; Mario Meunier, *Isis et Osiris*, p. 183, n. 2.

IV

ORIGINE ORIENTALE DES DIOSCURES
SHAḤAR ET SHALIM

1. La légende d'un temple phénicien,
d'après une tablette de Ras Shamra
du XIVe siècle avant J.-C.

Lorsque, partant de Beyrouth, on prend la route côtière de Tripoli se dirigeant vers le Nord, on parvient à 30 km. à un petit port libanais fort accueillant, Djébail. Il ne retiendrait guère l'attention des touristes, si des savants français n'y avaient fait des fouilles très importantes, mettant au jour l'ancienne ville de Byblos des écrivains grecs, Gébal ou Goubla des Phéniciens,[1] Keben ou Kepeni pour les Égyptiens.[2] M. Dunand y a quadrillé avec un soin extrême une vaste zone de fouilles, et l'a excavée jusqu'au rocher par enlèvements de couches successives rigoureusement mesurées et numérotées. Il en a fait jaillir l'histoire.

L'emplacement de l'ancienne ville se présente comme une terrasse arrondie de 300 m. environ de diamètre dominant la mer et la plaine. Le port était au pied de cette hauteur, à l'Ouest. Vers le milieu, on a découvert deux temples remontant aux origines de la ville, et plusieurs fois reconstruits. Ils se trouvent à 40 m. l'un de l'autre. Celui de l'Ouest était dédié à Ashtart, le dame de Byblos[3], et celui de l'Est à son conjoint, Ashtar, le Ba'al de Byblos. C'est ce temple dont nous aurons à nous occuper. La partie essentielle se composait d'une cour à peu près carrée de 20 m. de côté, entourée d'une enceinte ou podium; vers le milieu de cette cour se trouvait une cella de 10 m. sur 7 environ. Mais ce qui donnait à l'édifice un caractère tout particulier était la présence dans la cour et dans la cella d'une vingtaine de bétyles en forme d'obélisques dont la hauteur varie de 80 cm. à 3 m. 50. Ces

---

[1] R. Dussaud, *Topographie historique de la Syrie*, 1927, p. 63, n. 5.

[2] P. Montet, *Byblos et l'Égypte*, 1928, p. 37.

[3] Nonnos, *Dionysiaques*, chant III, trad. Marcellus, 1856, II, p. 5: « Byblos où la Vénus assyrienne (= Ashtart) tient sa cour, et non la pudique Minerve (= Anat), »

bétyles de pierre ont seuls subsisté,[1] mais on peut supposer qu'il y en avait d'autres en bois, des *ashérîm*, qui ont disparu. Ce temple était donc fait pour recevoir un grand nombre de dieux et de déesses. Leurs noms nous sont inconnus sauf un, celui du titulaire du temple, qui est inscrit en égyptien sur un des obélisques : on y a reconnu le nom de Réshéf, représentant Ashtar-Réshéf, c'est-à-dire Ashtar, le dieu de la planète Vénus, que les Giblites nommaient Ba'al Gébal, et les Égyptiens, Réshéf. Mon hypothèse, on va le voir, est que ces bétyles étaient l'habitat des beaux dieux de la Phénicie, les dieux gracieux et leurs compagnons, groupe nombreux dans lequel Ashtar-Réshéf avait sa place, car il était par excellence le dieu jeune et beau.[2]

Ce temple avait des annexes importantes, une avant-cour, une antichambre, une grande chapelle séparée de la cella. Suivant mon hypothèse, cette chapelle aurait été réservée à Él et à ses épouses ; ils étaient le père et les mères de tous les dieux adorés ici, bien qu'ils aient eu leur temple principal dans une autre partie de la ville. Dans l'angle nord-est de celui qui nous occupe actuellement, les murs sont beaucoup plus épais que dans les autres parties de l'édifice. Il a dû exister à cet endroit une tour de défense comparable à la tour Antonia dans l'angle nord-ouest du temple de Jérusalem. Dans le temple de Bêl à Palmyre, il y avait tout un système de défense utilisant les parties hautes et les terrasses.[3] La présence d'une tour de défense explique les gardes dont il va être question, gardes armés de lances d'après la racine du mot qui les désigne.[4] On mentionne deux fois, on le verra, le « haut de la tour », littéralement « la tête de la défense (*'agn*) ». Il s'agit pour moi de la terrasse supérieure qui dominait les autres constructions du temple.

Pas très loin sans doute de ce grand sanctuaire connu sous le nom de « Temple aux obélisques » se trouvait le temple de Él et de ses épouses, ses Ashérat ou mieux au pluriel grammatical ses Ashérôt. Ces déesses habitaient des arbres, des troncs d'arbres ou même de simples poteaux. Dans chaque lieu elles prenaient une personnalité propre, si bien que

---

[1] *Études sur les dieux phéniciens*, pl. III-V, p. 62-64.

[2] *Ibid.*, pl. VI. Voyez ci-après, p. 160, pl. IX.

[3] R. du Mesnil du Buisson, « Le service de garde dans le temple de Bêl, à Palmyre », *Revue des Études sémitiques-Babyloniaca*, II, 1942-1945, p. 76-84.

[4] Aistleitner, *Wörterbuch der ugaritischen Sprache*, Berlin, 1963, p. 340, n° 2900 (*ṯnn*).

Él adoré dans tout le pays avait une femme différente dans chaque ville. On va voir dans un instant pourquoi à Byblos il en avait deux. Le temple de Él dans cette ville se trouvait en dehors de la zone fouillée, car on ne l'a pas découvert. Il était sans doute à l'Est, du côté opposé à la mer, mais néanmoins dans l'enceinte, car nous savons par Philon de Byblos (II, 17) que pour fonder Byblos, première ville du monde, Él entoura « sa maison », c'est-à-dire « son temple », d'un mur qui est devenu ensuite le rempart. Ce temple et la statue cultuelle qu'il renfermait nous sont connus par les monnaies [1].

Voici, à grand traits, comment se présente le panthéon de Byblos.[2] Le fonds primitif, cananéen, déjà constitué au IVe millénaire avant J.-C., était formé d'un dieu père, Él, d'une déesse mère, l'Ashérat locale, et d'un couple de jeunes dieux, leurs fils et fille, Ashtar-Réshéf et Ashtart. Les premiers étaient les dieux créateurs; les seconds, les protecteurs de la ville, c'est-à-dire «le Maître (b'l) et la Dame (b'lt) de Byblos». Ils étaient aussi les dieux de la planète Vénus : c'était leur domaine céleste.

Vers 3000 avant J.-C., les Égyptiens établirent à Byblos d'importants comptoirs commerciaux pour l'achat du bois de pin et de cèdre, qui leur manquait en Égypte. Pour mieux établir leur influence et garantir leurs traités avec les rois locaux, ils introduisirent leurs dieux à Byblos ou intégrèrent les dieux locaux dans leur religion. Él fut identifié à Rê,[3] et nommé « le Rê-du-Pays-montagneux », c'est-à-dire du Liban. Comme on le faisait pour les rois, on lui donna une épouse égyptienne, Hathor, qui devint l'Ashérat égyptienne de Byblos. Él y avait donc deux épouses, l'une phénicienne et l'autre égyptienne.

C'est cette situation sans autre exemple en Phénicie, ni en Canaan, qui m'a fait penser qu'une tablette de Ras Shamra, qui met en scène

---

[1] *Études sur les dieux phéniciens*, p. 56-57, fig. 14.

[2] *Op. cit.*, p. 56-116.

[3] Les Phéniciens identifiaient Él avec le dieu Créateur en Égypte, mais celui-ci a varié suivant les époques et les villes. Ils ont reconnu Él dans Atoum, spécialement Atoum-Rê, *Bull. de l'Institut d'arch. orient.*, 68, 1969, p. 64-66., mais, sous le Nouvel Empire, il correspondait plutôt à Ptah, « père de tous les dieux » et créateur du monde. Ainsi Ashtart, fille de Él, pouvait être dite «fille de Rê» ou «fille de Ptah»; cf. A. Erman. *La religion des Égyptiens*, trad. H. Wild, Payot, 1952, p. 182. Lorsque les Asiatiques émigrés en Égypte sous la domination perse invoquaient Ptah (cinq fois dans sept lettres), ils pensaient à Él, cf. nos *Études sur les dieux phéniciens*, p. 117.

deux épouses de Él en une même ville, faisait allusion au panthéon de Byblos.[1] Il s'agit d'un poème qui retrace la conception et la naissance des « dieux gracieux» de la Phénicie, fils de Él et de ses deux femmes, ses deux Ashérôt ici groupées. La tablette, découverte par M. Claude Schaeffer à Ras Shamra, remonte au XIVe siècle avant J.-C. Son interprétation a donné lieu à de nombreux travaux, en premier ceux de C. Virolleaud,[2] et en dernier ceux de MM. Caquot et Sznycer.[3] Mon hypothèse est que les faits décrits étaient localisés à Byblos, dans le Temple aux obélisques, dit le Midbar, et y étaient commémorés chaque année dans des fêtes et sans doute des jeux scéniques dont cette tablette était le libretto. Pour permettre d'en juger, je vais donner une analyse de ce texte tel que je le comprends.

Analyse du poème de la naissance des dieux gracieux

Le poème commence par un hymne à la manière homérique :

1-2. J'acclame [4] les dieux gracieux et beaux fils princiers (de Él et des deux Ashérôt).

Ils ont donné ou reçu une ville qu'on ne nomme pas ou dont le nom a disparu, apparemment sur une hauteur. Ils y habitent dans un temple qu'on appelle « le grand sanctuaire», le Midbar.[5] On verse, semble-t-il, des libations « sur leurs têtes», comme on le fait sur des bétyles (*Gen.*, XXVIII, 28 ; XXXI, 14).

6.   (O dieux !) Mangez la nourriture du bord de mer, buvez le vin fermenté du bord de mer.

[1] *Op. cit.*, p. 94-96.

[2] «La naissance des dieux gracieux et beaux», *Syria*, XIV, 1933, p. 128-151. Pour l'établissement du texte, voyez A. Herdner, *Corpus des tablettes en cunéiformes alphabétiques*, Geuthner, 1963, p. 96-101.

[3] A. Caquot et M. Sznycer, « Textes ugaritiques», dans J. Chevalier, *Le trésor spirituel de l'humanité. Les religions du Proche-Orient asiatique*, Fayard, 1970, p. 450-458.

[4] Le verbe *qr'a* contient une idée de « crier». Aistleitner, *Wört.*, p. 281, n° 2448.

[5] Le Saint des Saints du temple de Jérusalem se nommait le *dbyr*. Je considère *mdbr* comme une amplification de ce mot formé d'une racine DBR. Le sens de « désert », «steppe», serait mal en place entre la ville et l'abondance de nourriture, qu'on retrouve avec le même mot aux lignes 65 et 68. Nulle part la steppe syrienne est à moins de 100 kilomètres des ports phéniciens. On voit mal des dieux gracieux parcourir cette distance à la recherche de cultures qu'ils trouvaient à leurs portes. Ils sont ici près de la mer.

(L'un de vous), Shalim, exerce la royauté de ceux qui rentrent dans le sanctuaire (= les fidèles) et des gardes (munis de lances).

Après cette apostrophe, qui annonce une déclamation publique, commence le récit de la naissance des dieux gracieux dont on vient de parler. Chaque année sans doute, à une date connue de tous, on devait commémorer ce grand événement dans le temple qui en avait été le théâtre. La cérémonie religieuse était comme un renouvellement du mythe et on y voyait peut-être, comme on l'a suggéré, une représentation dramatique mettant en scène Él et ses deux femmes à la manière des mystères du Moyen Age. La mention des fidèles laisse même entendre que les assistants y prenaient part.

Le poète va d'abord situer le moment de la célébration, à la fin de l'été et à l'approche des vendanges. A ce moment le dieu-Mort, Môt, le dieu des chaleurs accablantes de l'été, trône encore tenant « dans sa main le sceptre de la stérilité », mais déjà les émondeurs effeuillent les ceps et les lient, en prévision des vendanges (l. 9-11).

9.   Les émondeurs émondent la vigne ; les lieurs lient la vigne ; ils effeuillent son sol (*šdmt*) [1] comme la vigne (elle-même).

Dans le calendrier agricole de Guèzer,[2] il est question du « mois de l'émondeur» (*yrḫw zmr*).[3] Il s'agit comme ici de la « taille d'été » ou « taille en vert», dite aussi «effeuillage» ou «ébourgeonnement». Le verbe *šql*, hébreu *sql*, contient une idée de « prendre », d'«ôter», mais ne dit pas ce qu'on enlève : ce sont ici les feuilles qui détournent la sève et font de l'ombre, les pousses inutiles, les « gourmands».[4]

Puis viennent les préparatifs de la fête : « Qu'on place sur la cella des coupes en forme de lune, et que les fidèles répètent : [5] « Certes, que le

[1] Le mot *šdmt*, « le sol», correspond à *'arṣ*, « la terre », dans les expressions ugaritiques *zbl B'l šdmt*, « le prince Ba'al du sol», et *zbl B'l 'arṣ*, « le prince Ba'al de la terre », Virolleaud, *Syria*, 14, 1933, p. 139.

[2] S. Talmon, « The Gezer Calendar and the Seasonal Cycle of Ancient Canaan», *Journal of the Amer. Orient. Soc.*, 83, 1963, p. 183. L'auteur date le document vers 950-925 avant J.-C.

[3] Le mot hébreu *zmr*, « émondeur», correspond à l'ugaritique *zbr* connu aussi en arabe. Allusion à l'émondage de la vigne, *Isaie*, XVIII, 5; *Jean*, XV, 2.

[4] Chancrin et Dumont, *Larousse agricole*, II, p. 774.

[5] Cette ligne (l. 12) a été traduite de nombreuses manières. On pourrait comprendre:

site (*šd*) (soit) le site des Élim (Él et ses épouses, les Élôt), le site des Ashérôt et du Miséricordieux (Él) ¹» (l. 13). « Que sur le feu les officiants plongent sept fois un chevreau dans le lait,² de la menthe (?), dans le beurre fondu, et sur la tour qu'on les place» (l. 14-15). Il y aurait donc un parallélisme littéraire entre les boissons mises en évidence sur la terrasse de la cella, le '*d* que Virolleaud définissait « l'édicule sacré»,³ et les mets qu'on pose sur la tour de défense du temple, l'*agn*, «la défense» (racine *gnn*).

Le but est d'attirer Él dans le temple où se trouvent déjà ses deux épouses, en haut de la tour. Le dieu verra les boissons et les aliments sur les toits, peut-être en sentira-t-il l'agréable odeur, et il arrivera par la voie des airs pour absorber le banquet qui lui est offert. Él, « le Miséricordieux ⁴», ira vers les mets et les Ashérôt le rencontreront (l. 16). Dans le temple, les «trônes des dieux sont huit; les sièges des (déesses) grasses, sept» (l. 19-20). Il s'agit, sans doute, de bétyles.

Tout est donc prêt pour le développement du mythe; il s'agit de recevoir Él venant en volant vers ses deux épouses. Il faudra accueillir ensuite huit dieux et sept déesses. Ces dieux sont apparemment les divinités qui vont naître. Pour les déesses, on pourrait conjecturer que ce sont les accoucheuses et les nourrices, dont on va bientôt avoir

---

« Sept fois, sur la cella, qu'on récite en alternant et que les fidèles reprennent : « Certes, que le site (soit) le site des Élim; le site des Ashérôt et du Miséricordieux», voyez Th. H. Gaster, *Journ. of the Amer. Orient. Soc.*, 66, 1946, p. 60; 67, 1947, p. 326. Cette prière sur le toit aurait pour but de faire venir Él. J'ai préféré maintenir pour les mots difficiles la première traduction de Virolleaud parce que l'offrande des boissons s'accorde mieux avec celle de la viande, qui suit. Comparez I *Keret*, I, 66-77 et 159-169.

¹ Comme souvent à Ugarit, on exprime deux fois la même idée avec des mots différents. On en conclura que « les Élim», c'est-à-dire « les Él», ne sont autres que Él et ses épouses, les Ashérôt ou Élôt (Él au féminin pluriel).

² *Exode*, XXIII, 19 : « tu ne feras pas cuire un chevreau dans le lait de sa mère».

³ *Syria*, 14, 1933, p. 139; 23, 1942-1943, p. 9 (II *Keret*, col. VI, l. 22); R. Dussaud, *Les découvertes de Ras Shamra et l'Ancien Testament*, 1937, p. 60, « un sanctuaire entouré d'un entrepôt», donc d'une cour. Voyez C.H. Gordon, *Ugaritic Manual*, Rome, 1955, Gloss. nᵒ 1371.

⁴ *Rḥmy*. Le nom ou qualificatif de *Rḥm*, « miséricordieux», « doux», « bienveillant», est passé aux successeurs de Él, Ba'al Shamîm, Allah et, à Palmyre, au dieu anonyme. Dans l'-*y* final de *Rḥmy*, Virolleaud voyait un adjectif possessif de la première personne du singulier, et il traduisait « Mon Miséricordieux», mais il est plus probable qu'il ne s'agit que d'un amplificatif ou augmentatif. Voyez ci-après, p. 99, n. 3, le surnom de *Ṣdq*, « Juste », donné au père des Cabires successeurs des dieux gracieux.

besoin. On sait en effet par d'autres tablettes qu'en Phénicie les accoucheuses des dieux étaient les déesses d'une constellation de sept étoiles,
les Kosharôt.[1] Je pense qu'il faut les reconnaître dans les déesses
p'amt, « les (déesses) grasses », nommées dans d'autres textes et toujours
avec le chiffre sept ;[2] le nombre des « sièges » préparés conviendrait
donc. Le qualificatif de grasses s'applique bien à des nourrices. On
s'attendrait à ce que le poète nous apprenne ici les noms des huit dieux
qu'on attend, mais il nous laisse entendre au contraire qu'il nous les
cachera. « Je garde jalousement, dit-il, les noms des [dieux gracieux],
fils de princes » (l. 21-22).[3]

Les préparatifs étant terminés, un hymne du genre de celui du
début interrompt le récit :

23.   J'acclame les dieux gracieux
        qui fendent la mer, les fils de la mer,[4]
        qui tettent aux pointes des seins des Ashérôt.

25.   La déesse-Soleil, Shapash, fait dorer leurs pampres et (leurs)
        raisins.
        Ô Shalim ! Que les fidèles,[5] que les gardes viennent avec une
        offrande de délice.

28.   Le site (est celui) des Élim (Él et ses femmes), le site des
        Ashérôt et du Miséricordieux (Él).

Nous entrons ensuite dans le vif du sujet, le drame lui-même. Él
à la vue des mets va vers le bord de la mer ; il s'avance vers le bord de
l'océan (l. 30). Il saisit les deux femmes qui sont sur la tête de la tour.
L'une s'écrie : « Père ! Père ! », c'est-à-dire « Vous allez être père ! », et
l'autre réplique : « Mère ! Mère ! », « Nous allons être mères » (l. 31-33).

---

[1] *Études sur les dieux phéniciens*, p. 1-7.

[2] Virolleaud, *Syria*, 14, 1933, p. 142.

[3] *'iqn'u.šmt*. Traduction suggérée par *Ézéchiel*, XXXIX, 25 : « Je serai jaloux pour
mon nom saint. »

[4] « Fils » dans un sens métaphorique fréquent en ugaritique ; cf. *Études sur les dieux
phéniciens*, p. 2, 13-15 et 49. Même observation pour « fils de prince » à la ligne 22. Ci-
dessus p. 83, n. 8.

[5] Littéralement : « les entrants », selon moi, « les entrants dans le temple » = les fidèles,
mais on pourrait comprendre : « les entrants dans la partie réservée du temple », c'est-à-dire
les prêtres.

34.   (Pour les caresser,) Él allonge la main comme la mer,
      la main de Él, comme le flot
      et la main de Él de s'allonger comme la mer,
35.   la main de Él, comme le flot,

Puis « Él saisit les deux épouses, les deux épouses à la tête de la tour ; il les prend et les met dans sa maison » (l. 35-36). On se demandera si Él emmène alors les deux Ashérôt dans son temple propre, celui d'où il vient, qui est bien sa « maison ». Il est plus vraisemblable cependant de penser que Él avait une chapelle dans le temple des dieux gracieux et que c'est là qu'auront lieu la théogamie et les enfantements.

Dans ce lieu, on constatera d'abord l'impuissance sexuelle de Él : le « père des années » — c'est ainsi qu'on le nommait à Ugarit — souffrait de plusieurs infirmités [1] et il était extrêmement âgé. Je vous fais grâce des détails qui sont donnés ici. Il va falloir recourir à un rite magique pour lui rendre sa virilité : on doit pour y parvenir faire griller un oiseau sur des charbons ardents et en faire humer l'odeur à Él (il n'aura pas à manger l'oiseau). Eudoxe de Cnide, au IVe siècle avant J.-C., nous a conservé un épisode de la mythologie phénicienne dans lequel Eshmoun, dieu guérisseur, appelé ici Iolaos, utilise ce procédé avec une caille pour rendre la vie à son père,[2] Melqart, nommé « l'Héraclès tyrien ». Ce dieu agraire, cyclique, entrait en léthargie pendant l'hiver. Il fallait le réveiller en février.[3] Eshmoun procédait sans doute à ce réveil qu'Eudoxe de Cnide considère comme une résurrection.[4] Dans le royaume des morts, les morts vivent, bien qu'ils soient des morts. Sur une stèle de la fin du IXe siècle avant J.-C., provenant des environs d'Alep (fig. 18), Melqart paraît tenir dans sa main un lotus renversé, symbole de la mort.[5] Ce détail, s'il est exactement reproduit, prouverait qu'Eudoxe de Cnide avait raison de considérer comme une

---

[1] C. Virolleaud, « Les nouveaux textes mythologiques de Ras-Shamra », *Comptes rendus de l'Académie des Inscriptions*, 1962, p. 113 ; *Ugaritica*, V, 1968, p. 545-550, ligne 21.

[2] Filiation particulière à Tyr dans la triade d'Héraclès-Melqart, dieu père, Astarté-Ashtart, déesse mère, et Iolaos-Eshmoun, dieu fils, voyez ci-dessus, p. 58-69.

[3] P. 43,62 et 65.

[4] Zénobios, *Centuries*, V, 56, voir W. Baudissin, *Adonis und Esmun*, Leipzig, 1911, p. 305.

[5] P. 44, fig. 18 ; p. 56, n. 4 ; p. 58-59, fig. 21 ; p. 63, n. 3, et p. 180, fig. 88.

mort comparable à celle de l'homme, la disparition du dieu pendant l'hiver.

Pour retrouver sa virilité, Él devra donc commencer par tuer un oiseau : « il tire dans le ciel un oiseau ; il le plume et le met sur le charbon » (l. 38-39). Les deux femmes l'exortent : « (Sois) époux », disent-elles (l. 40) ; et elles insistent : « (Sois) père » (l. 43). L'oiseau rôtit, mais sans succès. Il faut recommencer ; à la troisième fois enfin, Él retrouve sa virilité. Il « se penche, baise leurs lèvres. C'est que leurs lèvres sont douces, douces comme des grenades. Après le baiser, la conception, après l'étreinte et le *khemkhem*, les deux femmes viennent à terme ; elles enfantent Shaḥar et Shalim », c'est-à-dire « Aurore et Crépuscule » (l. 49-52).

Entre-temps, Él est rentré dans son temple, car on lui envoie un message qui est ainsi conçu : « Les femmes de Él ont enfanté » — « Quels enfants ont-elles donnés ? », demande-t-il — « Shaḥar et Shalim. Apportez une offrande à Shapash la Grande (la déesse-Soleil) et aux Étoiles » (l. 52-54). Les nouveau-nés ne sont pas formellement qualifiés de dieux gracieux, mais il est évident que ce sont les deux premiers du groupe. L'offrande au Soleil et aux Étoiles retiendra notre attention. Les astres sortant doucement de l'horizon oriental du ciel donnent l'exemple le plus frappant de l'accouchement sans douleur. On leur demande d'aider toutes les femmes à faire de même. Dans une tablette magique d'Arslan-Tash, sur l'Euphrate, la femme en couches reçoit cet ordre : « le Soleil est sorti, accouche et mets au monde [1] ». Mais en Phénicie un groupe d'étoiles était plus directement chargé des accouchements ; nous en avons parlé. C'était celui des déesses Kosharôt. On ne mentionne pas leur intervention, mais elle a dû avoir lieu, et il se pourrait bien que l'offrande aux étoiles (le mot qui suit manque) soit en réalité adressée à ces déesses, les mêmes, semble-t-il, que les « déesses grasses ».

Au reçu du message, Él revient. Il retrouve ses femmes, il s'incline et baise leurs lèvres toujours aussi douces. « Après le baiser, la conception » (l. 55-56). Ici deux lignes endommagées : « il recommence, il compte cinq... » ; on devine de quoi il s'agit. Ce nombre de cinq entraîne la naissance de cinq enfants : deux sont déjà nés et cinq de plus font sept, pour huit sièges. Il manque donc une naissance. On va voir,

---

[1] *Mélanges syriens offerts à M. René Dussaud*, 1939, p. 424.

dans un instant, comment on peut en reconstituer le scénario (p. 101). On nous dit ensuite que les deux femmes enfantèrent « des dieux gracieux qui fendent la mer, des fils de la mer, qui tettent aux pointes des deux seins des Dames» (l. 58-59). De nouveau, on porte la nouvelle à Él et le message est conçu comme le précédent. Il demande : « Qu'ont-elles enfanté ? ». On lui répond : « Des dieux gracieux qui fendent la mer», puis on reprend les termes des lignes antérieures (l. 59-61).

Ici se termine le récit de la naissance des dieux gracieux. Le poète a éprouvé le besoin d'ajouter une quinzaine de lignes pour nous apprendre que ces nouveau-nés sont d'une gloutonnerie incroyable. « Une lèvre (tournée) vers la terre, une lèvre vers le ciel» : oiseaux du ciel et poissons de la mer entrent dans leur bouche, on y entasse morceaux sur morceaux, de droite, de gauche, sans les rassasier (l. 61-64). Conclusion : « Apportez donc une offrance dans le Sanctuaire Saint, en y circulant au milieu des pierres (dressées) et des (troncs d')arbres» (l. 65-66), c'est-à-dire au milieu des bétyles, sièges de ces dieux.

Une fois devenus grands, après « sept ans (ou) huit périodes» (l. 66-67), les dieux gracieux quittent les limites du péribole du Sanctuaire, et courent dans la campagne [1] pour réclamer de la nourriture. Par un « gardien de culture», ils se font ouvrir un grenier contenant nourriture et boisson. Ils mangent; on leur sert du vin abondamment. Leurs fidèles le leur offrent volontiers sans doute, car ils savent qu'ils recevront en échange la fécondité de leurs cultures.

Cette finale est quand même curieuse. Elle atténue singulièrement le charme de ces dieux gracieux. Elle a tout l'air d'une satire qui pourrait faire allusion à la cupidité des prêtres des temples. Ceci s'harmoniserait avec l'hypothèse d'un récit recouvrant un mystère scénique à la manière du Moyen Age.[2]

Nous avons ici l'exemple le plus explicite de la création divine par

---

[1] Littéralement : « Les dieux gracieux vont au champ; ils parcourent le pourtour du Temple (p'at.Mdbr)», l. 67-86. Le sens des derniers mots me paraît dicté par le contexte, bien que dans la Légende de Keret (tablette I K, col. III, ligne 105; Herdner, Corpus, p. 63) la même expression signifie « le pourtour du désert».

[2] Th. H. Gaster, « A Canaanite Ritual Drama, The Spring Festival at Ugarit», Journ. of the American Orient. Society, 66, 1946, p. 66-69. En réalité, fête d'automne.

enfantement. Ce procédé ne s'applique pas seulement à des générations de dieux, mais aussi à l'homme.[1] Il est typiquement cananéen, par opposition à la création par fabrication avec de l'argile et du sang qui est plus spécialement mésopotamienne, bien que l'Égypte ait connu aussi la création par Khnoum avec de l'argile sur son tour de potier. Dans un conte égyptien,[2] on le voit ainsi fabriquer une femme.

Cette étrange histoire suggère plus d'une observation. Nous avons déjà remarqué les précisions données sur la saison : la fin des grandes chaleurs encore régnantes, la préparation des vendanges ; le soleil fait mûrir les raisins. A la fin du récit, les jeunes dieux trouvent le gardien de culture à son poste, sans doute sur le petit mirador qu'il s'est préparé, comme de nos jours encore : c'est bien ce que l'on voit dans le Liban à l'approche de la vendange. Il s'agit certainement d'une fête à date fixe et tout le drame se passe en un jour : conceptions et accouchements se suivent sans interruption. S'il s'agit d'un drame joué, nous avons bien l'unité de temps.

Le lieu est tout aussi bien indiqué : une ville de Phénicie au bord de la mer, donc un port, un temple qu'on appelle Midbar, « le Sanctuaire », avec des bétyles nombreux, une cella ou naos, une tour de défense et une enceinte ou péribole. Non loin, il y a un autre temple, celui de Él, d'où vient ce dieu en se rapprochant de la mer. Autour de la ville une riche campagne avec des vignobles. Ils n'est nulle part question du désert ou de la steppe qui sont bien loin. L'unité de lieu est parfaitement observée.

Les acteurs du drame ne sont pas très nombreux. Au premier rang, Él, « le Miséricordieux », un vieillard ridiculisé comme il l'est souvent à Ugarit. Les monnaies phéniciennes le montrent nu et muni d'ailes. Ce détail propre à Byblos explique sa venue directe « à la tête de la tour ». Dans un songe, le roi Kérét voit de même le dieu Él « descendre » vers lui.[3]

Viennent ensuite « les deux femmes de Él », qu'on appelle aussi « les Ashérôt » ou « les Dames », et une fois « les deux Maisons-de-Él », c'est-à-dire en phénicien « les deux bétyles » (*bt.'il*) (l. 45). C'est une allusion à leur caractère d'Ashérôt, de déesses habitant des troncs

---

[1] *Études sur les dieux phéniciens*, p. XII-XIII, 30-35, 37-46.

[2] P. du Bourguet, *Histoires et légendes de l'Égypte mystérieuse*, 1968, p. 58-60.

[3] *La légende de Keret*, tablette I K, col. I, l. 35-37 ; Herdner, *Corpus*, p. 62.

sacrés, des *ashérîm*.[1] Une plaquette d'ivoire de Ras Shamra (pl. XIV) représente l'une d'elles, Hathor, devenue à Byblos une Ashérat, allaitant Shaḥar et Shalim, dont on va parler.[2]

2. LES DIEUX GRACIEUX IDENTIFIÉS
AVEC LES CABIRES PHÉNICIENS.
LA NAISSANCE D'ESHMOUN D'APRÈS PHILON DE BYBLOS

Les dieux gracieux posent plus d'un problème. Leur nombre d'abord : huit sans doute à cause du nombre des trônes qui leur sont préparés. Dans le récit, on voit les deux femmes enfanter d'abord Shaḥar et Shalim et ensuite des dieux gracieux dont on ne dit pas les noms. On pourrait en conclure que le groupe des deux premiers n'est pas inclus dans l'ensemble des dieux gracieux. Mais les deux hymnes du début marquent bien que tout le poème est destiné à exalter les dieux gracieux. Il s'ensuit que les premiers, quoique formant un groupe à part, doivent être comptés parmi eux. Ces dieux ont un double caractère : ils sont « fils de la mer et fendent la mer ». Ils sont donc des navigateurs et des protecteurs de la navigation. Mais ils s'intéressent aussi à l'agriculture et à ses produits. Ils s'inquiètent beaucoup de leur alimentation qu'ils trouvent dans la mer et dans les champs. Sauf deux d'entre eux Shaḥar et Shalim, « Aurore et Crépuscule », ils sont innommés ; on les désigne par des qualificatifs : « les gracieux », « les beaux fils princiers ». On cache leurs vrais noms.

Naturellement, ce groupe de dieux, qui apparaît à Ugarit au XIVe siècle avant J.-C., n'a pas pu disparaître de la mythologie phénicienne, et il est bien évident qu'il s'y retrouve par la suite. Nous y voyons en effet un groupe de huit dieux navigateurs et protecteurs de la navigation, les Cabires. Philon de Byblos, aux Ier et IIe siècles de notre ère, nous apprend que de Ṣydyq, « le Juste », visiblement un surnom,[3]

---

[1] *Études sur les dieux phéniciens*, p. 58-59 ; *Rev. de l'hist. des rel.*, 169, 1966, p. 38-42. Si l'on admet que le nom de l'arbre ou du poteau sacré, l'*ashérâ*, et donc celui de la déesse, vient d'*ashér*, '*aṯr*, « sanctuaire », « lieu sacré », le sens serait très voisin de *bt-'il*. D'autres étymologies ont été proposées.

[2] P. 178-182, pl. XV.

[3] La désignation d'un dieu par un qualificatif pour en faire deux personnages distincts est un procédé habituel chez Philon de Byblos (cf. *Études sur les dieux phéniciens*, p. 30-54). Dans les noms de personnes Rab-ṣidqi, « le Juste est grand » (El-Amarna),

naquirent « (les) Dioscures ou (les) Cabires »; « ceux-ci, les premiers, imaginèrent un navire ($\pi\lambda o\hat{\iota}o\nu$)[1] ». L'auteur ajoute que les fils de Ṣydyq étaient aussi « Corybantes ou Samothraces ». Il s'agit là d'assimilations tardives, d'origine grecque,[2] dont on n'aura pas à tenir compte. Nous reparlerons de ce dieu Ṣydyq à propos du père des Dioscures à Tripoli (p. 109-110). Disons tout de suite qu'il s'identifie très bien avec Él le Miséricordieux père des dieux gracieux dans le poème de Ras Shamra.

Une monnaie de Béryte, Beyrouth, nous montre les huit Cabires assis en cercle, en conversation, au côté de la proue du premier vaisseau (fig. 23).[3] Ce colloque rappelle qu'ils ont, les premiers, raconté l'histoire des origines du monde (II, 27). C'étaient des archéologues. Leur nombre est démontré par la monnaie de Béryte. Les Dioscures sont inclus parmi eux, quoique formant un groupe à part. Les noms des Cabires, comme ceux des dieux gracieux, étaient tenus secrets. On ne connaissait que ceux des Dioscures, et le nom ou surnom [4] du plus jeune des Cabires, Eshmoun, « le huitième », qui est étrangement compté à part : « les sept enfants de Ṣydyq, les Cabires, et le huitième frère d'eux, Asclépios » = Eshmoun.[5] Celui-ci avait une importance particulière comme dieu guérisseur, spécialement dans la région de Tyr et de Sidon. Philon de Byblos nous apprend que Él, après avoir fondé Byblos, la première ville, distribua des domaines aux dieux qu'il avait fait naître : « il donna Béryte à Poseidon et aux Cabires, qui

Malki-Ṣédéq, « le Juste est mon roi » (*Gen.*, XLV, 18), et Adoni-Ṣédéq, « Le Juste est mon Seigneur » (*Jos.*, X, 1, et 3), le qualificatif paraît bien désigner Él. (Ad. Lods, *Israël*, 1930, p. 149-150).

[1] Philon de Byblos, Fragm. II, 12 (début).

[2] M.-J. Lagrange, *Études sur les religions sémitiques*, 2e éd., 1905, p. 421-422. « Samothraces » est une allusion au culte qu'on rendait à des Cabires dans l'île de Samothrace, mais rien n'indique qu'il s'agisse des Cabires phéniciens ; cf. F. Chapouthier, *Les Dioscures au service d'une déesse*, Paris, 1935, p. 153 et suiv.

[3] E. Babelon, *Bibl. Nat., Catal. des monnaies grecques, les Perses Achéménides*, p. 187, pl. XXVI, 1.

[4] Le Père Lagrange (*op. cit.*, p. 426, n. 1-2) suggérait que le vrai nom pourrait être Iol (*Y'l* ou *Y'l*) dont les grecs auraient fait Ἰόλαος, dorique Ἰόλας, mais ce dieu grec, originaire de Thèbes en Béotie, appartient à la légende d'Héraclès dans une de ses formes les plus anciennes. On ne voit pas comment Iolaos aurait pu être Eshmoun dès l'origine.

[5] Fragm. II, 27 : οἱ ἑπτὰ Συδύκου παῖδες Κάβειροι καὶ ὁ ὄγδοος αὐτῶν ἀδελφὸς Ἀσκληπιός, K. Mras, *Eusebius Werke, Die Praeparatio Evangelica*, Berlin, 1954, p. 50, l. 15.

Fig. 24. La planète Vénus suivie de ses sept filles les étoiles Kosharôt, d'après des monuments babyloniens.

    a, vers 900 avant J.-C.

    b, vers 705-681 avant J.-C. (motif de droite).

    La planète Vénus unifiée est l'hypostase d'Ashtar (*Hll*) et d'Ashtart, cette dernière correspondant à Ishtar en Mésopotamie. D'après Adolf Grohmann, *Göttersymb. u. Symbolt. auf Südarab. Denkm.*, p. 35-36, fig. 76-77.

sont, dit-il, agriculteurs et aussi marins ou pêcheurs; ceux-ci divinisèrent à Béryte les restes de Pontos», dieu marin lui aussi, mais fils de Nérée.

Les traits de ressemblance entre les dieux gracieux et les Cabires sont si frappants qu'on ne peut hésiter, me semble-t-il, à les identifier.

On a remarqué que Philon de Byblos sépare en deux groupes les « enfants (παῖδες) de Ṣydyq»: ils sont 7 + un huitième, Asclépios = Eshmoun. Cette division donne l'impression que ce dernier n'était pas de la même mère que les autres Cabires. C'est du reste ce que confirme l'auteur lorsqu'il dit que « Ṣydyq dont le nom signifie le Juste s'unit à une des Titanides qui lui donna Asclépios».[1] Si l'on transpose cette donnée dans le poème de la naissance des dieux gracieux, on conclura que Él le Miséricordieux eut de ses « deux femmes», dans le temple de Byblos, sept des dieux gracieux, et qu'un huitième lui est né d'une autre femme, probablement dans le même lieu et dans des circonstances analogues puisqu'il s'agit encore d'un des dieux gracieux. On se souvient que ce poème ne parle que de sept naissances pour huit trônes préparés. Une huitième dont il n'est pas fait mention paraît pouvoir être rétablie grâce au texte de Philon de Byblos.

---

[1] Fragm. II, 20: Συδύκῳ δέ, τῷ λεγομένῳ δικαίῳ, μία τῶν Τιτανίδων συνελθοῦσα γεννᾷ τὸν 'Ασκληπιόν, Mras, *op. cit.*, p. 48, l. 15-16.

Pour cet auteur, Ṣydyq = Él s'est uni à « une des Titanides » qui lui donna ce huitième fils. Ce texte serait incompréhensible si Philon de Byblos n'avait pris soin de nous dire, un peu plus haut, ce qu'étaient ces Titanides : « Kronos = Él eut d'Astarté sept filles Titanides ou Artémides ».[1] Ce dernier nom est le fil conducteur : ʼΑρτέμιδες, « Artémides », « filles d'Artémis », veut dire « accoucheuses ». Ce mot ne se trouve en grec au pluriel que comme synonyme de Εἰλείθυιαι, « Eileithyes », déesses de l'accouchement.[2] Artémis était la patronne des accoucheuses. Lorsque Lato (Latone) avait mis au monde ses jumeaux, Apollon et Artémis, celle-ci était née la première et elle s'était aussitôt mise en devoir d'assister sa mère pour l'accouchement de son frère : elle méritait bien de devenir la patronne, la mère des accoucheuses. Il paraît donc clair que les sept filles d'Astarté = Ashtart, ici nommées Artémides, sont les déesses accoucheuses de la Phénicie, les sept Kosharôt qui sont précisément des filles d'Ashtart.[3]

Mais une difficulté apparaît aussitôt : l'auteur donne les deux noms de Titanide et d'Artémide comme synonymes. Ce ne peut qu'étonner. Le nom de Titanide évoque la figure des Titans qui n'ont guère leur place au milieu des sages-femmes, entre Astarté et Artémis[4]. Le Père Lagrange l'avait bien vu, et il avait proposé de corriger « Titanides » en « Tanides », « filles de Tanit » la grande déesse carthaginoise.[5] On connaît en effet sept Tanit que Clermont-Ganneau [6] a identifiées aux sept Hathor égyptiennes qui vinrent assister à la naissance d'Horus. Malheureusement ces faits paraissent avoir été tout à fait inconnus de Philon de Byblos, qui ne fait jamais aucune allusion à la religion carthaginoise, et en fait très peu à celle de l'Égypte (p. 75-76). Je propose

[1] Fragm. II, 20, début : Κρόνῳ δὲ ἐγένοντο ἀπὸ ʼΑστάρτης θυγατέρες ἑπτὰ Τιτανίδες ἢ ʼΑρτέμιδες, Mras, op. cit., p. 48, 11-12.

[2] Roscher, Lex. myth., 1, col. 572 ; Lagrange, op. cit., p. 432, n. 4.

[3] Études sur les dieux phéniciens, p. 1-7.

[4] Il est vrai que l'auteur se faisait une singulière idée des Titans. Après avoir présenté les dieux phéniciens du blé (Études sur les dieux phéniciens, p. 46-53), il y rattache artificiellement (selon son habitude) la génération suivante : « d'eux (vinrent) Campagnards et Chasseurs, ceux qu'on nomme aussi Vagabonds et Titans » (ἐκ τούτων ʼΑγρόται καὶ Κυνηγοί · οὗτοι δὲ καὶ ʼΑλῆται καὶ Τιτᾶνες καλοῦνται), Fragm. II, 10 (K. Mras, op. cit., I, p. 46, l. 6-7).

[5] Lagrange, op. cit., p. 432.

[6] L'imagerie phénicienne, p. 96. Sur les sept Hathor qui fixent les destins à la naissance, F. Daumas, Les dieux de l'Égypte, Paris, 1970, p. 57.

donc une correction différente : au lieu de « Titanides» (Τιτανίδες), « Filles de Titan», il faudrait lire « Tithênides» (Τιθηνίδες), « Filles de la Nourrice (τιθήνη)». On obtiendrait ainsi un bon équivalent de « Filles d'Artémis», car à Sparte, la fête des Tithênidies (Τιθηνίδια), la fête des nourrices, se célébrait précisément en l'honneur d'Artémis Κορυθαλία, la mère des nourrices, comme elle l'était des sages-femmes.[1] La phrase de Philon de Byblos doit donc se comprendre, selon moi : « Astarté eut sept filles, les déesses-nourrices et accoucheuses». Ce sont bien celles que nous recherchons, les sept étoiles Kosharôt, filles d'Astarté planète Vénus (fig. 24).

Il reste à expliquer comment Philon de Byblos a pu attribuer la paternité de ces déesses à Él-Kronos, alors que les textes d'Ugarit les qualifient de « filles d'*Hll*», le « Brillant», qui est Asthar époux d'Ashtart = Astarté. C'est qu'à l'époque de l'auteur (Ier-IIe siècles après Jésus-Christ) Ashtar était depuis longtemps oublié en Phénicie et dans tout le milieu cananéen.[2] Ashtart, sous le nom d'Astarté et d'Atagartis, représentait seule la planète Vénus. Elle était devenue en outre la Grande déesse, et s'était substituée aux antiques déesses Ashérôt, les épouses du Grand dieu créateur, Él ou Élyôn devenu Ba'al Shamîn. En Syrie, elle avait été promue parèdre d'Hadad, et à Palmyre, épouse de Bêl; l'un et l'autre était des maîtres du ciel. Dans le texte de Philon de Byblos, Kronos-Él apparaît donc comme un successeur d'Ashtar, et on est en droit de rétablir la véritable filiation des sept déesses filles d'Astarté, les Kosharôt, filles de *Hll* = Ashtar.

Si maintenant nous introduisons ces faits dans la légende ugaritique des dieux gracieux, nous obtenons la reconstitution suivante : Él a eu de ses deux Ashérôt de Byblos, Shaḥar et Shalim d'abord, puis cinq autres dieux gracieux. Au cours de ses ébats amoureux et des accouchements qui suivirent, le dieu a séduit une des accoucheuses qui était en outre une de ses filles, ou petites filles,[3] et il en a eu le huitième des dieux gracieux.

---

[1] A. Boulanger, dans Saglio, *Dict.*, V, p. 345-346.

[2] *Études sur les dieux phéniciens*, p. 65-67.

[3] Généalogie ugaritique :
   Él ép. une Ashérat, d'où → Ashtart et Ashtar, d'où → les Kosharôt.
Généalogie de Philon de Byblos :
   Él ép. Astarté, d'où → les Kosharôt.

J'ai émis l'hypothèse (p. 94) que dans le temple de Byblos les sept sièges préparés étaient destinés à recevoir ces déesses. Le rôle qu'elles y auraient joué expliquerait cette marque d'égard.[1]

3. Shaḥar et Shalim identifiés avec les Dioscures

Si on admet l'identification des dieux gracieux avec les Cabires, on ne peut guère douter que Shaḥar et Shalim, « Aurore » et « Crépuscule », ne correspondent à Castor et Pollux, les Dioscures, que Philon de Byblos [2] assimilait aux Cabires phéniciens.[3] Une monnaie phénicienne,

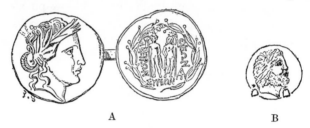

A   B

Fig. 25. A. Tétradrachme attribué à Tripoli de Syrie, du IIe siècle avant J.-C., représentant les Dioscures, avec la mention : « Des dieux Cabires syriens », c'est-à-dire « phéniciens ». B. Le père des Dioscures avec les deux πῖλοι, d'après une monnaie de Tripoli.

probablement de Tripoli (fig. 25, A), représente les Dioscures, nus debout, s'appuyant sur de longs sceptres, avec l'étoile caractéristique au-dessus de leur front. L'inscription ΘΕΩΝ ΚΑΒΕΙΡΩΝ ΣΥΡΙΩΝ, qui attribue cette monnaie aux Cabires phéniciens, prouve bien que les Dioscures étaient les représentants du groupe entier. Dans presque toutes les langues sémitiques, « cabire » (kbr) veut dire « grand », « noble ». Lorsqu'on nomme les Dioscures θεοὶ μεγάλοι, « les dieux grands », on ne fait que traduire leur titre de « dieux Cabires ». Quand Pausanias (I, 31) dit qu'à Céphalé les Dioscures sont mis au nombre des θεοὶ μεγάλοι, cela veut dire qu'on les y considère comme des Cabires. Le terme d'ἄναχτες, « princes », qu'on leur applique ainsi qu'aux Cabires

---

[1] Pour Philon de Byblos, la mère d'Eshmoun était donc bien une des sept Kosharôt, et cette origine, fils d'une sage-femme, expliquerait peut-être ses qualités de médecin et de guérisseur.

[2] M.-J. Lagrange, *Études sur les religions sémitiques*, 2e éd., 1905, p. 421 (Fragm. II, 11).

[3] Gaster, *Journ. of the Americ. Orient. Soc.*, 66, 1946, p. 69-70.

clarté du jour : elle est enlevée par le dieu du ciel, par Jupiter. Le Crépuscule au contraire est tué par la nuit qui met fin à sa luminosité. On en conclura que l'Aurore = Shaḥar est Pollux qui ne meurt pas, et que le Crépuscule = Shalim est Castor qui est tué. Les Dioscures volent les femmes et les troupeaux des autres : c'est une allusion à ces clartés qui, le matin et le soir, dérobent la lumière des astres jusqu'à les faire disparaître.

On notera que le Crépuscule = Castor, tué, est obligé de rendre la femme qu'il a dérobée, et que l'Aurore = Pollux conserve la sienne. L'Aurore fait disparaître pour tout le jour la luminosité des astres ; le Crépuscule, lui, la leur rend avec l'apparition de la nuit.

Les Dioscures sont des protecteurs de l'agriculture,[1] mais plus encore des marins ; ils sont bien « fils de la mer ». Sur une monnaie de Béryte, on voit leurs deux πῖλοι sur les côtés d'un dauphin qui s'enroule autour d'un trident.[2] Ils sont en outre de grands mangeurs, qui cherchent à se faire inviter à tous les banquets.[3] En cela, ils ressemblent aussi aux dieux gracieux. Sur les plus anciennes monnaies hellénistiques de Tripoli, l'artiste s'est complu à les représenter beaux et gras.

Ma conclusion est donc que les dieux gracieux sont huit, correspondant aux Cabires phéniciens, et que, parmi eux, les Dioscures s'identifient avec Shaḥar et Shalim. L'influence phénicienne en Grèce dès le IIe millénaire avant J.-C. suffit à expliquer l'introduction de ces derniers dans le panthéon grec, mais on se demandera si elle s'est faite par addition ou par une identification avec des dieux grecs préexistants. Il faudrait supposer alors que les Grecs aient adoré un couple de jeunes dieux de même caractère que Shaḥar et Shalim avant l'arrivée de ces dieux phéniciens dans leur pays. Cette hypothèse n'est guère vraisemblable, car on sait que dès le temps d'Homère,[4] l'Aurore était une déesse, Êôs, Aurora, qu'on ne pouvait identifier avec Shaḥar, et que le dieu Crépuscule faisait défaut.[5] Cette déesse était bien grecque, car elle se

---

[1] Voyez les monnaies sur lesquelles les symboles des Dioscures ou leurs effigies sont sur les côtés d'une corne d'abondance ou d'un épi de blé. Chapouthier, *op. cit.*, p. 81-86, nos 77-92.

[2] G.F. Hill, *British Museum, Catal. of the Greek Coins of Phœnicia*, Londres, 1910, p. 53-54, pl. VII, 6-7.

[3] Daremberg-Saglio, *Dictionnaire*, II, p. 252-253 (nombreuses références).

[4] *Iliade*, I, 477.

[5] Il existe bien un dieu Hesper ou Vesper, fils de Japet et grand-père des Hespérides,

lève de la mer alors que pour les Phéniciens l'aurore s'élève toujours au-dessous des montagnes qui bordent leur horizon à l'Est.[1] Pour le poète Stace,[2] au Ier siècle après. J.-C., les premières lueurs du jour correspondent à l'apparition simultanée de l'*alter Castor* = Pollux = Shaḥar = l'aurore phénicienne, et de Tithonia = Aurora = l'aurore grecque.

Le poème ugaritique annonce la naissance d'Aurore et Crépuscule, Shaḥar et Shalim, dans l'ordre où ils apparaissent par rapport au jour. Dans une autre tablette de Ras Shamra,[3] Shaḥar, l'Aurore, est mis en parallèle avec l'Orient du ciel (*qdm*), où se lèvent les astres et naissent les dieux. L'Aurore est l'image du salut : « La nuit est avancée, le jour « approche [4] ». Il n'en reste pas moins que Shalim, « Crépuscule », paraît avoir eu la préséance sur Shaḥar, « Aurore », et sur tout le groupe des Cabires. On a vu que, dans le temple du Midbar, Shalim était le chef des fidèles et des gardes. Dans la tablette ugaritique dite le « Panthéon d'Ugarit », il est seul nommé (l. 33). Au XIVe siècle avant J.-C., les Amorrhéens ont intensifié son culte en Assyrie, avec celui de Réshéf = Ashtar,[5] mais ils y étaient certainement déjà connus. Le dieu Shalim est attesté en Mésopotamie avant l'époque sargonique.[6] En Palestine, il était vénéré au moins dès le XIXe siècle avant J.-C. et

qui fut changé en étoile du soir : cf. P. Grimal, *Dictionnaire de la mythologie grecque et romaine*, Paris, 1963, p. 209-210. C'était une création purement grecque, car dans tout le monde sémitique l'étoile du soir est essentiellement féminine.

[1] Pour la même raison, la conception de Vénus, c'est-à-dire la planète Vénus, sortant de l'« onde amère », ne peut être que chypriote ou grecque. En Phénicie, le dieu de l'étoile du matin, Ashtar-Réshéf, marche sur les cimes du Liban ; voyez la stèle d'Amrit où le dieu est surnommé Shadrafâ, « le Puissant qui guérit », et les cylindres : Cabinet des Médailles, n° 464 ; G. Contenau, *La civilisation des Hittites et des Mitanniens*, Payot, 1934, p. 228, fig. 19 ; E. Porada, *The collection of the Pierpont Morgan Library*, Washington, 1948, n°s 967 E et 968.

[2] *Sylves*, IV, 6, 14-15.

[3] Virolleaud, *Syria*, XVI, 1935, p. 248, l. 7-8 ; Herdner, *Corpus*, p. 53-54, col. I, l. 7-8.

[4] *Épître aux Romains*, XIII, 12.

[5] Julius Lewy, *Mélanges syriens*, 1939, p. 273-275. Le culte de Réshéf viendrait de la ville de Rashpûna, Apollonia-*Arsûf*, à 13 kilomètres au nord de Jaffa. La présence d'Ashtar-Réshéf en Mésopotamie et en Assyrie à cette époque est confirmée par l'iconographie ; cf. *Études sur les dieux phéniciens*, p. 20-29, fig. 1-2 et 9.

[6] J. Nougayrol, *Ugaritica*, V, 1968, p. 60-61, « Panthéon d'Ugarit ».

Jérusalem, Yéru-Shalim,[1] lui doit son nom. Cette ville pourrait bien être le centre originel de son culte.[2]

Il est intéressant de voir que les Grecs ont inversé le binôme Shaḥar et Shalim, « Aurore et Crépuscule », en en faisant Castor et Pollux, « Crépuscule et Aurore ». Sans doute ont-ils rétabli l'ordre de préséance véritable.

Cette identification va nous faire comprendre pourquoi nous trouvons à Ras Shamra une histoire de la naissance de ces deux divinités. Philon de Byblos en donne l'explication : « En ce temps [3] », dit-il, « les descendants des Dioscures ayant construit des embarcations légères et des vaisseaux naviguèrent, et ayant été jetés (sur la côte) auprès du mont Cassius, ils consacrèrent un temple (ναός) en ce lieu même [4] ». Le rivage où échouèrent les bateaux et où fut construit le temple, en avant du Cassius, ne peut se trouver très loin d'Ugarit, au Nord. Si Philon de Byblos connaît ce sanctuaire certainement dédié aux Dioscures, c'est qu'il existait encore de son temps. Il était probablement situé dans l'ancien royaume d'Ugarit. En réalité, les titulaires doivent être appelés de leurs noms phéniciens, Shaḥar et Shalim, et nous souhaitons que M. Claude Schaeffer ou ses successeurs en fassent un jour la découverte. La tablette ugaritique qui raconte la naissance de ces dieux pourrait fort bien avoir été faite pour ce temple.

Le culte des Dioscures en Phénicie nous est connu surtout par les monnaies de Tripoli (à 110 kilomètres au Sud d'Ugarit) (pl. V). Il est en outre attesté par celles de Beyrouth, de Sidon, de Ptolémaïs-Ace (Acre), d'Ascalon et de Jérusalem.[5] Les Dioscures sont présents dans

---

[1] Prononciation d'après la Septante Ἱερουσαλήμ (avec iotacisme de l'η), et d'après les inscriptions assyriennes *Urusalimu* (J. Touzard, *Grammaire hébraïque*, p. 280, n. 1). A l'époque romaine, Jérusalem a connu un culte des Dioscures, donc de Shalim = Castor. G.F. Hill, *Catalogue of the Greek Coins of Palestine*, Londres, 1914, pl. IX, 6-7.

[2] Fritz Stotz, *Strukturen und Figuren im Kult von Jerusalem*, Berlin, 1970 (fâcheuse confusion entre Shalim, « le Crépuscule », et Ashtar, le dieu de l'étoile du matin).

[3] C'est-à-dire peu après que Él eut fondé Byblos, la première ville (Philon de Byblos, Fragm. II, 17).

[4] *Ibid.* Le texte utilisé par Philon de Byblos devait porter : « Les Dioscures ayant imaginé des embarcations naviguèrent... », allusion à l'invention de la navigation, mais l'auteur, ayant situé cette invention à une génération précédente (Fragm. II, 11-12), ne pouvait parler ici que de leurs descendants.

[5] G.F. Hill, *Catal. of the Greek Coins of Phœnicia*, Londres, 1910, p. 53 (Beyrouth), 128 (Ptolémaïs), 196 (Sidon); *Catal. of Palestine*, 1914, p. 86 (Jérusalem), 135 (Ascalon).

le monnayage de Tripoli depuis sa création au IIe siècle avant J.-C.
jusqu'à sa disparition au IIIe siècle de notre ère. On les y voit en bustes
(parfois très beaux), en cavaliers ou à pied tenant leurs chevaux; ils
peuvent être nus ou vêtus. Ils s'appuient, d'une main, sur un long
sceptre ou une lance et tiennent, de l'autre, un grappe de raisin. Ils
étaient donc des protecteurs de la vigne, et leur temple possédait sans
doute des vignobles. Détail important qui explique pourquoi la fête
des dieux gracieux se célébrait à la fin de l'été, au moment où mûrit
le raisin, peu avant les vendanges. C'est la raison pour laquelle la
déesse du soleil, Shapash, fait « dorer leurs pampres et leurs raisins [1] ».
Chapouthier cite une sculpture de Messad (fig. 58, C) qui représente les
deux dieux tenant de lourdes grappes de raisin sur les côtés de l'aigle,
dieu-Ciel, et un monument de Thasos qui montre « les têtes des Dioscures dans une couronne de vignes ».[2] Sur les monnaies de Tripoli,
on voit encore les deux Dioscures debout sur les côtés de l'Astarté
locale, Ashtart, la dame de la planète Vénus. C'est le thème des « Dioscures au service d'une déesse ». L'association est particulièrement
heureuse lorsque l'aurore et le crépuscule s'unissent à la déesse de
l'étoile du matin et de l'étoile du soir, comme ici. Appuyée sur une
stylis de navire, le pied posé sur une proue, elle est encore une protectrice de la mer et de la navigation, comme le sont les Dioscures et
tous les Cabires, ses frères ou demi-frères.

Une monnaie de Tripoli du IIe siècle avant J.-C. nous montre
aussi la tête barbue et laurée du père des Dioscures, entre les deux
bonnets, leurs πῖλοι, surmontés des deux étoiles (fig. 25, B). C'était
Él pour les Ugaritains, Zeus pour les Grecs. Ceci demande une explication. Ugarit ne connaît qu'un dieu Créateur, Él. Au contraire, dans
la Phénicie centrale, le Créateur peut prendre deux formes différentes,
celle d'Élioun, Élyôn en hébreu, le Très-Haut, dieu-Aigle, assimilé à
Zeus, et celle de Él, dieu-Taureau, identifié à Kronos. C'étaient deux
divinités originairement distinctes, mais qui avaient une tendance à
se confondre. Dans l'Ancien Testament, Dieu est nommé Él-Élyôn.
Philon de Byblos connaissait ces deux divinités (II, 12-14), mais il n'a
attribué la paternité des Cabires et des Dioscures ni à l'une, ni à

---

[1] Tablette de la naissance des dieux gracieux, l. 25-26.
[2] F. Chapouthier, *Les Dioscures au service d'une déesse*, p. 276, fig. 49, et p. 236;
Dunand, *Syria*, 7, 1926, p. 331, pl. LXIV.

l'autre, mais à un troisième personnage : « Le Juste» (Ṣydyq), en qui il voyait sans doute, à la fois, Zeus [1] et Él, mais non Kronos. A Tripoli, ce dieu apparemment devenu, aux époques hellénistique et romaine, le Baʿal Shamîm local, d'un type très voisin de Zeus Dêmarous qui était le Baʿal Shamîm de Tyr, nommé aussi Zeus Meilichios, « le Bienveillant [2]». On rapprochera ce nom de celui de « Miséricordieux» (Rḥm) que la tablette de Ras Shamra (l. 13, 16, 28) donne au père des dieux gracieux.[3] Baʿal Shamîm est « le Maître des cieux». C'est le sens de son nom. En qualité de Très-Haut, il dérive d'Élioun, mais au Ier siècle avant J.-C. il s'était substitué à Él, l'authentique père des dieux gracieux en qui il faut reconnaître les Cabires.[4]

L'origine asiatique des Dioscures devenus plus grecs que phéniciens ne saurait selon moi faire de doute. C'est là une acquisition nouvelle de nos connaissances, due aux découvertes de Ras Shamra. Quant à la localisation de la naissance des dieux gracieux dans le Temple aux obélisques à Byblos, elle reste une hypothèse que des découvertes nouvelles viendront, je pense, confirmer. De toute manière, ma suggestion aura été utile, car elle aura permis de proposer un cadre réel à un récit sans cela incompréhensible.

Naturellement, l'identification des Dioscures avec Shaḥar et Shalim permettra aux hellénistes de se faire une idée plus exacte de la personnalité des premiers. Mais les sémitisants y gagneront bien davantage. L'image de Shaḥar et Shalim leur échappait complètement. Leur identification avec les Dioscures à la documentation abondante permettra par comparaison de découvrir l'iconographie de ces dieux ugaritiques, spécialement dans les cylindres-sceaux du IIe millénaire avant J.-C.

4. L'ICONOGRAPHIE DE SHAḤAR ET SHALIM

Dans son livre bien connu *Les Dioscures au service d'une déesse*,

---

[1] Écrivant en grec, il ne pouvait ignorer le sens de Διὸς χοῦροι, « les garçons de Zeus».

[2] R. du Mesnil du Buisson, «Zeus Dêmarous, père de Melqart, d'après Philon de Byblos», *Mélanges K. Michalowski*, Varsovie, 1966, p. 553-559.

[3] Comparez à l'expression lṭpn.ʾil.dpʾid, VI AB, IV, lignes 13-18 : « le bienveillant Él, le Compatissant», littéralement « de cœur».

[4] H. Seyrig, *Syria*, XV, 1933, p. 280, n. 3, = *Ant. syr.*, I, p. 120, a remarqué qu'en Orient les Dioscures sont très souvent « associés au dieu suprême», qui est le dieu du ciel.

F. Chapouthier a montré que le groupe formé par une déesse debout entre les Dioscures était un thème habituel. Cette déesse peut varier, mais dans la grande majorité des cas elle s'identifie à Astarté. On le verra en détail en étudiant par la suite l'iconographie des Dioscures. Je me contente, pour le moment, de deux exemples dans lesquels ces dieux ou leur variante anatolienne[1] flanquent Ashtart déesse nue, d'après des miroirs étrusques des IIIe et IIe siècles avant J.- C. (fig.

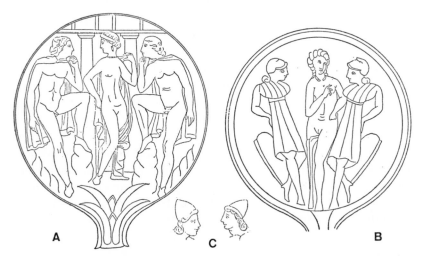

Fig. 26. Les Dioscures grecs, A, et leur variante anatolienne, B, aux côtés de Vénus-Astarté déesse nue, sur des miroirs étrusques, et deux formes prises par le bonnet des Dioscures grecs sur un autre miroir étrusque, C.

D'après E. Gerhard, *Etrusk. Spiegel.*, II, pl. 203, et V, pl. 81, 1.

Fig. 27. Astarté en Tyché entre les Dioscures, d'après des monnaies de Tripoli (n°s 73-75 de Chapouthier, *Les Dioscures au service d'une déesse*, Paris, 1935).

[1] Cette forme particulière des Dioscures sera expliquée p. 133-136 et 152-160.

26), et de trois autres où ils sont sur les côtés de la même déesse vêtue en tyché, d'après des monnaies romaines de Tripoli (fig. 27).

Ce groupement me servira de fil conducteur pour la recherche des figures de Shaḥar et Shalim, dans les cylindres phéniciens et syriens. Sous sa forme de déesse nue, Ashtart, prototype d'Astarté, y est bien reconnaissable et on ne peut la confondre avec aucune autre déesse. Or on l'y trouve escortée sur les côtés de deux dieux semblables de grande taille, coiffés d'un haut bonnet et vêtus d'un ample manteau qui paraît parfois bordé de fourrure (fig. 28). Ce costume conviendrait à la Syrie du Nord.[1] Dans ces deux personnages je verrai donc provisoirement Shaḥar et Shalim en qualité de prototype des Dioscures. On va voir que toute l'iconographie de ces personnages démontre l'exactitude de cette première identification.

Le costume des deux dieux retiendra l'attention. D'abord le grand manteau qui descend parfois jusqu'à terre et paraît bordé de fourrure. On a vu plus haut (p. 58-59) que ce vêtement était en Phénicie porté par les rois, avec la robe longue assujettie par une ceinture. Lorsque le manteau est ouvert, on constate que nos deux personnages ne portent pas cette robe, mais une tunique courte qui convient à des jeunes princes, des héritiers royaux plutôt qu'à des rois en place. Leur coiffure varie de forme. Dans son aspect le plus développé, elle est très haute et de forme ovoïde. Parfois on a figuré sur le devant l'uraeus égyptien : certains l'interprétaient donc comme une tiare royale.[2] Ce costume est la traduction de l'expression *bn. šrm*, « fils de princes », qui désigne les dieux gracieux dans le Poème de Ras Shamra.[3] On peut la comprendre « héritiers royaux ». Elle doit en effet s'entendre métaphoriquement puisqu'en réalité Shaḥar et Shalim sont des fils divins de Él et de ses Ashérôt. J'ai déjà plusieurs fois noté dans la langue de Ras Shamra cette acception particulière de *bn*, « fils de … ».[4]

Le groupe de Shaḥar et Shalim, Aurore et Crépuscule, sur les côtés

---

[1] Voyez par exemple le bronze du dieu assis de Mishrifé-Qatna, du Musée du Louvre, bien des fois publié, R. Dussaud, *L'art phénicien du IIe millénaire*, p. 63, fig. 26; S. Ronzevalle, *Mél. de la Faculté or.*, 6, 1914, pl. V, 1-2, p. 132.

[2] Comparez à la tiare jointe à la robe royale et au sceptre dans une stèle de Ras Shamra, Dussaud, *L'art phénicien du IIe millénaire*, p. 60, fig. 23.

[3] Aux lignes 2 et 22. On traduit généralement « fils princiers » ou « enfants princiers ».

[4] *Études sur les dieux phéniciens*, p. 13-15 et 49 (spécialement dans l'expression *bn dgn*, « fils du blé » ou « du grain », voir ci-dessus, p. 83, n. 8).

d'Ashtart déesse de la planète Vénus, successivement étoile du matin et étoile du soir, prend toute sa signification cosmique. Il s'agit d'apparitions astrales accompagnant des phénomènes météoriques.

A   B   C

Fig. 28. Shaḥar et Shalim sur les côtés d'Ashtart déesse nue, d'après deux cylindres syro-hittites et un cylindre de Nuzi, du IIᵉ millénaire avant J.-C.

A. Ashtart déesse nue entre Shaḥar et Shalim. Dans le haut le soleil soutenu par le croissant céleste. A gauche, la même déesse entre deux sphinx, puis, semble-t-il, entre deux lions, ses animaux attributs. Dans ces trois figures de la déesse, elle soutient ses seins. Dans la troisième, d'identification incertaine, elle pose un genou en terre, ce qui est sans autre exemple.

Contenau, *La glyptique syro-hittite*, pl. XXIII, fig. 165; J. Six, *Syria*, 6, 1925, p. 211, fig. 11; L. Delaporte, *Cyl. Louvre*, pl. 96, 25, A 928.

B. Même composition. Le soleil ailé, le croissant lunaire et la planète Vénus, au-dessus de la déesse. A droite, deux griffons, une torsade et quatre compagnons de Shaḥar.

Contenau, *op. cit.*, pl. XVIII, 139. XVIIIᵉ s. av. J.-C.

C. Même composition. Sur les côtés, des antilopes, symboles de la fraîcheur nocturne.

E. Porada, *Seal Impressions of Nuzi*, pl. XXXV, n° 704. Voyez aussi pl. XXXIII, n. 652. XVᵉ s. av. J.-C.

A   B

Fig. 29. Shaḥar et Shalim sur les côtés d'Ashtart vêtue.

A. Avec la planète Vénus, en avant de la déesse. A droite, deux antilopes et une torsade, symboles de la fraîcheur nocturne.

B. Avec une colombe, oiseau attribut, devant Ashtart. Shaḥar et Shalim lui offrent deux antilopes. A droite, une torsade et deux lièvres, symboles de la fraîcheur nocturne.

Contenau, *La glyptique syro-hittite*, pl. XXIV, 172, et pl. XLIII, 315.

Fig. 30. Ashtar ailé tue l'antilope de la fraîcheur nocturne, entre Shaḥar et Shalim. Dans le champ, l'étoile du matin. A droite, scènes de la nuit, deux lions ailés à une seule tête, la torsade et une vache allaitant son veau.

Shaḥar tient une sorte de lituus comme dans les fig. 40, 42 A et 43, ci-après, et fig. a de la préface.

Contenau, *La glyptique syro-hittite*, p. XLIII, 314.

A   B

Fig. 31. Ashtar et Shaḥar, sur un cylindre de Nuzi, vers 1500 avant J.-C.

Vue d'ensemble à la grandeur de l'original, et détail des deux scènes séparées pour la clarté, au double de la grandeur réelle.

A. Le lever du jour : Ashtar-Réshéf debout sur le lion étoile du matin, tue l'antilope de la fraîcheur nocturne, que lui présente Shaḥar, l'Aurore. Singe chanteur, poisson symbole d'Ashtart, l'étoile du matin, le soleil globe dans un anneau prêt à paraître, tête coupée d'un cervidé symbole de la fraîcheur nocturne qui prend fin. Signe égyptien *nfr*, « bon », devant Shaḥar.

B. La tombée de la nuit : Ashtart sphinge ailée dévorant le taureau de la chaleur du jour. Le retour du cervidé et des antilopes de la fraîcheur de la nuit. Étoiles groupées en rosette et le globe de l'étoile du soir.

Porada, *Seal Impress. of Nuzi*, 1947, pl. LIII, 710 et XXXVI: 710.

Les trois cylindres dont on verra les empreintes dans la fig. 28,
fournissent sans doute possible, le groupe recherché, mais dans d'autres
la déesse Ashtart est vêtue, debout ou assise (fig. 29).

Cette glyptique fait constater que les thèmes religieux phéniciens
étaient implantés, dès le milieu du IIᵉ millénaire avant J.-C., non
seulement dans les régions hittites et indo-européennes du Nord, mais
dans le milieu hurrite et mitanien, très loin à l'Est, aux portes de l'Iran
où certains de ces mythes paraissent avoir pris naissance.[1]

Lorsque la figure centrale est un dieu (fig. 30), on y reconnaîtra
Ashtar-Réshéf,[2] l'époux d'Ashtart, le dieu de l'étoile du matin ou l'étoile
du matin elle-même. Dans le cylindre de la figure 30, on le voit au
moment où il tue l'antilope de la fraîcheur nocturne, au lever de
l'étoile du matin [3] qui est représentée dans le champ.

Fig. 32. Ashtar-Réshéf, dieu de l'étoile du matin, à gauche, et Shaḥar, l'Aurore, à droite.
Au-dessus, le soleil, fleur ailée, le croissant céleste, et au-dessous, antilope et lièvre,
symboles de la fraîcheur nocturne, qui vont être tués par Ashtar.
Contenau, *La glyptique syro-hittite*, pl. XXI, 152. Inscr. égypt. derrière Ashtar, à lire
probablement *pśḏ pt*, « le ciel s'illumine ».

Parfois (fig. 31 A et 32) le dieu de l'aurore seul, Shaḥar, est au côté
du dieu de l'étoile du matin, au moment où le soleil sous la forme d'un
globe ou d'une rosette ailée va paraître dans le ciel. Entre les deux
divinités, une antilope et un lièvre représentent parfois la fraîcheur
nocturne qui prend fin.

---

[1] « Les origines du mythe animalier de la planète Vénus », *Mél. de l'Université Saint-Joseph*, 44, 1968, p. 33-48.

[2] Sur l'identité d'Ashtar et de Réshéf, voyez *Études sur les dieux phéniciens*, p. xv-xviii. Sous l'un ou l'autre nom, le dieu est représenté marchant en brandissant une arme, hache ou massue.

[3] *Op. cit.*, p. 20, fig. 1, en haut.

En pendant de Shaḥar, l'Aurore, associé à Ashtar, dieu de l'étoile du matin, nous trouvons Shalim, le Crépuscule, en compagnie d'Ashtart qui apparaît ici comme déesse de l'étoile du soir (fig. 33).

A   B

Fig. 33. A. Shaḥar ou Shalim devant Ashtart vêtue. Deux sphinx masculin et féminin symbolisent Ashtar et Ashtart (scène 1 de la coupe de Ras Shamra) ; au-dessous, quatre rosettes liées en spirales ; scène du jour : le lion planète Vénus, impuissant, reçoit des coups de corne du taureau de la chaleur du jour ; l'aigle céleste à droite ; cf. scènes 5-6 de la coupe de Ras Shamra, le lion étoile impuissant pendant le jour, *Persica*, 3, 1967-1968, p. 27-35 (spécialement fig. 21, no 517) ; *Mél. de l'Univ. Saint-Joseph*, 44, 1968, p. 43-45, fig. 6-8. Contenau, *La glyptique syro-hittite*, pl. XXIII, 167.

B. La déesse Ashtart avec la même tiare carrée à corne et le même catogan relevé, d'après un cylindre paléosyrien de Tell Mardikh, P. Matthiae, *Syria*, 46, 1969, p. 26, fig. 3. Voir aussi Frankfort, *The Art and Arch. of the Anc. Or.*, pl. 146, C.

Fig. 34. Shaḥar s'avance vers Ashtart déesse nue.

A. Scène de la nuit. Él et Ashérat buvant sur les côtés d'une table chargée de mets, dans le Monde inférieur, cf. *Iranica Antiqua*, 8, 1968, p. 24, fig. 15, 1.

B. Scène du matin. Shaḥar, l'Aurore, s'avance suivi de ses quatre compagnons. Au-dessus, la planète Vénus.

C. Scène du soir. Ashtart déesse nue, dans une torsade symbolisant la fraîcheur, maîtrise le taureau de la chaleur du jour.

Contenau, *La glyptique syro-hittite*, pl. XIX, 140 ; Ward, *Seal Cyl.*, 915 (Metropolitan Museum) ; Amiet, *Rev. d'Assyr.*, 54, 1960, p. 6, fig. 11.

Le cylindre de la fig. 34 nous fait assister à l'apparition dans le ciel de cette déesse, ici déesse nue, étendant une cape derrière elle. Le thème est connu : [1] à la tombée de la nuit l'étoile du soir apparaît dans le ciel et la déesse s'identifie avec elle. Le lion qui est une autre figure de cette étoile va alors dévorer le taureau de la chaleur du jour, et amener ainsi le retour des antilopes et des lièvres, symboles de la fraîcheur nocturne.[2] Sur le cylindre en question, la déesse est entourée d'une torsade qui symbolise l'élément humide que ramène le soir. Elle ne tue pas le taureau, mais le maîtrise et le domine, en montant sur son dos.[3]

Devant l'étoile du matin, représentée par une étoile dans le champ, s'avance l'Aurore, Shaḥar, tenant une canne recourbée qui prend parfois l'aspect d'un *lituus* (fig. 30 et 40). Il est suivi de quatre petits personnages qu'on retrouve ailleurs (fig. 28 B et 39), ou de trois seulement (fig. 37 et 40) ; ils ne sont pas identifiés. On a pensé aux Corybantes que Philon de Byblos nomme avec les Cabires et les Dioscures.[4]

Dans le cylindre de la fig. 35, nous assistons au coucher du soleil.

Fig. 35. Shalim, le Crépuscule, apportant la fraîcheur nocturne sous forme d'une antilope.
Shalim, avec un polo à gland, a devant lui l'étoile du soir et le soleil ailé se couchant (on dirait qu'il tombe). La fraîcheur nocturne est représentée par le dieu-Lièvre. A gauche du soleil ailé, un personnage à barbe non identifié, peut-être le titulaire du cylindre adorant Shalim. Plus à gauche, un homme-Griffon dont le rôle est d'assister le soleil à son coucher (comme à son lever).
Contenau, *La glyptique syro-hittite*, pl. XXIV, 171 ; Ward, *Seal Cyl.*, p. 283, n° 859.

---

[1] « Le mythe oriental des deux géants du jour et de la nuit », *Iranica Antiqua*, 8, 1968, p. 14, fig. 9, 5, et p. 20-21, fig. 13.

[2] *Ibid.*, p. 5, fig. 3, scènes 7-9, p. 8, 33, fig. 21 : *Études sur les dieux phéniciens*, p. 27, fig. 8.

[3] A propos des bronzes du Luristan, ci-après p. 225, fig. 117, on verra qu'on ne connaît qu'un seul exemple dans lequel la déesse nue paraît étrangler elle-même les taureaux de la chaleur du jour.

[4] Fragm. II, 11, Lagrange, *Études sur les rel. sémit.*, p. 421.

C   B   A

Fig. 36. Shaḥar et Shalim (sans bonnets, comme le sont parfois les Dioscures sur les monnaies de Tripoli), et Ashtart déesse nue, sur le côté.

A. Scène du jour. Shaḥar et Shalim, conversant. Entre eux, le soleil soutenu par le croissant céleste, et un cynocéphale prêt à chanter au lever du soleil.

B. Scène du soir et de la nuit. Ashtart déesse nue triomphant du taureau de la chaleur du jour. Derrière elle, la planète Vénus; devant, un lièvre symbole de la fraîcheur nocturne, et une colombe attribut de la déesse.

C. Devant la déesse, un adorateur, sans doute le possesseur du cylindre.

Contenau, *La glyptique syro-hittite*, pl. XVIII, 136.

Il a effectué un fâcheux glissement sur l'aile qui va le précipiter sous l'horizon. L'étoile du soir brille alors d'un vif éclat et Shalim, le Crépuscule, conduit avec lui un dieu-Lièvre, symbole de la fraîcheur nocturne [1] comme aussi les deux antilopes qu'ils apportent l'un et l'autre. Shalim fait figure de dieu bienfaisant.

Avec la fig. 36, on revient à l'apparition de l'étoile du soir sous la forme de la déesse nue dominant le taureau en montant sur son dos. Elle est accompagnée d'un lièvre, de même signification que le dieu-Lièvre du cylindre précédent. Dans un autre tableau, à droite, Shaḥar et Shalim sont représentés sans leur bonnet. Devant le premier qui peut-être soutient le croissant céleste, un cynocéphale s'apprête à chanter au lever du soleil.

Le cylindre de la fig. 37 fait assister au lever de l'étoile du matin, sous les traits d'Ashtar, s'élevant au-dessus des montagnes du Liban. Les trois mamelons qui les représentent sont intéressants à observer.

---

[1] *Persica*, 3, 1967-1968, p. 22-23, fig. 10-11; *Études sur les dieux phéniciens*, p. 8-9 et 90, fig. 23; *Iranica Antiqua*, 8, 1968, p. 33, pl. I, 2. Voyez les exemples cités par H. Potratz, *Archiv für Orient.*, 17, 1954-1956, p. 121-128, fig. 1-10.

Fig. 37. Shaḥar et Ashtart déesse nue, accueillant Ashtar, étoile du matin, à son lever.
Ashtar s'élève au-dessus des montagnes du Liban. Devant lui, un cynocéphale s'apprête
à chanter au lever du soleil. Dans le haut. la colombe, symbole de la déesse. Tête du
taureau de la chaleur du jour apparaissant.

Derrière Ashtar, deux divinités assises buvant sur les côtés d'un vase et d'une plante,
probablement Él et Ashérat, dans le Monde inférieur. Torsade symbole de fraîcheur et
trois petits personnages.

Contenau, *La glyptique syro-hittite*, pl. XIX, 146; Ward, *Cyl. in the Library of J.P.
Morgan*, 2e éd., 1920, 229; Porada, *The Coll. of the Pierpont Morgan library*, pl. CXLVI,
968.

Elles sont rappelées dans d'autres cylindres [1] et dans la stèle d'Amrit : [2]
c'est que les Phéniciens voyaient toujours l'étoile du matin (comme aussi
le soleil) se lever sur le Liban.[3] Un cynocéphale ressemble beaucoup
à celui qu'on vient de voir et à même signification. La déesse nue qui
est devenue ici la dame de la planète Vénus unifiée, et non plus de l'étoile
du soir seule, offre un vase à son époux et près d'elle, l'Aurore, Shaḥar,
vient faire son apparition. On note encore ici trois de ses petits compagnons.

Le lever de l'étoile du matin est présenté de façon différente dans
le cylindre de la fig. 38. Comme dans la coupe de Ras Shamra,[4] le cycle
débute par une figure du griffon assis, prêt à élever les astres dans le
ciel, à leur apparition. Il est posé sur la torsade symbole de fraîcheur,
qui est apparemment ici une nuée. Devant lui brille déjà l'étoile du
matin. Puis vient Shaḥar, l'Aurore, avec son bonnet et son manteau.
Un cynocéphale s'apprête à saluer le soleil à son lever, tandis qu'Ashtar

---

[1] Contenau, *La glyptique syro-hittite*, pl. XXI, 154 et 156.

[2] Collection De Clercq au Louvre, Contenau, *La civilisation phénicienne*, pl. VI,
Ashtar debout sur le lion étoile du matin qui marche sur les montagnes du Liban, *Études sur les dieux phéniciens*, p. 61-62.

[3] *Op. cit.*, p. 19.

[4] *Persica*, 3, 1967-1968, p. 27, fig. 13, scène 2; *Iranica Antiqua*, 8, 1968, p. 4-8, fig. 3,
scène 2.

Fig. 38. Shaḥar, l'Aurore, et Ashtar, l'étoile du matin, avant le lever du soleil, d'après un cylindre syrien du IIe millénaire avant J.-C.

    1. Le griffon posé sur une nuée en torsade s'apprête à aider au lever du soleil (scène 2 de la coupe de Ras Shamra).

    2. L'étoile du matin.

    3. Shaḥar avec son haut bonnet.

    4. Cynocéphale s'apprêtant à chanter au lever du soleil.

    5. Ashtar, dieu à tête de lion, apportant la clé de la porte du ciel par où va passer le soleil (voyez fig. 131, p. 247.)

    6. Poisson, symbole d'Ashtart, et élément végétal.

    7. Le taureau symbole de la chaleur du jour, anthropomorphisé.

    8. Autre taureau de même symbolisme chargeant contre la végétation (scènes 5-6 de la coupe de Ras Shamra).

    Études sur les dieux phéniciens, p. 24, fig. 5, interprétation modifiée; Ashtar à tête de lion, p. 87-91, fig. 21, et 23-25; Ashtar portier du soleil, p. XVII.

à tête de lion [1] dieu de l'étoile du matin, s'avance en tendant la clé de la porte du ciel : c'est une allusion au titre de « portier du soleil » [2] donné à ce dieu sous son nom de Réshéf. Suit un poisson symbole d'Ashtart et deux taureaux de la chaleur du jour qui vont régner maintenant. L'un charge déjà contre la végétation qui est devant lui, tandis que l'autre a pris l'aspect d'un dieu à corps humain et tête de taureau.[3]

    Le cylindre de la fig. 39 représente à gauche les deux lions étoile du matin et étoile du soir assis sur une torsade qui, comme dans le cas précédent, doit représenter une nuée, symbole de la fraîcheur nocturne. Lions et nuée figurent la nuit. A droite Shaḥar, l'Aurore, paraît en sor-

---

    [1] *Rivista degli Studi orientali*, 42, 1967, p. 345-350.

    [2] *Études sur les dieux phéniciens*, p. XVII. Un cylindre akkadien montre les portiers des portes du Soleil au Levant, tenant des clés, E. Douglas van Buren, *Orientalia*, 19, 1950, pl. X, fig. 4.

    [3] Cette interprétation modifie celle que j'ai donnée de ce cylindre dans mes *Études sur les dieux phéniciens*, p. 24, fig. 5.

tir. De sa hache il tue un petit personnage qu'il tient par les cheveux : c'est le génie de la nuit. Je puis citer plusieurs exemples dans lesquels ce personnage allégorique, parfois un géant, est tué par Ashtar en qualité de dieu de l'étoile du matin, ou par Shamash, le soleil à son

A   B

Fig. 39. Shaḥar et Shalim, sur un cylindre syrien du XIVe siècle avant J.-C.

A. Shaḥar, l'Aurore, brandissant une hache tue le génie de la nuit. Derrière lui, la troupe de ses compagnons. Torsade symbole de la fraîcheur humide de la nuit et, au-dessus, les deux lions étoile du matin et étoile du soir.

B. Shalim, le Crépuscule, aussi avec une hache. Entre les deux divinités, symboles du jour : le disque solaire ailé et l'aigle dieu-Ciel.

Collection De Clercq, II, 395 ; Ronzevalle, *Mélanges de la Faculté Orientale*, 7, 1914, p. 133, pl. V, 5 ; Contenau, *La glyptique syro-hittite*, 1922, pl. XXV, 177 ; *L'art de l'Asie occ. anc.*, 1928, pl. LXIV, 4.

B   A

Fig. 40. Shaḥar et Shalim, d'après un cylindre-sceau de la région de Homs. Croquis séparant les deux scènes A et B. Voyez pl. VI, 1.

A. L'aurore. Shaḥar, l'Aurore, tenant une sorte de lituus. Devant lui, le lion adulte étoile du matin. Derrière lui, un âne musicien s'apprête à chanter au lever du soleil. Trois jeunes gens s'avancent.

B. Le crépuscule. Shalim, le Crépuscule, apporte sur sa main le lièvre symbole de la fraîcheur nocturne. Derrière lui, la planète Vénus, et dans le bas, un oiseau d'eau, autre symbole de fraîcheur, et le jeune lion étoile du soir.

lever.[1] Shaḥar est suivi de quatre petits compagnons non identifiés jusqu'à présent. Devant lui, le jour est symbolisé par le soleil et l'aigle céleste, puis vient le crépuscule sous la forme de Shalim qui tient aussi une hache,[2] mais ne la brandit pas. Si on continue, on retrouve les symboles de la nuit, qui referment le cycle.

Dans le cylindre de la fig. 40, la disposition est analogue, mais la lecture doit se faire en sens inverse. Shaḥar suivi de trois compagnons s'avance à droite, tenant une canne fortement recourbée. Il pousse devant lui le lion étoile du matin qui est un lion adulte.[3] En face de lui, Shalim apporte sur sa main le lièvre symbole de la fraîcheur nocturne Derrière lui brille l'étoile du soir qui est représentée de plus par un jeune lion, beaucoup plus petit que le premier. La différence d'âge entre les deux lions est soigneusement notée dans les monuments égyptiens.[4] Dans un cylindre phénicien d'influence égyptienne du XIVe ou du XIIIe siècle avant J.-C., elle est marquée comme ici par une différence de grosseur des lions.[5]

A   **B**

Fig. 41. Shaḥar et Shalim président au jour, et deux divinités égyptiennes, à la nuit.

A. Scène du jour. Shaḥar et Shalim sur les côtés d'une table ou d'un autel à feu (?). Au-dessus, le soleil dans le croissant céleste; à gauche, scarabée et croix ansée; à droite, l'antilope de la fraîcheur nocturne.

B. Scène de la nuit. Divinités égyptiennes du Monde inférieur (?), la planète Vénus et la torsade symbolisant la fraîcheur nocturne. Le lion planète Vénus à gauche.

Contenau, *La glyptique syro-hittite*, pl. XIV, 88; De Clercq et J. Menant, *Catal. de la Coll. De Clercq, Cylindres orientaux*, 1888, 292.

---

[1] *Iranica Antiqua*, 8, 1968, p. 1-33, fig. 1, 9, 12, 20, pl. I.

[2] La forme des haches est hittite, Ekrem Akurgal, *Remarques stylistiques sur les reliefs de Malatya*, Istanbul, 1946, p. 37-38 et 49 ,fig. 17-19 et 28 (on remarquera que les bonnets de Shaḥar et Shalim sont très différents des coiffures des dieux et des rois à Malatya).

[3] *Études sur les dieux phéniciens*, p. 13.

[4] *Bulletin de l'Institut français d'arch. orient.*, 68, 1969, p. 68.

[5] *Mélanges de l'Université Saint-Joseph*, 45, 1969, p. 523-533, fig. 1.

Le cylindre de la figure 41 présente des particularités qui méritent d'être signalées. La coiffure des deux divinités est plus basse que de coutume et bordée d'un bourrelet qui est peut-être de fourrure. Entre eux le soleil apparaît sous la forme mésopotamienne ancienne d'un disque chargé d'une croix ou d'une étoile et soutenu par le croissant céleste.[1] Je souligne, une fois de plus qu'il serait absurde de comprendre que le soleil est dans la lune! Cet hiéroglyphe asiatique signifie que le soleil est dans le ciel, soutenu par le firmament.[2] Au-dessous un objet indéterminé ressemble à un brasero.

Entre l'aurore et le crépuscule, la scène A est donc celle du jour. Derrière Shalim, à droite, commence celle de la nuit, B. On voit d'abord, l'antilope de la fraîcheur nocturne, et au-dessous le lion étoile du soir. La planète Vénus est répétée dans le ciel sous forme d'une étoile, surmontant la torsade de l'humidité, si fréquente. Le reste est égyptien : un couple divin, peut-être Osiris et Isis rattachés au Monde inférieur, la croix ansée, symbole de vie, et le scarabée qui rappelle les transformations successives du soleil.

Dans le petit pendentif de la fig. 42, Shaḥar et Shalim sont reconnaissables à leur haut bonnet et leur manteau garni de fourrure. Entre eux, le dieu à tête de taureau est probablement Shor Él, « le taureau Él », leur père. Cette figure unique dans son genre paraît marquer le stade intermédiaire d'une évolution iconographique qui va de l'idole-Taureau[3] au vieillard assis une coupe à la main, qui est l'aspect habituel de Él au XIVᵉ siècle avant J.-C. Sous une forme plus évoluée, le dieu à figure humaine n'a plus que des cornes de taureau.[4]

Je ne puis citer qu'une représentation de Shaḥar et Shalim dans la sculpture monumentale. A Oumm el-Amed (ou Oumm el-Awamid), à 15 kil. au Sud de Tyr, dans le temple du Malak, (fils) d'Ashtart (*Mlk 'štrt*), le dieu-Griffon,[5] le linteau d'une des portes est orné dans son milieu du disque solaire ailé, et sur les côtés de deux figures masculines,

---

[1] E. Porada, *The Coll. of the Pierpont Morgan Library*, nᵒˢ 277, 292-293, 320, 323, 395, 434, 451, 456, 852, 960, etc. Nombreuses variantes.

[2] *Les tessères et les monnaies de Palmyre*, p. 129-143, fig. 17 et 92-109.

[3] *Études sur les dieux phéniciens*, p. 125-126, fig. 32.

[4] *Op. cit.*, p. 25, fig. 6.

[5] « Le dieu-Griffon à Palmyre et chez les Hittites », *L'Ethnographie*, 57, 1963, p. 22-23.

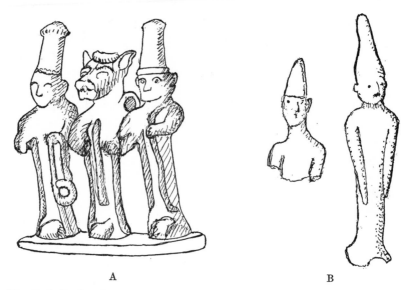

A   B

Fig. 42. A. Pendentif en électrum découvert à Ras Shamra, du XIVᵉ siècle avant J.-C..
paraissant représenter Shor Él, « le taureau-Él », entre Shaḥar et Shalim, reconnaissables
à leur haut bonnet; Shaḥar tient en outre le bâton recourbé. Les trois divinités semblent
vêtues de manteaux bordés de fourrure. Hauteur de l'original : 33 mm.

D'après Schaeffer, *Syria*, 18, 1937, pl. XVIII; *La huitième campagne de fouilles à
Ras Shamra-Ugarit*, 1937, pl. XVIII; *Ugaritica*, III, 1956, p. 94-95, fig. 113-114.

B. Figurines de terre cuite de Chypre, vers 500 avant J.-C., semblant représenter
Shaḥar ou Shalim.

D'après M. Ohnefalsch-Richter, *Kypros*, pl. XLVII, 2 et 7.

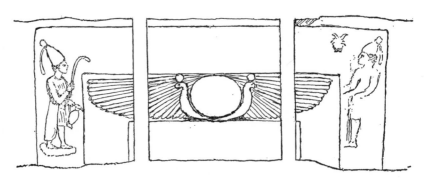

Fig. 43. Shaḥar et Shalim encadrant le disque solaire, sur le linteau de la porte de l'Ouest
du temple du Malak d'Ashtart, à Oumm el-Amed, à 15 kil. au Sud de Tyr. Vᵉ-IVᵉ
siècles avant J.-C.

Croquis partiels d'après M. Dunand et R. Duru, *Oumm el-'Amed*, pl. LXIII-LXIV.

debout, tournées vers le symbole solaire (fig. 43).[1] Celle de gauche, la mieux conservée, représente un personnage vêtu d'un long manteau ouvrant sur une tunique courte; il est coiffé d'une haute tiare inspirée par la couronne blanche égyptienne, ornée d'un fanon lié dans le haut.[2] Il élève de la main droite un canne au sommet recourbé. De la main gauche, il tient une cruche.

Le personnage de droite est en grande partie effacé. Sa silhouette fait penser qu'il devait être habillé et coiffé comme le précédent, mais les objets qu'il tenait sont indiscernables. Devant son visage, dans le champ, un objet indéterminé pourrait être un bucrâne.

Shaḥar et Shalim sont désignés ici par leur costume, le manteau royal avec la tunique courte, le haut bonnet bien qu'il n'ait pas ici une de ses formes habituelles, et aussi par leur position des deux côtés du disque solaire : le roi du jour resplendit au zénith entre l'aurore et le crépuscule. La canne recourbée du haut, tenue de la main droite fig. 28, C, 30, 34, 40, 42-43) désigne Shaḥar à droite. La cruche qu'il tient paraît destinée à une libation d'eau offerte au Soleil à son lever.[3] La figure symétrique de Shalim n'est remarquable que par l'objet placé dans le ciel, devant lui. Si c'est la tête coupée du taureau, elle rappellerait que le crépuscule met fin à la chaleur du jour symbolisée par le taureau.

Comme on le voit, dans ce milieu sémitique d'Oumm el-Amed, les figures de Shaḥar et Shalim se sont conservées presque intactes jusqu'à l'époque hellénistique. Ces divinités du ciel avaient leur place dans un temple dédié à un dieu qui sillonne le ciel et y travaille, le Griffon (Ḥmn, 'l Ḥmn).

---

[1] M. Dunand et R. Duru, *Oumm el-'Amed*, 1962, p. 71, pl. LXIII-LXIV; E. Renan, *Mission de Phénicie*, 1864, pl. LII.

[2] *Études sur les dieux phéniciens*, p. XVI, fig. a, coiffure portée par Ashtar-Réshéf. Voir ci-dessus fig. 42 B.

[3] *L'Ethnographie*, 57, 1963, p. 26. La canne recourbée du bout, la cruche et le long manteau sont des attributs du roi dans les bas-reliefs de Malatya (IXe-VIIIe siècles avant J.-C.), mais le manteau est fermé sur le devant, Ekrem Akurgal, *Remarques stylistiques sur les reliefs de Malatya*, Istanbul, 1946, p. 43, fig. 20. Mêmes attributs avec le manteau ouvert, sur un cylindre d'Ini-Teshub à Ras Shamra, Schaeffer, *Ugaritica*, III, 1956, p. 26, fig. 34.

5. L'étai cosmique support du soleil
entre Shaḥar et Shalim

Le tableau de l'iconographie de Shaḥar et Shalim serait incomplet si on ne faisait mention de cylindres-sceaux et autres objets sur lesquels ces dieux apparaissent des deux côtés d'une colonne, ou d'un arbre, ou d'un support tenant de l'un et l'autre, sur lequel le soleil est posé ou en voie de se poser.

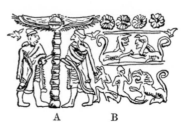

A   B

Fig. 44. Shaḥar et Shalim sur les côtés de la colonne cosmique soutenant le disque ailé du soleil.

A. Le jour. Entre l'Aurore et le Crépuscule, le soleil à midi sur la colonne. Oiseaux volant sur les côtés. Shaḥar tient par la main un petit personnage à tête d'aigle (?) qui paraît appartenir à la nuit.

B. La nuit. Ligne de quatre rosettes figurant les étoiles. Deux sphinx équivalents aux deux lions étoile du matin et étoile du soir. Un adorateur devant le dieu-Lion planète Vénus, cf. *Études sur les dieux phéniciens*, p. 88, fig. 22.

D'après H. Frankfort, *The Art and Architect.*, p. 146, fig. A; Contenau, *La glyptique syro-hittite*, pl. XXVII, 189, Univ. de Pennsylvania, Ward, 868, XIVe siècle avant J.-C.

A   B

Fig. 45. Shaḥar et Shalim sur les côtés de l'étai cosmique soutenant le globe solaire.

A. Le jour. Ces dieux avec leur bonnet et leur long manteau, représentés comme ci-dessus.

B. La nuit. Les deux lions étoile du matin et étoile du soir, et la torsade, symbole de la fraîcheur nocturne.

D'après Porada, *Seal impressions of Nuzi*, 1947, pl. XI, n° 178, seconde moitié du XVe siècle avant J.-C.

Le plus explicite de ces documents est le cylindre de la fig. 44, du milieu du IIe millénaire avant J.-C. La colonne est formée de boules séparées par des rondelles.[1] Le soleil posé au sommet a l'aspect d'un globe ailé, chargé d'une croix. Si l'on observe l'ordonnance générale du décor, on remarque qu'il représente successivement la nuit et le jour.[2] Le jour est entre Shaḥar et Shalim, c'est-à-dire qu'il va de l'aurore au crépuscule. Le soleil posé sur la colonne est exactement entre eux deux; on en conclura que c'est à midi que le soleil se pose ainsi.

Les mêmes éléments traités de façon plus barbare se retrouvent dans le petit cylindre hurri-mitanien de Nuzi, de la figure 45, de la seconde moitié du XVe siècle avant J.-C. Les variantes sont intéressantes à noter. On retrouve la succession nuit et jour, mais simplifiée. Les symboles de la nuit sont réduits aux deux lions étoile du matin et étoile du soir, et à la torsade symbole de fraîcheur. Le jour est représenté par Shaḥar et Shalim sur les côtés du support solaire. Celui-ci a pris ici l'aspect d'un candélabre au pied évasé à enroulements. Le soleil est un globe sans ailes. Les dieux sont reconnaissables à leur bonnet hémisphérique et leur long manteau.

Dans le cylindre de la planche VI A, l'étai est formé d'une colonne de globes, surmontée de feuillage. Le disque ailé est représenté au-dessus apparemment au moment où il va se poser sur cet étai.

Le cylindre de la planche VI B apporte des détails nouveaux. L'étai y prend entièrement l'aspect d'une plante. Le disque ailé qui en touche déjà le sommet est ici manœuvré par Shaḥar et Shalim qui pour la première fois apparaissent avec une barbe. Deux cordes pendent sur les côtés du fuselage. Les deux divinités s'en sont saisies, et elles font descendre doucement le disque ailé sur son support.[3]

Ce sujet est traité à plus grande échelle sur le bas-relief hittite de la fig. 46. On voit que la plante formant l'étai se trouve au sommet d'une

---

[1] Cette disposition rappelle certains lampadaires orientaux, *Les peintures de la synagogue de Doura-Europos*, Rome, 1939, p. 21, fig. 15.

[2] Disposition très fréquente dans les cylindres, cf. *Mél. de l'Université Saint-Joseph*, 44, 1968, p. 43-45, 'g. 6-8. Voyez ici les fig. 36, 41, 44-45, 51.

[3] Voyez aussi Ward, *Seal Cyl.*, p. 250, fig. 763; Porada, *The Coll. of the Pierpont Morgan libr.*, nos 640E-647 (néo-assyr.), et 726 (néo-babyl.); H. Danthine, *Le palmier-dattier et les arbres sacrés dans l'iconographie de l'Asie occidentale ancienne*, 1937, p. 95-96 et 99, nombreuses références et figures.

Fig. 46. Bas-relief hittite montrant Shaḥar et Shalim faisant poser le soleil, disque ailé, sur l'arbre support cosmique. On voit la montagne du milieu de la Terre sur laquelle il est planté (cf. fig. 125, n° 736).
Raci Temizer, *Musée d'archéologie d'Ankara* (guide), p. 33 et 38 (fin de l'époque hittite).

montagne.[1] Shaḥar et Shalim, reconnaissables à leur manteau et à leur bonnet, de forme ici nouvelle, portent encore une barbe. Ils ne se contentent pas de tenir les cordes d'arrimage. Ils soutiennent de leurs mains le train d'atterrissage pour faciliter la descente et adoucir le contact avec le support.

Dans la fig. 47, on voit la manœuvre achevée, d'après la coupe d'Amathonte, dans la scène 3. Elle représente Shaḥar et Shalim avec leur barbe et leur haut bonnet sur les côtés de la plante formant étai cosmique. Ils tiennent encore les cordes d'arrimage qui parraissent terminées par des lotus, mais le soleil est déjà posé sur la plante, et il s'est même enfoncé dans le feuillage, car on ne voit plus que la partie supérieure du disque avec sa couronne de rayons orientés vers le haut.

Cette coupe (fig. 47) représente le cycle solaire, fort simplifié, de la mythologie héliopolitaine. Dans l'état actuel, les transformations du soleil suivant les heures du jour et de la nuit sont réduites à celles du lever et du coucher de l'astre. Ce cycle schématique peut être comparé

---

[1] La montagne apparaît aussi sur le cylindre 736 de la fig. 125.

Fig. 47. Partie centrale de la coupe d'Amathonte, d'après Clermont-Ganneau, *L'imagerie phénicienne*, I, pl. VI, VIIᵉ-VIᵉ s. av. J.-C. En bas et à gauche, sous la ligne A-B, essai de reconstitution partielle de la partie manquante. Dans le haut (scène 3), Shaḥar et Shalim viennent de faire poser le soleil sur l'arbre, étai cosmique.

Ensemble du décor :

Registre extérieur. Le cycle solaire :

1. Le scarabée (*ḫprr*) recréant la boule solaire, pour son lever.
2. Horus, soleil levant, sort d'un lotus. Nephtis lui offre des lotus.
3. Le soleil s'est posé sur l'arbre du milieu de la Terre, avec l'aide de Shaḥar et Shalim.
4. Horus, soleil couchant, s'apprête à descendre sous l'horizon. Isis-Hathor lui offre des plumes, symboles de la justice et de la vérité.
5. (en partie détruit). Le scarabée osirien préside au coucher de l'astre.
6. (détruit). Le soleil assimilé à Osiris dans le royaume des morts.

Registre central. Le cycle de la planète Vénus :

Ashtart, sphinge ailée, représentant la planète Vénus unifiée, qui réapparaît dans le ciel, indéfiniment. Le plus souvent, ce cycle est représenté par une succession indéfinie de lions, figurant de même l'astre réapparaissant sans fin.

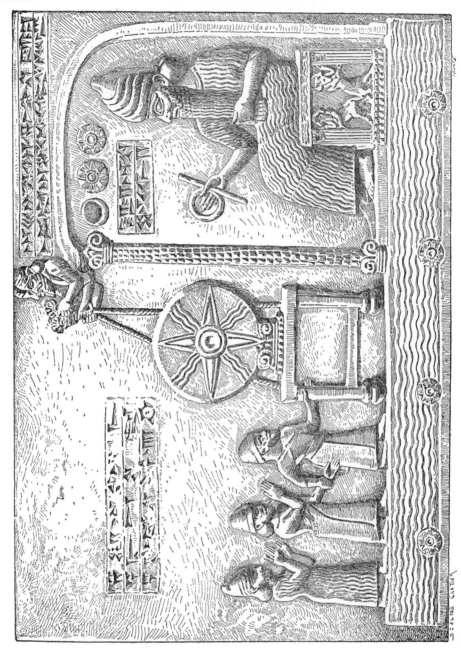

Fig. 48. La manœuvre du soleil opérée par des dieux jumeaux à l'aide de deux cordes, d'après une tablette de Sippar, vers 900 avant

avec celui de la coupe phénicienne aussi reproduite ci-après, fig. 86.[1]
Ce rapprochement permet une reconstitution partielle de la partie
détruite de la coupe d'Amathonte (fig. 47). On y rétablira les deux
scarabées symétriques du levant et du couchant. Il est remarquable
que les Phéniciens aient introduit dans ce mythe égyptien Shaḥar
et Shalim qui n'y avaient que faire. En Égypte, le Soleil voyageait en
barque. Le disque ailé, « l'oiseau solaire », venant se poser sur un arbre
ou une colonne répond à une conception totalement différente. En
Asie antérieure, les dieux peuvent faire manœuvrer le soleil à l'aide de
cordes comme on le voit sur une tablette assyrienne de Sippar (fig. 48).

On remarquera que dans cette coupe le costume de Shaḥar et Shalim
paraît s'alléger considérablement, ce qui nous achemine vers celui
des Dioscures. Cette tendance est encore plus marquée dans la gravure
d'un scarabée découvert en Sardaigne, mais probablement d'origine
chypriote (fig. 49).

Fig. 49. Scarabée découvert à Tharros en Sardaigne, du Ve siècle avant J.-C.
Shaḥar et Shalim avec leurs hauts bonnets, sur les côtés de la plante surmontée par
le soleil ailé. Ces dieux, en voie de transformation, sont dépourvus du manteau et
vêtus d'un simple pagne, ce qui les rapproche du type des Dioscures.
M. Ohnefalsch-Richter, *Kypros*, 1893, pl. LXXVII, fig. 21 ; H. Danthine, *Le palmier-
dattier et les arbres sacrés*, 1937, pl. 181, fig. 1085, p. 258.

Dans tous les exemples qu'on vient de donner, on a vu l'étai cosmique
du soleil encadré par les figures de Shaḥar et Shalim, mais il peut l'être
aussi par d'autres divinités.

Dans la pl. VII, 1, il apparaît entre les deux lions étoile du matin
et étoile du soir, en partie anthropomorphisés. Dans la seconde figure,
des sphinx ailés debout les remplacent avec la même signification. Ce
sont les attributs d'Ashtart, dame de la planète Vénus unifiée. Comme

[1] Chapitre V, p. 176, fig. 86.

entre Shaḥar et Shalim, l'étai cosmique se trouve à égale distance de deux divinités qui règnent aux deux horizons opposés de l'Est et de l'Ouest. Il sert donc de reposoir au soleil au milieu du jour. Le sphinx ailé accompagnant peut-être la déesse Ashtart se retrouve dressé devant l'étai cosmique soutenant le soleil sur le cylindre de

Fig. 50. L'étai cosmique soutenant le soleil ailé, avec un sphinx ailé et peut-être Ashtar et Ashtart sur le côté.

D'après Porada, *Seal Impress. of Nuzi*, pl. LIV, 813, et XLI.

Nuzi n° 813 (fig. 50), mais le reste du décor ne peut donner lieu qu'à des conjectures. Sur le n° 821 de la même série, ce sont des taureaux ailés dressés, symboles de la chaleur du jour qui flanquent la plante soutenant l'étoile solaire (fig. 51).

Fig. 51. Les taureaux de la chaleur du jour sur les côtés de l'étai cosmique soutenant le soleil à midi. A gauche, les symboles de la nuit : l'antilope de la fraîcheur nocturne, les globes des sept étoiles des Kosharôt (voir p. 101, fig. 24), le lion planète Vénus. Empreinte d'un cylindre de Nuzi.

Porada, *Nuzi*, pl. XLI, 821, croquis.

Le même étai peut encore être représenté entre deux hommes-Griffons sur les cylindres.[1] On le voit ainsi escorté sur une pierre gravée, taillée en forme de lampe, découverte en Arménie (fig. 52). Cet objet nous éloigne du milieu sémitique, et nous oriente vers le milieu indo-

---

[1] H. Dantine, *Le palmier-dattier et les arbres sacrés*, fig. 431, 449, 509, etc.

Fig. 52. L'étai en forme d'arbre soutenant le soleil, à midi, entre deux hommes-Griffons.
Pierre gravée du VIIᵉ siècle avant J.-C., découverte en République Arménienne.

L'art arménien de l'Ourartou à nos jours, Catal. de l'exposition du musée des Arts
décoratifs, 1970-1971, p. 75, nᵒ 73.

Ce thème existe aussi dans les cylindres hurri-mitanniens du XVᵉ siècle avant J.-C.
E. Porada. *Nuzi.* 1947, nᵒ 735.

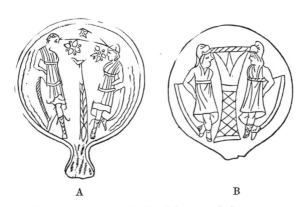

A   B

Fig. 53. Miroirs étrusques en bronze, du IIᵉ siècle avant J.-C.

A. L'étai cosmique prêt à recevoir le soleil ailé. Sur les côtés, deux divinités dérivées
de Shaḥar et Shalim, avec l'étoile du matin et celle du soir, à aspect floral.

B. Même scène, mais sans le soleil et les deux étoiles. L'étai paraît être alors le support
du ciel.

D'après E. Gerhard, *Etrusk. Spiegel,* I, pl. 46, nᵒˢ 8-9.

européen, qui par les Hittites s'est trouvé dans le IIᵉ millénaire avant J.-C. en contact avec la Phénicie.

C'est dans ce milieu, et parfois très loin de la Phénicie, qu'il faudrait rechercher les représentations du soleil se posant sur l'étai cosmique. Pour le moment, je ne donne qu'un exemple de ces dérivations lointaines du mythe, sur trois miroirs étrusques du IIᵉ siècle avant J.-C. Sur le premier (fig. 53, A), la colonne a encore conservé un certain caractère végétal. Les ailes du soleil prêt à se poser (d'après le modèle ici copié) ne paraissent plus avoir été comprises, et les étoiles ont un aspect floral qui me semble le signe d'un passage dans le milieu hittite, en tout cas d'une origine asiatique.[1] Les divinités des côtés sont des dérivés de Shaḥar et Shalim, mais ils présentent des caractères différents de Castor et Pollux. Nous y avons déjà fait allusion au début du paragraphe 4, ci-dessus (p. 111, n. 1).

Ce sont les mêmes que nous trouvons sur les côtés de l'étai cosmique dans le second miroir (fig. 53, B). Mais ici le support n'est plus surmonté du soleil comme dans tous les exemples précédents : une sorte de table est seulement posée dessus. Sous l'influence grecque, l'étai cosmique est conçu non plus comme le support passager du soleil, mais comme

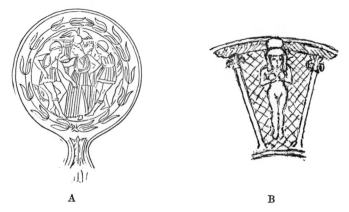

A   B

Fig. 54. A. Le globe solaire ailé se posant sur la tête d'Astarté, étai cosmique, entre les mêmes dieux caractérisés ici par leur bonnet hémi-sphérique, le croisement des jambes et le bouclier posé derrière l'un d'eux. Gerhard, *op. cit.*, I, pl. 59, n⁰ 4.

B. Ashtart, déesse nue, dans la même fonction, R. D. Barnett, *Eretz-Israel*, 9, 1969, pl. III, 4. Coupe d'Olympie, VIIᵉ-VIᵉ siècles avant J.-C.

[1] *Les tessères et les monnaies de Palmyre*, p. 153-155.

le pilier soutenant le ciel: nous constaterons ce changement un peu plus loin à propos de l'iconographie des Dioscures (p. 143).

Dans le troisième miroir (fig. 54, A), les divinités des côtés sont les mêmes, mais la déesse Astarté est substituée à l'étai et le globe solaire ailé vient se poser sur sa tête. Nous rejoignons ici les conceptions védiques, comme on va le voir.

Le grand intérêt de ces miroirs est de nous permettre de retrouver le chemin parcouru par l'image, de la Phénicie à l'Italie du Nord. Dans les deux personnages des côtés, on constate en effet les transformations suivantes (fig. 26, B, 53 et 54, A).

1. Les hauts bonnets de Shaḥar et Shalim dont devenus des bonnets phrygiens.[1]

2. Le lourd manteau a disparu; la tunique seule est maintenue.

3. Un bouclier est posé derrière chacun des deux personnages.

4. Ils croisent leurs jambes de façon à former un X.

Shaḥar et Shalim ainsi transformés sont bien reconnaissables dans les deux assesseurs de Mithra, dieu-Lumière, accompagné de l'Aurore, Cautès, élevant sa torche, et du Crépuscule, Cautopatès, l'abaissant. Le croisement des jambes maladroitement rendu par les artistes étrusques est surtout caractéristique.[2] La signification en sera examinée par la suite (p. 155-158). Quant au bouclier posé à côté d'un personnage semblable, nous le retrouvons dans des figurines de la Russie méridionale, publiées par les Professeurs russes A.P. Smirnoba et Maria Kobylina [3] (fig. 55, A). Dans ces petits objets d'art populaire, quelques artisans se sont amusés à transformer ce personnage en Éros; ils lui ont alors laissé le haut bonnet des dieux gracieux phéniciens (fig. 55, B).[4] Une statuette de Mithra Tauroctone appartient à la même

---

[1] Dans d'autres miroirs étrusques, la forme du bonnet rigide est conservée, Gerhard, *op. cit.*, III, pl. 264, n° 2. Ici, fig. 26, C.

[2] Voyez les innombrables exemples du croisement des jambes, donnés par M.J. Vermaseren, dans le *Corpus inscr. et monum. rel. mithriacae* et dans sa collection *Mithriaca*, à son début (1971).

[3] *Phanagorie*, Acad. CCCP, Moscou, 1956, p. 83, fig. 2-3. Dans le n° 3, le personnage est nu. Le culte des Dioscures à cheval est attesté dans cette région, cf. p. 76-77, fig. 1-2.

[4] *Terrakotovye statuetki Pantikapeia i Fanagorii*, Akad. CCCP, Moscou (Moskba), 1961, pl. XXI, 2-3, XXII, 1

(*ibid.*, X, 38, 7) répond à celui de « fils princiers » donné aux dieux gracieux. Les points de ressemblance entre les Dioscures et les deux divinités de l'aurore et du crépuscule sont très apparents. On a deviné depuis longtemps que ces beaux dieux de la plus ancienne mythologie grecque, ornés de chlamydes de pourpre et montant des chevaux blancs,[1] représentaient des phénomènes célestes de lumière : « un couple lumineux alternant », disait-on.[2] Dans les noms de Κάστωρ et de Πολυδεύκης, on a retrouvé des racines grecques qui signifient « briller ». L'un et l'autre, ou leurs symboles (un couple de bonnets, leurs πῖλοι), sont surmontés souvent de deux étoiles symétriques qui représentent l'étoile du matin et l'étoile du soir.[3] Les phénomènes lumineux en question sont donc en rapport avec ces astres : c'est bien le cas de l'aurore et du crépuscule. Il faut ajouter que les attaches orientales des Dioscures étaient connues en Grèce et à Rome.[4] D'après Pausanias (III, 19, 7 ; 24, 7), ils importèrent en Laconie le culte d'Athéna Asia, c'est-à-dire de la déesse phénicienne Anat,[5] et lui édifièrent un temple. Il paraît bien s'agir d'un culte phénicien, et Pausanias s'étonne avec raison qu'on ait pu penser que les Dioscures l'avaient rapporté de leur expédition en Colchide.

Sous les noms d'Aurore et de Crépuscule, la nature de ces frères divins était très apparente. Sous les noms grecs, elle l'est beaucoup moins, et c'est la raison pour laquelle elle a été oubliée par les auteurs grecs. Certaines indications permettent, heureusement, de la retrouver. L'identification des Dioscures avec les dieux de l'aurore et du crépuscule explique leurs légendes. Dans une dispute Castor est tué. Pollux lui survit ; il est enlevé dans le ciel par Zeus qui lui offre l'immortalité. Il n'accepte qu'à la condition de la partager avec son frère : l'un vivra pendant que l'autre sera dans le royaume des morts.[6] C'est ce qui arrive à l'Aurore et au Crépuscule, en réapparaissant toujours. On remarquera que l'Aurore ne meurt pas. Sa lumière s'évanouit dans la

---

[1] « Les chevaux blancs du jour », Eschyle, *Perses*, 423 ; cheval blanc du soleil, F. Cumont, *Lux perpetua*, 1949, p. 292 et 416.

[2] M. Albert, *s.v. Dioscuri*, dans Daremberg-Saglio, *Dictionnaire*, II, p. 253.

[3] *Les tessères et les monnaies de Palmyre*, 1962, p. 95-113, 129-145, etc., p. 201, fig. 136.

[4] D'après Apulée, *Métamorphoses*, X, 31, Junon, pour assurer Pâris qu'elle peut lui donner « la royauté sur toute l'Asie », se fait accompagner par les Dioscures.

[5] Voyez ci-dessus, p. 48-55.

[6] *Iliade*, III, 243.

A   B

Fig. 55. Figurines en terre cuite trouvées en Russie Méridionale.

A. Kondokof-Reinach, *Les antiquités de la Russie Méridionale*, p. 204: Maspero, *Hist. anc. des peuples de l'Orient classique*, *Les premieres mêlées*, 1897, p. 571.

B. Maria Kobylina, *Terrakotovye statuetki Pantikapeia i Fanagorii*, Moscou, 1961, pl. XXI, 1.

série [1] qui remonte toute entière au IIe ou au Ier siècle avant J.-C. Elle se rattache à la formation de l'iconographie mithraïque telle que nous la trouvons constituée dans les premiers siècles de notre ère. Le centre d'où elle a essaimé paraît être l'Anatolie.

Comme on le voit, l'iconographie de Shaḥar et Shalim nous amène à de nombreux rapprochements avec le milieu indo-européen, hittite et iranien. L'idée du grand pilier cosmique qui soutient le soleil à midi est indo-européenne, et c'est dans l'Inde qu'il faut sans doute en chercher l'origine. Voici ce qu'on lit dans le 18e morceau des *Trente-deux Récits du Trône*, dans la littérature védique :

« Sur la cime du mont Udaya se trouve l'autel d'une divinité, devant lequel s'étend un lac qu'on n'a pas encore vu, et où l'on descend de quatre côtés par des escaliers en or et resplendissants, ornés de pierreries, de perles et de corail. Au milieu de ce lac est une colonne d'or et, sur cette colonne, un trône également en or, enrichi de divers joyaux. Depuis le lever du soleil jusqu'à midi, la colonne s'élève par degrés portant le trône, et finit par toucher le disque du soleil. Depuis

[1] M. Kobylina, *op. cit.*, pl. XV, 2.

midi jusqu'au coucher du soleil, elle s'abaisse par degrés jusqu'à se retrouver au milieu du lac comme elle y était d'abord. Il en est ainsi chaque jour».[1]

Ce lac est appelé Anavatapta en sanscrit et Anotatta en pâli. Aux points cardinaux, des rochers sculptés de têtes d'animaux forment des fontaines d'où s'échappent quatre fleuves. A l'Est, un fleuve clair sort d'une tête de lion; au Sud, un fleuve blanc jaillit d'une tête de bœuf; à l'Ouest, le fleuve est vert, et naît d'une tête de cheval, et au Nord, il est jaune et sort d'une tête d'éléphant : ce sont les quatre grands fleuves de l'Inde.

Le mythe d'Irra, nous présente de même « le pilier de Siberu, surmonté de l'oiseau solaire», c'est-à-dire apparemment du disque ailé. La colonne prend ici l'aspect d'« un arbre dont le sommet atteint les cieux élevés»; c'est l'arbre *mes*.[2]

Comme on le voit, cette colonne cosmique n'est pas dans le Monde inférieur, mais dans le Monde des vivants, au milieu, c'est-à-dire au-dessous du point où passe le soleil à midi. Przyluski situait ce lieu dans les régions montagneuses de l'Himalaya. Le pied de la colonne plonge dans le lac et en sort par degrés, ce qui suggérait au même savant « la vision d'une gigantesque tige de lotus qui sortait du lac mythique pour permettre au soleil de s'y poser à midi». Le trône du sommet ne serait autre qu'une fleur de lotus.[3]

Si l'on rapproche ces données de ce que l'on voit sur les cylindres et les autres objets notés, on constate qu'une colonne de ce genre soutient bien le soleil sous la forme d'un disque qui est tantôt ailé, tantôt encadré par un croissant, et que cette colonne peut s'agrémenter d'ornements végétaux jusqu'à devenir une véritable plante, apparemment l'arbre *mes* parfois en haut d'une montagne (fig. 46). Le lac et les quatre fleuves qui en sortent n'apparaissent pas, mais bien que la scène se passe à midi, la colonne ou la plante est un symbole de fraîcheur; c'est ce qu'indiquent les lièvres qui l'entourent dans le cylindre de la pl. VII, 2. Les têtes d'antilopes massacrées y rappellent cependant

---

[1] J. Przyluski, *Mélanges Raymonde Linossier*, 1932, p. 485, traduction Feer, p. 127-128; *La Grande déesse*, 1950, p. 68.

[2] H. Danthine, *Le palmier-dattier et les arbres sacrés dans l'iconographie de l'Asie occidentale ancienne*, 1937, p. 160.

[3] Przyluski, *La Grande déesse*, p. 68-69 et 72-73.

qu'on est au milieu du jour, au moment où les taureaux de la chaleur règnent seuls. La colonne se trouvant entre les deux horizons de l'Est et de l'Ouest peut être flanquée par les symboles de l'étoile du matin et de l'étoile du soir, deux lions ou deux sphinx. Les griffons ou hommes-Griffons qui contribuent à la bonne marche du soleil et des autres astres sont à leur place aussi à ses côtés. Ce rapprochement entre le grand étai indien et la colonne ou l'arbre soutenant le soleil en Proche-Orient asiatique a été fait par C.L. Fabri, dans les *Mélanges Linossier*,[1] avec des exemples iconographiques pris dans l'Inde, à Bodh-Gaya, à Amaravati, 1 et 2, et à Mathura, et d'autres en Syrie et en Assyrie des IIe et Ier millénaires avant J.-C. Ils sont démonstratifs.

Mais l'Inde a connu une autre conception du grand pilier qui du milieu de la terre atteint le ciel. Ce n'est plus alors un pilier à éclipse, rentrant dans le lac, mais le support permanent de la voûte céleste. C'est le *Stambha*, « le Grand Étai cosmique ». « Dans la littérature védique, l'image de la Grande Déesse est associée à celle de cet étai gigantesque qui supporte la voûte céleste ; elle se confond même avec cet étai dont elle est la personnification et qui apparaît dans d'autres textes comme le support du soleil ».[2] « Dans Atharva Véda, X, 7, la déesse sous le nom de Virāj est le *Stambha*, le Grand Étai cosmique ».[3] Il apparaît donc que dans les cylindres-sceaux du Proche-Orient, les figures de Shaḥar et Shalim sur les côtés de la colonne ne sont qu'une variante de celles de ces dieux flanquant la déesse.

La conception de l'étai reposoir du soleil à midi, apparemment issue de l'Inde, est restée asiatique, sauf l'incursion notée en Étrurie au IIe siècle avant J.-C. Du milieu hittite elle est venue, semble-t-il, en Phénicie. Celle assez différente de l'étai support du ciel, inconnu dans ce pays, a joui d'un grand succès en Grèce où l'on ignore le pilier support du soleil.

6. Les dérivations de l'iconographie de Shaḥar et Shalim dans le milieu grec et gréco-oriental

En progressant dans le milieu indo-européen d'Asie Mineure et en

---

[1] *Mél. Linossier* I, 1932, p. 212, p. 212, fig. 31.

[2] J. Przyluski, « La Grande déesse dans l'art syrien », *Rev. des Arts asiat.*, 1934, p. 95.

[3] Przyluski, « La Grande déesse », *Muséon*, 49, 1936, p. 303, n. 25.

entrant en Grèce aux époques hellénistique et romaine, les personnages de Shaḥar et Shalim se sont considérablement transformés. On a dit que tout ce qui pénétrait en Grèce devenait grec. Ces dieux n'ont pas échappé à cette règle.

Émigrant dans un monde qui jouissait d'une ancienne tradition hippique,[1] ils se sont d'abord transformés en dieux cavaliers. De ce fait, ils devenaient des militaires, car pour les Anciens, le cheval était avant tout un auxiliaire des combattants. Les deux dieux phéniciens qui ignoraient l'équitation vont donc perdre leur lourd manteau, et sous la forme des Dioscures, ils seront représentés à cheval ou tenant un cheval par la bride.

Ils adopteront ensuite les normes de l'art grec, qui ne conçoit ses héros que nus, ou vêtus du manteau grec, la chlamyde, qui est devenu un ornement plus qu'un vêtement véritable.

Par bonheur, un trait caractéristique de l'iconographie de Shaḥar et Shalim sera conservé avec peu de changements : leur coiffure en forme de bonnet. Elle deviendra le πῖλος qui aura une tendance, il est vrai, à se transformer en bonnet phrygien par suite du passage en Asie Mineure.

Dans cette nouvelle iconographie apparaît un symbole qu'on ne trouve pas antérieurement. Pour marquer que ces dieux règnent aux deux horizons de l'Est et de l'Ouest au moment où s'y trouvent l'étoile du matin et l'étoile du soir, on représenta ces astres au-dessus de leur tête (fig. 56, nos 44-45).

On insiste sur le caractère céleste des deux jumeaux. Dans l'iconographie de Shaḥar et Shalim apparaissait plusieurs fois entre eux, soit le croissant seul représentant le ciel, soit ce même croissant encadrant le soleil,[2] soit un aigle qui figure encore le ciel.[3]

L'art grec et romain représentera avec insistance ces mêmes symboles entre Castor et Pollux (fig. 56-58). Il combinera même l'aigle et le croissant (fig. 58, A), ou il ajoutera les sept planètes au croissant céleste (fig. 57), pour rendre le symbolisme plus clair.

On a vu que les cylindres-sceaux représentent souvent Shaḥar et Shalim sur les côtés d'Ashtart, leur sœur ou demi-sœur (fig. 28-29).

---

[1] G. Contenau, *La civilisation des Hittites et des Mitanniens*, 1934, p. 122-127.

[2] Dans les cylindres des fig. 28 A, 32, 36, 41, et le bas-relief hittite de la fig. 46.

[3] Cylindre de la fig. 40.

Nº 42　　　　　Nº 45　　　　　Nº 44

Nº 38　　　　　　　　Nº 39

Fig. 56. Le ciel représenté par un croissant entre les Dioscures. Dans les nᵒˢ 38 et 39, le soleil est figuré dans le croissant céleste par un globe ou par une croisette : c'est le soleil dans le ciel.

Ces dieux habitent donc aux deux côtés du ciel, aux deux horizons où sont aussi leurs étoiles, l'étoile du matin et l'étoile du soir.

Chapouthier, *Les Dioscures au service d'une déesse*, p. 56-59.

Les Grecs ont amplifié ce thème en représentant Castor et Pollux escortant d'autres déesses, bien qu'Astarté conserve la première place. Une acquisition nouvelle sera que la sœur des Dioscures se nommera Hélène sortie comme eux de l'œuf pondu par Léda.[1] Mais Hélène conserve le principal caractère d'une Astarté : l'exceptionnelle beauté.[2] Cette

[1] J. Moreau, *Das Trierer Kornmarktmosaik* (*Monumenta Artis Romanae*, II), Köln, 1960, « L'œuf de Léda ».

[2] Hérodote (II, 112) rapporte qu'Hélène était adorée à Memphis sous le nom d'Aphrodite étrangère. Son culte y avait été importé par les Tyriens (Chapouthier, *Les Dioscures au service d'une déesse*, p. 145, n. 4). Si ce sont eux qui lui ont donné ce nom, c'est qu'ils la considéraient comme une Ashtart différente de celle de Tyr, car il y avait autant d'Ashtart que de villes cananéennes ou syriennes. Ceci explique qu'Hélène et Aphrodite puissent être représentées ou nommées ensemble quand elles ne se confondent pas (*ibid.*, p. 135, n. 9). Cas analogue dans l'inscription de la fig. 68, ci-après.

A

B

Fig. 57. Le croissant associé aux sept planètes et représentant le ciel, et non la lune, dans l'iconographie des Dioscures.

Les tessères et les monnaies de Palmyre, p. 129-143, spécialement les fig. 96 et 106, le croissant céleste associé aux sept planètes dont fait partie la lune. Le croissant lunaire ne peut non plus contenir le soleil ou le globe céleste.

A. Les Dioscures cavaliers. Entre eux, dans le haut, figure du ciel. En bas, l'œuf de Léda, d'où ils sont sortis, entre deux serpents.

B. Les Dioscures sur les côtés d'Astarté, dans le grand croissant représentant le ciel, avec les sept planètes au pourtour.

D'après F. Chapouthier, *Les Dioscures au service d'une déesse*, p. 54, n° 37 = p. 318, fig. 65; p. 324, fig. 67.

A

B

C

Fig. 58. Les Dioscures ou Shaḥar et Shalim sur les côtés de l'aigle figure du ciel, qui est aussi l'aigle de Baʿal Shamîm et de Zeus.

A. Bronze d'Herculanum, *Les tessères et les monnaies de Palmyre*, p. 134-137, fig. 99,3 (aigle et croissant céleste).

B. Monnaie romaine d'Ælia Capitolina (Jérusalem).

C. Sculpture de Messad (Liban), Dunand, *Syria*, 7, 1926, p. 331, pl. LXIV; du Mesnil du Buisson, *L'Ethnographie*, 62-63, 1966-1969, p. 59, fig. 5.

Fig. 59. La toilette de Léda (avec le cygne) et d'Astarté (avec la colombe) présumée la même qu'Hélène.

D'après un miroir étrusque, Gerhard, *op. cit.*, III, pl. 317.

Remarquez le sautoir d'Astarté, symbole de la planète Vénus, et l'utilisation du strigile comme ustensile de toilette féminine (cf. aussi Gerhard, *op. cit.*, V, pl. 154).

assimilation des deux figures apparaît dans un miroir étrusque qui représente Léda et Astarté à leur toilette (fig. 59). En réalité, il faut reconnaître la mère et la fille.

Mais c'est surtout l'étai cosmique figuré entre Shaḥar et Shalim qui a trouvé d'intéressantes dérivations dans le milieu grec. Les Phéniciens avaient accueilli favorablement le mythe de l'étai reposoir du soleil à midi. Ce lac sur une montagne du fond de l'Asie, ce jardin merveilleux aux quatre fontaines sources des fleuves, cette plante s'élevant par degrés, ne pouvaient que plaire à leur imagination. Par les Sumériens ils avaient eu connaissance de mythes analogues : le pays merveilleux du Dilmoun et le jardin d'Éden de la Genèse avec la source des quatre fleuves.[1]

Par contre, la conception de l'étai support du ciel en son milieu était en complet accord avec leur cosmographie. On a vu dans le premier chapitre de ce livre,[2] que les Cananéens, comme aussi les Égyptiens, n'imaginaient les supports du ciel qu'aux deux horizons de l'Orient et de l'Occident, c'est-à-dire aux retombées de la voûte céleste. C'était une conception d'architecte. Les Sémites ont conçu Shaḥar et Shalim ou leurs successeurs Castor et Pollux soutenant de cette manière la voûte céleste.[3] On le verra sur une monnaie de Césarée

Fig. 60. L'Ashtart d'Afqa, la *dea lugens*, entre deux bustes des Dioscures ou de Shaḥar et Shalim, d'après une monnaie de Césarée du Liban à l'effigie d'Élagabale.
On remarquera que ces deux dieux soutiennent la voûte céleste aux deux horizons de l'Orient et de l'Occident.
Études sur les dieux phéniciens, p. 110, fig. 31, c.

du Liban (fig. 60). Ces dieux représentés en bustes sont placés, comme il est si fréquent, sur les côtés de la déesse Ashtart, ici l'Astarté du Liban, la *dea lugens*.

Les Grecs qui paraissent avoir ignoré l'étai cosmique support du soleil ont au contraire réservé une place de choix à la colonne support du ciel. Comme on le voit par un bas-relief de la Porte des Lions à

---

[1] *Études sur les dieux phéniciens*, p. XII.

[2] P. 5-8.

[3] Sur les Dioscures considérés comme « porteurs de la voûte céleste », « dieux-piliers stablisateurs cosmiques », à l'époque romaine en Anatolie, P. Merlat, *Répertoire des inscriptions et monuments figurés du culte de Jupiter Dolichénien*, 1951, p. 317, « Les „Castores" dolichéniens », dans *Éléments orientaux dans les religions grecques anciennes, Colloque de Strasbourg 1958*, Paris, 1960, p. 86-94.

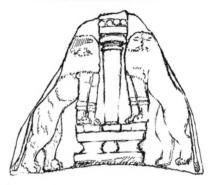

Fig. 61. Le bas-relief surmontant la Porte des Lions, à Mycènes, du XIVe siècle avant J.-C.

L'étai support du ciel identifié à Ashtart est représenté entre les deux lions étoile du matin et étoile du soir, comme l'est très souvent cette déesse. Cette combinaison de l'étai cosmique du thème indo-européen et spécialement grec avec le symbole sémitique des deux lions d'Ashtart paraît due à une influence chypriote. (Voyez la figure suivante).

Mycènes (fig. 61), dès le IIe millénaire avant J.-C., on a représenté en Grèce l'étai cosmique soutenant le ciel en son milieu, flanqué des deux lions étoile du matin et étoile du soir.[1] On marquait ainsi que ce support était à égale distance des deux horizons de l'Est et de l'Ouest, donc

Fig. 62. La déesse étai cosmique sur la montagne du milieu de la terre, entre les deux lions disposés comme dans le bas-relief de la Porte des Lions à Mycènes, d'après une intaille minoënne. H. Haas, *Bilderatlas zur Religionsgeschichte*, 7, 1965, Religions des ägäischen Kreise, fig. 66.

[1] Sur ce thème en Phrygie, Perrot et Chipiez, *Hist. de l'art dans l'antiquité*, V, 1890, p. 111, fig. 64; p. 156-157, fig. 109-110.

au milieu de la terre des vivants et au milieu du ciel diurne. Comme ces lions astraux étaient pour les Sémites des supports du ciel aux deux horizons,[1] on combinait les deux conceptions. Il faut reconnaître ici

Fig. 63. Empreinte d'un cylindre chypriote de style égéo-mycénien d'Enkomi, du XIVᵉ siècle avant J.-C.

Ashtart entre les deux lions étoile du matin et étoile du soir (les cercles sur l'épaule des lions représentent ces étoiles). Autour de la déesse, ses attributs : les deux colombes, le poisson, l'étoile planète Vénus. La tête sous le lion de droite représente peut-être la déesse au moment où elle va disparaître en qualité d'étoile du soir sous l'horizon occidental (comparez *Études sur les dieux phéniciens*, p. 129, fig. 33).

D'après M.-L. et H. Ehrlenmeyer, *Orientalia*, 29, 1960, pl. 36, fig. 47, utilisant partiellement Schaeffer, *Mission en Chypre*, 1932-1935, 1936, p. 89 et 112-113, fig 48-49.

On remarquera que les lions posent leurs pieds antérieurs sur un autel comme dans la sculpture de la Porte des Lions à Mycènes.

Fig. 64. L'étai cosmique du ciel, entre deux griffons liés sur les côtés, posant leurs pieds antérieurs sur un autel, d'après une intaille minoënne.

H. Haas, *Bilderatlas*, fig. 82. Comparez aux fig. 61 et 65, ici.

---

[1] Voyez ci-dessus, p. 6, fig. 4; *Bull. de l'Inst. fr. d'Arch. or.*, 68, 1969, p. 70, fig. 2.

une influence chypriote. Mais ce groupement montre de plus que cet étai céleste s'identifiait avec la déesse Ashtart qui était à Chypre (comme dans tout l'Orient asiatique) la déesse flanquée des deux lions. Un cylindre de Chypre de même époque en fournit la démonstration (fig. 63). La déesse alterne ici avec l'étai cosmique, et l'on remarquera même ce détail commun au bas-relief de Mycènes et au cylindre chypriote : les lions posent leurs pieds antérieurs sur un autel (fig. 61-64).

Nous allons voir que les bronzes du Luristan, aussi à la limite du monde sémitique et du milieu indo-européen, groupaient de même les deux conceptions celle des lions étoile du matin et étoile du soir soutenant le ciel aux deux horizons, et celle de la déesse le portant sur sa tête et sur ses mains (fig. 110 et 112).

L'étai cosmique sous la forme d'un arbre ébranché ou d'une colonne

Fig. 65. Monnaies de Sagalassos en Asie Mineure (Pisidie). Les autels des Dioscures sur les côtés de l'étai cosmique.
Chapouthier, *Les Dioscures au service d'une déesse*, p. 280, fig. 54.

peut aussi être figuré entre deux autels des Dioscures (fig. 65), mais on s'est bien plutôt complu à associer l'étai, la déesse Ashtart ou Astarté et des lions astraux. Il faut reconnaître là encore l'influence chypriote qu'on vient de noter. Ce groupement apparaît de façon intéressante dans la sculpture grecque archaïque de la fig. 66, découverte à Rhodes.

En général, l'idée que l'étai cosmique se confond avec la déesse Astarté est rendue plus simplement : l'architrave ou le fronton qui surmonte la déesse paraît posé sur sa tête. L'art grec en a tiré le beau motif de la cariatide. A Sparte, on a plusieurs exemples de la déesse remplissant cette fonction. Comme elle est placée entre les Dioscures, on y reconnaîtra aisément Astarté pilier du ciel (fig. 67). L'Égypte

Fig. 66. Sculpture grecque archaïque du Musée de Rhodes (ancien Hôpital des Chevaliers).
Le pilier cosmique entouré par trois déesses apparemment identiques, chacune sur un lion qu'elle tient par une laisse et par sa queue. Ces lions qui se font suite représentent la planète Vénus réapparaissant indéfiniment dans le ciel, en possession de la déesse Astarté, ici répétée.
Croquis de l'auteur d'après l'original.

Fig. 67. Les Dioscures sur les côtés d'Astarté étai cosmique soutenant le ciel, prototype de la cariatide. Bas-relief de Sparte.
Dans quatre bas-reliefs du Musée de Sparte, la déesse est ainsi figurée. Dans deux, le fronton qu'elle porte sur sa tête est orné d'un anneau qui est précisément un symbole du ciel, *Les tessères et les monnaies de Palmyre*, p. 57-59, fig. 12-19.
Chapouthier, *Les Dioscures au service d'une déesse*, p. 41-46, nos 20-22, et p. 149, fig. 10.

Fig. 68. Qadeshet, l'Ashtart éponyme de la ville de Qadesh en Syrie, déesse de la planète
Vénus représentée par le sautoir et par le lion, soutient le ciel sur sa tête.

Stèle peinte du Collège de Winchester, d'après I.E.S. Edwards, *Journ. of Near Eastern
Studies*, 14, 1955, p. 49-51, pl. III.

L'inscription nomme trois déesses dont la première seule est représentée : « Qadeshet »
(*Qdšt*) : « Ashtart » ('*ʾstrt*) ; « Anat » ('*nt't*). Les mêmes apparaissent dans une lettre d'une
chanteuse d'Hathor de Memphis (Daumas, *Les dieux de l'Égypte*, p. 81), sous la forme
« Ba'alat » = Ashtart, Ba'alat Gébal ; « Qadesh » = Qadeshet ; « Anyt » = Anat. On distingue deux Ashtarôt, celle de Byblos et celle de Qadeshou, Qadesh en Syrie. La lettre
citée nomme le Ba'al d'Ugarit, Ba'al Ṣaphon, après Anat.

Cf. J. Leclant, *Syria*, 37, 1960, p. 5, n. 6.

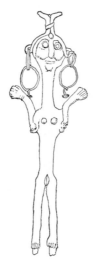

Fig. 69, A. La déesse nue étai cosmique support du ciel comme dans la fig. 68, d'après un bronze du Luristan. Comparez aux bronzes de même origine des fig. 110 et 112. D'après J. Varenne, *Zarathustra*, 1966, p. 22, planche.

Fig. 69, B. Astarté, étai cosmique, escortée par les Dioscures, porte sur sa tête le ciel sous la forme d'un croissant. Dans le n° 27, le globe solaire s'encadre dans le croissant céleste (non lunaire), et dans le n° 36, la déesse s'aide de ses mains.

Chapouthier, *Les Dioscures au service d'une déesse*, p. 50-53.

Fig. 70, A. Graffito du palais du gouverneur romain à Doura-Europos, première moitié ou milieu du IIIe siècle après J.-C.

En qualité d'étai cosmique. Atargatis-Astarté (= Ashtart) porte sur sa tête le ciel symbolisé par un aigle. Sur ses épaules, deux colombes ses attributs, *Les tessères et les monnaies de Palmyre*, p. 369, fig. 202, et p. 436-437. Au-dessus, un arc autre symbole du ciel.

Les tessères et les monnaies de Palmyre, p. 76, fig. 37.

Fig. 70, B. Vase de bronze de Graeckwyl (Suisse), vers le VIIe siècle avant J.-C.

Ashtart, étai cosmique, porte le ciel sur sa tête, sous forme d'un aigle. Elle tient deux lièvres, symboles de fraîcheur. Alentour, les deux serpents célestes (p. 231-232) et quatre lions figurant les apparitions successives de la planète Vénus.

Voyez H. Potratz, *Archiv für Orientforschung*, 17, 1954-1956, p. 125, fig. 5 (photographie); Max Ohnefalsch-Richter, *Kypros die Bibel und Homer*, Berlin, 1893, pl. XCIX, 3.

fournit un exemple beaucoup plus ancien de la déesse nue debout sur le lion astral, et formant cariatide (fig. 68). Il faut y reconnaître des influences combinées venues de Syrie et des îles grecques.[1] Cette figure est à rapprocher de certains bronzes du Luristan (fig. 69, A).

Cette création ancienne de l'art grec serait de signification douteuse si nous ne possédions des images dans lesquelles la déesse porte sur sa tête le ciel figuré par un grand croissant parfois avec le globe solaire à l'intérieur (fig. 69, B).[2] Les Dioscures surmontés de l'étoile du matin et de l'étoile du soir escortent la déesse, sur les côtés.

Un graffito de Doura-Europos de IIIe siècle de notre ère montre la déesse étai cosmique portant sur sa tête le ciel symbolisé par un aigle aux ailes déployées en forme de voûte (fig. 70, A). Ce dessin reflète une influence méditerranéenne non sémitique, attestée déjà dans le bronze de Graeckwyl, en Suisse (fig. 70, B).

La stèle de la fig. 71 rend le même concept de façon plus compliquée

Fig. 71. Astarté, reconnaissable aux deux lions étoile du matin et étoile du soir qui la flanquent, porte sur sa tête le ciel qui contient les Dioscures aux deux extrémités et probablement Héra Ourania, au milieu. Les deux têtes de taureaux rappellent qu'Astarté en qualité d'étoile du soir a massacré les taureaux de la chaleur du jour.

Stèle de l'église arménienne de Kutahia (Kotiaion), Chapouthier, *Les Dioscures an service d'une déesse*, p. 72, n° 64.

---

[1] *Études sur les dieux phéniciens*, p. 76, n. 2.

[2] *Les tessères et les monnaies de Palmyre*, p. 129-143.

et plus naïve. Astarté encore reconnaissable aux deux lions des côtés porte sur sa tête une sorte de plateau qui est le ciel contenant les dieux, en particulier les Dioscures, et aussi le couple défunt figuré dans le haut.

Fig. 72. Atargatis-Astarté déesse de la planète Vénus, entre Shaḥar et Shalim, devenus, les Dioscures, brandissant des torches. Deux Victoires aptères tiennent une écharpe recourbée, symbole de la voûte céleste. La déesse tient une corne d'abondance et un gouvernail.

D'après une monnaie romaine de Ba'albek, *Les tessères et les monnaies de Palmyre*, p. 69-70, fig. 27,3.

Avec la fig. 72, nous revenons à un art plus savant et aux conceptions sémitiques du support du ciel. La voûte céleste représentée par un voile gonflé par le vent ne repose pas sur la tête de l'Astarté héliopolitaine. Elle est soutenue sur les côtés par des Victoires aptères à son service. Comme de coutume les Dioscures flanquent la déesse, mais avec cette particularité qu'ils brandissent des torches. Le caractère lumineux des successeurs de Shaḥar et Shalim est ainsi rendu plus apparent. Ces torches se retrouvent sur leurs bras dans la monnaie no 27, dans la fig. 69,B, et entre les mains de la déesse une troisième torche marque aussi son caractère lumineux, en qualité de la planète Vénus.

Ces Dioscures dadophores sont une création grecque (fig. 73) qui est à l'origine de l'iconographie de Cautès et Cautopatès, les jumeaux compagnons du Mithra Tauroctone, qui presque toujours tiennent des torches, mais avec cette caractéristique presque inconnue dans l'iconographie des Dioscures [1] que l'un est en possession d'une torche levée

---

[1] Voyez l'autel romain dédié à la Lune, *Les tessères et les monnaies de Palmyre*, p. 109, fig. 66 et pl. CXI-CXIV, les torches sont placées à côté du buste des dieux surmontés par les deux étoiles du matin et du soir. Ici fig. 10.

1   2

Fig. 73. 1. Castor tenant une torche, d'après Chapouthier, *Les Dioscures au service d'une déesse*, p. 273, fig. 47.

2. Cautès tenant une torche dans un bas-relief mithraïque, M.J. Vermaseren, *Corpus insc. et monum. rel. mithr.*, La Haye, 1956, I, fig. 193. Le même, nu, fig. 235.

Autres exemples des Dioscures avec des torches sur les monnaies d'Abydos et de Tarente, Chapouthier, *op. cit.*, p. 273, n. 2.

Imhoof-Blumer, *Griech. Münzen*, pl. 7,21 et 622. *A Catal. of the Greek Coins in the Brit. Mus.*, Italie, Londres, 1873, p. 173, n° 98.

et l'autre d'une torche abaissée (fig. 74). Pour comprendre le symbolisme de ces torches, il faut examiner l'ensemble du groupe. Au centre Mithra représente le dieu-Lumière. Il est apparu au matin du Premier Jour au-dessus des montagnes de l'Orient de l'Iran, et il a pris possession du ciel entier jusqu'au soir. Depuis, il renouvelle cet exploit quotidiennement. Comme dieu du jour, Mithra règne de l'aurore au crépuscule, qui sont Shaḥar et Shalim, devenus Cautès et Cautopatès. Cautès peut être accompagné d'un coq qui est un symbole indo-européen de l'aurore. Parfois il tient devant lui une tête de taureau [1] qui paraît bien faire allusion au taureau de la chaleur du jour si habituelle dans l'iconographie sémitique. Le même animal mourant à la fin du jour apparaît aux pieds de Cautopatès qui pousse devant lui un scorpion [2] auxiliaire du soleil pendant la nuit.[3]

[1] F. Cumont, *Textes et monuments figurés relatifs aux mystères de Mithra*, Bruxelles, 1899, I, p. 209-211; M.J. Vermaseren, *Corpus inscr. et monum. religionis Mithriacae*, La Haye, 1956-1960, II, monuments n°s 2122 et 2185.

[2] Vermaseren, *op. cit.*, I, mon. n° 693; II, mon. n°s 1935, 2006 et 2120.

[3] *Les tessères et les monnaies de Palmyre*, p. 348-350, fig. 199. Dans l'Épopée de Gilgamesh (IX, col. II-IV), l'homme-Scorpion est le gardien de la porte et du tunnel par lesquels passe le Soleil à son coucher pour se rendre dans le Monde inférieur (voir ci-dessus, p. 10). Il est donc en rapport intime avec le crépuscule. Cf. aussi la déesse-Scorpion égyptienne Selket, gardienne d'une des quatre portes du Monde inférieur.

Fig. 74. Marbre du Musée de Vérone représentant Mithra tuant le taureau entre Cautès
élevant sa torche et Cautopatès l'abaissant.

   Dans le cycle journalier, Cautès représente la lumière du matin, l'aurore, Mithra,
celle du jour, et Cautopatès, celle du soir, le crépuscule. Mithra tue le taureau au milieu
du jour. Dans le cycle annuel, Cautès symbolise le début du printemps, Mithra, le printemps et l'été, Cautopatès, la fin de l'été. Mithra tue le taureau à la moisson (fin de juin).

   Dessin de la comtesse du Mesnil du Buisson, d'après M.J. Vermaseren, *Corpus inscr. et
monum. relig. mithriacae*, I, 1956, fig. 205.

   Mais Mithra est aussi un dieu des Saisons dont les bustes l'entourent
parfois. Pendant l'automne et l'hiver, les mois gris, son esprit de
lumière se retire dans sept cyprès souvent représentés. Il commence
à en sortir timidement son buste au solstice d'hiver, au *dies natalis*.
Pendant le printemps et l'été, il reprend possession du ciel et rentre
dans ses *mithraea* où l'attendent sept autels chargés de feu. En tuant
le Taureau au solstice d'été, il apporte la moisson aux hommes (parfois
les grains de blé sortent de la blessure ou des épis terminent le queue
du taureau) (fig. 74). Mithra entre ainsi dans un cycle annuel qui est
une amplification du cycle journalier.[1] Cautès représente alors le début

---

[1] *Les tessères et les monnaies de Palmyre*, p. 115-121.

du printemps et Cautopatès la fin de l'automne[1]. L'un provoque la montée du soleil, l'autre accentue sa descente. Le mythe iranien a élargi ainsi la conception sémitique d'Aurore et Crépuscule. Il y a en outre ajouté le symbolisme des deux torches qui convenait aussi bien dans le cycle journalier que dans le cycle annuel.

Mais Mithra est aussi le dieu du salut, et ainsi les deux torches, levée et abaissée, prennent une signification eschatologique. La torche abaissée est l'image de la mort; la torche relevée, celle de la résurrection.[2] Les Éros funéraires tenant une torche renversée (pl. VIII) symbolisent de même la mort suivie de la résurrection, et Éros, l'amant de Psyché, apparaît ici comme le dieu du salut, élevant dans le ciel l'âme des défunts.[3]

Cette dérivation des figures et du mythe de Shaḥar et Shalim dans le mithraïsme comporte une autre nouveauté inconnue en Phénicie : le croisement des jambes de façon à former un X. Je me suis occupé du sens de ce signe à propos du sautoir d'Atargatis = Ashtart.[4] Ce bijou qui se croise sur sa poitrine me paraît de signification astrale. A l'origine l'X devait représenter la planète Vénus, peut-être plus précisément l'étoile du soir, et signifier que la déesse était cet astre. Puis il a voulu dire qu'elle en était la maîtresse ou la dame. L'X tendait à devenir son blason, et ses servantes, les hiérodules, pouvaient comme elle porter le sautoir (fig. 75).[5]

Le professeur Pope a réexaminé cette question récemment,[6] mais sans me faire modifier mon interprétation. Naturellement, il ne faudrait pas croire que tous les sautoirs et toutes les bretelles ou baudriers croisés ont un sens caché.

L'X du croisement des jambes qu'on observe aux époques hellénistique et romaine ne me paraît pas cependant avoir la même signification symbolique que le sautoir d'Atargatis. Sous l'influence grecque le ciel

---

[1] F. Cumont, *Les mystères de Mithra*, Paris, 1902, p. 140-141.

[2] *Les tessères et les monnaies de Palmyre*, p. 92, fig. 46, tessère *R.* 463. Cautès et Cautopatès dadophores symbolisent la résurrection du prêtre défunt représenté.

[3] *Op. cit.*, p. 152 et 416-417.

[4] *Le sautoir d'Atargatis et la chaîne d'amulettes*, dans *Documenta et monumenta orientis antiqui*, I, *Études d'iconographie orientale*, I.

[5] E. Gerhard, *Etrusk. Siegel.*, V, pl. 18.

[6] Marvin H. Pope, « The Saltin of Atargatis reconsidered », dans les *Mélanges Nelson Glueck*, New York, 1970, p. 178-196.

Fig. 75. Astarté à sa toilette entre deux servantes nues, scène inspirée par celle d'Ashtart déesse nue entre deux hiérodules (fig. 82), d'après un miroir étrusque, Gerhard, *Etruskische Spiegel*, V, pl. 18.

a été figuré à partir du IVᵉ siècle avant J.-C. comme une sphère chargée d'armilles qui se croisent en forme d'X (fig. 77, nᵒ 1). De figure astrale, le signe de l'X détaché de la sphère (fig. 77, nᵒˢ 2-4) est devenu ainsi le symbole de ce qui se rapporte au ciel. Les êtres divins qui forment un X avec les deux chaînes du sautoir ou par le croisement des jambes marquent ainsi leur caractère céleste : ils habitent le ciel ou y circulent. C'est ce que nous remarquons pour Cautès et Cautopatès,[1]

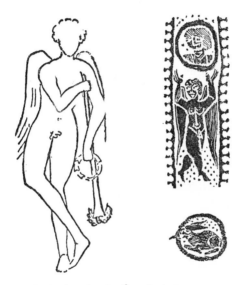

Fig. 76. Le croisement des jambes chez les Éros funéraires.

1. Peinture de Doura-Europos datée de 194 de notre ère, *Les tessères et les monnaies de Palmyre*, p. 468-469, fig. 230, et p. 416, fig. 217.

2. Décor d'une étoffe découverte à Antinoé, en Égypte, du IVᵉ siècle après J.-C. R. Pfister, *Mélanges Raymonde Linossier*, 1952, pl. L.

Éros élevant dans le ciel étoilé l'âme du défunt sous la forme d'un médaillon à son effigie. Le lièvre comme symbole du Paradis, sur le même tissu, voyez Pierre du Bourguet, *Musée Nat. du Louvre, Catal. des Étoffes Coptes*, I, 1964, p. 667, index, 50 exemples de figures de lièvres.

---

[1] Dans une liste de dieux phéniciens indiquant leur demeure, Aurore et Crépuscule (Shaḥar et Shalim) sont les seuls qui soient donnés comme domiciliés dans le ciel, *Ugaritica*, V, p. 566, ligne 52, et p. 570.

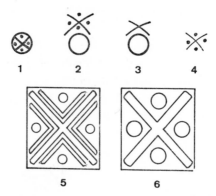

Fig. 77. L'X, figure du ciel.

1. La sphère avec ses armilles cantonnées de quatre points, représentant le ciel.

2. Séparation de la figure en deux parties superposées.

3. De même avec suppression des points.

4. Le signe sans la sphère.

D'après des monnaies romaines, *Les tessères et les monnaies de Palmyre*, p. 123, fig. 77.

5-6. Le même signe du ciel compris comme un symbole de résurrection sur une porte d'un tombeau chrétien de Syrie. V^e-VIe siècles.

D'après C. Metzger, *Revue du Louvre*, 21, 6, 1971, p. 357, figure 1 (Nouvelles acquisitions du département des Antiquités grecques et romaines).

pour Apollon [1] et pour les Éros (fig. 76).[2] Le sautoir des Victoires à l'époque romaine [3] n'a pas d'autre signification.

A l'époque chrétienne, le ciel se confond avec le salut. Posséder le ciel, tenir un symbole du ciel,[4] c'est être sauvé. L'X cantonné de quatre points a pu devenir ainsi un signe de salut sur des tombeaux (fig. 77, n°s 5-6).[5]

[1] *Les tessères et les monnaies de Palmyre*, p. 287, fig. 176, n° 4; R.A. Stucky, *Syria*, 48, 1971, p. 136, fig. 1a.

[2] Outre cette figure, voyez les Éros des intailles imprimées sur les tessères de Palmyre *R* 1092 et 1126; et les Éros funéraires d'un sarcophage romain d'Italie, Barbara Tkaczow, « Fragment of a Child's Sarcophagus from Wilanow », *Travaux du Centre d'arch. médit. de l'Acad. polon. des Sciences*, II, *Études et travaux*, V, 1971, p. 117-124, fig. 1 et 3.

[3] Pope, *op. cit.*, p. 191-192, fig. 17-18; M. Chéhab, « Tyr à l'époque romaine », *Mélanges de l'Univ. Saint-Joseph*, 38, 1962, pl. IV.

[4] *Les tessères et les monnaies de Palmyre*, p. 70, fig. 27, n° 6.

[5] Exposition de l'art de la Méditerranée, au Musée du Louvre, novembre 1971, MNE 449. Voyez aussi l'X symbole du salut sur une urne funéraire de Bolbec, Cochet, *Mémoire sur les cercueils de plomb*, 1870-1871, p. 7; Cabrol-Leclercq, *Dict. d'arch. chr.*, XIV,

7. Les noms des « dieux gracieux » et de leurs successeurs les Cabires

Ici je reviens en arrière. J'ai dit (p. 94, 99-100) que les noms des dieux gracieux de la Phénicie, les *'ilîm naʿamîm*, et ceux de leurs successeurs les Cabires phéniciens (*Kbrîm*) étaient tenus secrets sauf ceux de trois d'entre eux : Shaḥar et Shalim, devenus Castor et Pollux, et celui du plus jeune des Cabires, Eshmoun, identifié à Asclépios. Encore ce nom d'Eshmoun n'est-il qu'un sobriquet qui signifie « le Huitième ». Sur huit noms, il y en a donc cinq qui nous manquent totalement.

Le secret a été bien gardé car les auteurs de l'Antiquité ne les ont jamais connus. Platon,[1] puis Cicéron [2] insinuent que ce sont « les huit puissances célestes », et que chacun est le dieu d'une planète, le huitième représentant l'ensemble des étoiles fixes. Sans doute Shaḥar et Shalim, aussi bien que Castor et Pollux, ont quelqu'affinité avec l'étoile du matin et l'étoile du soir qui sont la planète Vénus, mais ce ne sont pas les dieux de ces astres. Dans la haute antiquité l'étoile du matin était Ashtar et celle du soir Ashtart. Lorsque ces divinités ont pris la forme humaine, les deux astres sont devenus leur domaine. A l'époque classique, la planète Vénus unifiée était l'étoile de Vénus Astarté. Quant à Eshmoun, il n'a aucun caractère astral. On ne peut donc retrouver parmi les dieux gracieux, ni parmi les Cabires, les dieux des planètes.

Il faut chercher dans une autre direction.

a) *Ashtar-Réshéf, dieu gracieux*

La localisation de la naissance des *'ilîm naʿamîm*, « les dieux gracieux », dans le temple d'Ashtar-Réshéf à Byblos, le Temple aux obélisques, m'a déjà fait penser que ce dieu était l'un d'eux. Je remarquais en faveur de cette hypothèse qu'il était adoré dans ce temple sous les

---

1939, col. 1218, fig. 10 374 (symbole païen) ; S. Reinach, *Catal. ill. du Musée des ant. nat. au château de Saint-Germain-en-Laye*, 1917, I, p. 227, fig. 254, sarcophage de plomb, signe répété deux fois.

[1] *Epinomis*, 986 E ; *Les tessères et les monnaies de Palmyre*, p. 78.

[2] *De natura deorum*, I, 13 ; éd. Teubner, IV, II, p. 15-16, § 34.

traits d'un éphèbe nu d'une singulière beauté, et qu'il y portait un haut bonnet comparable à ceux de Shaḥar et Shalim.[1]

Mais il y a une raison beaucoup plus sérieuse de ranger Ashtar parmi les dieux gracieux. Dans l'Hymne ugaritique à Nikkal et aux Kosharôt, Khirkhib, « roi de l'été », probablement un surnom de Môt, propose à Ashtar d'épouser Pidry, la fille aînée de Ba'al. Il s'adresse à Ashtar en ces termes : « Ô le plus gracieux des dieux ! (sois) pour gendre de Ba'al » (*n'mn . 'ilm . lḥt[n]m B'l*).[2] Il faut comprendre apparemment qu'Ashtar est le *na'aman*, « le gracieux » par excellence, des *'ilîm* (*na'amîm*), « les dieux gracieux ».

Un peu plus bas, le même dieu sous le surnom de Hélél, « le Brillant », surnom qui lui est donné aussi par Isaïe (XIV, 12), est qualifié de *b'l gml*,[3] expression que je traduis « le Maître beau »,[4] ce qui nous ramène encore vers les dieux gracieux.

Le culte de ce beau dieu de Byblos dut se prolonger dans le milieu iranien, car il est difficile de ne pas reconnaître dans le magnifique bronze doré du trésor d'Oxus, représentant un éphèbe nu à haut bonnet (pl. IX), le dieu du bronze doré du Temple aux obélisques, cité ci-dessus.

b) *Adonis, dieu gracieux*

Isaïe (XVII, 10-11) fait allusion aux « jardins d'Adonis » en ces termes : « Vous planterez les plantations des Na'amanîm » (*tiṭṭe'î niṭe'êî na'amânîm*).[5] Lemaistre de Sacy,[6] qui n'était pas influencé par notre explication, traduisait ainsi la suite : « et vous sèmerez des grains qui viennent de loin, et ce que vous aurez planté ne produira que des fruits sauvages ; votre semence fleurira dès le matin, et lorsque le temps de

---

[1] *Études sur les dieux phéniciens*, pl. VI, p. 148 ; *L'Ethnographie*, 1968-1969, p. 42, pl. II.

[2] Herdner, *Corpus*, p. 103, l. 25-26 ; Virolleaud, *Syria*, 17, 1936, p. 209-228, XIVe s. avant J.-C.

[3] Herdner, *op. cit.*, p. 103, l. 42.

[4] *Études sur les dieux phéniciens*, p. 2 (et non « le seigneur du croissant » ou « de la faucille »).

[5] W. Gesenius et F. Brown, *A Hebrew and Engl. Lex.*, Oxford, 1929, p. 654, références à Movers, Lagarde, Lane, etc.

[6] *La Sainte Bible*, éd. Furne, 1864, p. 533.

recueillir sera venu, vous ne trouverez rien, et vous serez percé de douleur». On peut contester le sens donné à plusieurs mots, mais le caractère éphémère des jardins d'Adonis», semés dans des tessons de poterie et rapidement fanés, reste très apparent. On en conclura que les « plantations des Na'amanîm» ne sont autres que « les plantations des Adonies», les fêtes d'Adonis, et que donc Adonis est un Na'aman, « un très gracieux», l'un des « dieux gracieux» de la Phénicie, des Élîm Na'amîm (*'ilm n'mm*), qui sont devenus ensuite les huit Cabires ou Grands dieux phéniciens. Le nom de la fleur d'Adonis, née de son sang versé, ἀνεμώνη « l'anémone», dériverait de Ne'emôn prononciation araméenne de Na'amân.[1]

Cette démonstration me paraît confirmée par la scène d'un miroir étrusque (fig. 78). On y voit huit jeunes gens, aidés de deux chiens, se livrant à une chasse au sanglier. L'un est renversé, mais il n'est pas piétiné par l'animal, et rien n'indique qu'il soit tué, ni même blessé. Il n'en va pas de même de son compagnon qui est dans la gueule du sanglier, presque coupé en deux par ses crocs. Il est clair qu'il ne pourra réchapper.

Gerhard a vu dans cette scène la chasse de Calydon, en Étolie, dans laquelle Méléagre, tua un sanglier monstrueux. Mais les détails de cette représentation ne permettent pas une telle identification. Voici le le schéma du mythe : Méléagre, roi de Calydon, ayant oublié de sacrifier à Diane, celle-ci se vengea en envoyant un sanglier qui ravageait tout le pays. Méléagre entouré de princes grecs se mit à sa poursuite, et Atalante, fille du roi d'Arcadie, lui porta le premier coup. Après la mise à mort de cet animal, le roi offrit à la princesse la hure, considérée comme le plus beau trophée. Les princes grecs mécontents de ce don voulurent s'emparer de la hure et Méléagre les massacra, puis il épousa Atalante. Comme on le voit l'héroïne de ce drame est la princesse, et il est impossible de la reconnaître sur le miroir, portant le premier coup au sanglier. Le trait essentiel dans la scène figurée est, au contraire, que le sanglier tue l'un des chasseurs, ce dont il n'est nullement question dans la légende de Méléagre.

Il est bien plus satisfaisant de reconnaître dans les jeunes garçons

---

[1] Sur le nom de Néman = Νεμανοῦς donné par Plutarque à Astarté = Ashtart, ba'alat Gébal, à Byblos, Plutarque, *Isis et Osiris*, 15, trad. Mario Meunier, Paris, 1924, p. 64, voyez ci-après, p. 166.

Fig. 78. La mort d'Adonis, l'un des huit « enfants Cabire », tué par un sanglier dans le Liban, d'après un miroir étrusque du IIIe siècle avant J.-C.
Eduard Gerhard, *Etruskische Spiegel*, 1843, I-II, pl. 173.

du miroir les enfants Cabires dont l'un, Adonis, le Baʻal du Liban, est tué par un sanglier suivant la légende. Quatre de ces chasseurs ont des rayons lumineux sur le haut de la tête, ce qui indique un caractère lumineux : parmi eux, on reconnaîtra à leur chlamyde les Dioscures, successeurs d'Aurore et Crépuscule. Les élèments du paysage indiquent un sol accidenté. Quelques fleurs sortant de terre, et une grande fleur dans le bas, voudraient évoquer peut-être les anémones nées du sang d'Adonis. Ce dieu figuré au milieu des *'ilîm naʻamîm*, « les dieux gracieux », pouvait donc fort bien être appelé Naʻaman.

Il faut reconnaître que ce classement d'Adonis parmi les dieux gracieux, puis parmi les Cabires phéniciens fils de Ṣydyq = Él, est singulièrement favorable à la thèse de R. Dussaud, qui identifiait Adonis avec Eshmoun,[1] leur frère d'après Philon de Byblos.[2] On a vu (p. 101-103) que la naissance d'Eshmoun avait été le résultat d'un inceste, Ṣydyq s'étant uni à une des Kosharôt, ses filles ou petites-filles. Si Eshmoun se confond avec Adonis, ce fait pourrait être à l'origine de la fable de l'inceste de Myrrha,[3] la mère d'Adonis : les Grecs qui paraissent les auteurs de ce récit auraient brodé, selon leur habitude, sur une trame authentiquement phénicienne. On trouverait ici l'explication des noms des père et mère d'Adonis d'après Hésiode,[4] les plus anciens que l'on connaisse : $\Phi o\hat{\imath}\nu\iota\xi$ et $'A\lambda\phi\epsilon\sigma\acute{\iota}\beta o\iota a$. « Phénix », « le Phénix », c'est-à-dire « l'Éternel », peut-être aussi « le Maître du monde »[5] désignerait Él, comme le qualificatif de Ṣydyq, « le Juste ». Quand au nom de la mère, il se traduit : « Celle qui reçoit et procure des bœufs (ou des lingots en forme de bœufs) »,[6] d'$\check{a}\lambda\phi\omega$ ou $\dot{a}\lambda\phi\acute{a}\nu\omega$, « obtenir » d'où « procurer », et $\beta o\hat{v}s$, « bœuf ». Ce nom veut donc dire « la Bien-dotée », « la Riche », or j'ai expliqué dans une précédente étude[7] que les deux

---

[1] « Le dieu phénicien Eshmoun », *Journal des Savants*, 5, 1907, p. 36-47 (d'après des suggestions de W.B. Baudissin); *Notes de Myth. syr.*, p. 151 s.; *Syria*, 4, 1923, p. 309; *Byblos et les Giblites dans l'A.T.*, p. 308; *Syria*, 25, 1946-1948, p. 216 : « Adonis, autrement dit Eshmoun ».

[2] Fragm. II, 20 et 27. Eshmoun y est nommé Asclépios. Dans mes *Études sur les dieux phéniciens*, j'ai résumé, p. 106, les objections qu'on peut formuler à l'encontre de la thèse de Dussaud.

[3] Ce nom n'apparaît qu'au Ve siècle avant J.-C. Pour la première fois Adonis est mis en liaison avec la myrrhe, M. Détienne, *Les jardins d'Adonis*, 1972, p. 11, sans doute par jeu de mot.

[4] Apollodore, *Biblioth.*, III, 14,4 ; Probus, *Sur Virgile, Bucul.*, X, 18; W. Atallah, *Adonis*, 1966, p. 33, n. 4-5; p. 309, n. 5-6.

[5] Cabrol et Leclercq, *Dict. d'arch. chrét.*, XIV, 1939, s.v. « Phénix ». Voyez spécialement col. 689, fig. 10 166, une monnaie de Constance II représentant le Phénix posé sur le globe céleste avec ses armilles, comparable à l'aigle de Baʻal Shamîm = Zeus placé de même, *Les tessères et les monnaies de Palmyre*, p. 48, fig. 4, n° 4. J. Hubaux et M. Leroy, « Le mythe du Phénix », *Bull. de la Faculté de Phil. et Lettres de l'Univ. de Liège*, facs. 82, 1939, p. 68, le Phénix, « forme de Rê » = Él. *Textes des Pyramides*, 1652, le créateur « Atoum est comme le Phénix ».

[6] C. Schaeffer, *Ugaritica*, I, 1939, p. 45, fig. 35; R. Dussaud, *L'art phénicien du IIe millénaire*, 1949, p. 69, p. 69, fig. 38.

[7] *Études sur les dieux phéniciens*, p. 3-4.

Fig. 78, A. Monnaie romaine de Beyrouth représentant Eshmoun, «dieu gracieux», entre les deux serpents célestes.

D'après E. Babelon, *Cat. des monnaies grecques, Les Perses Achéménides*, p. 233, fig. 2.

Les ailes des serpents, bien reconnaissables, prouvent qu'ils circulent dans le ciel, et excluent une identification avec des monstres marins (fig. 8).

aînées des Kosharôt se nommaient «la Dotée» et «la Riche» en ugaritique.

On remarquera que dans la scène du miroir étrusque représentant la mort d'Adonis (fig. 78), celui-ci apparaît comme le plus jeune des huit Cabires, et ceci nous oriente encore vers Eshmoun, «le Huitième». On notera aussi que dans le Poème ugaritique des dieux gracieux (lignes 2 et 22) ceux-ci sont qualifiés de «fils de princes» (*bn šrm*). Comme ils sont en réalité fils de Él, cette expression ne peut avoir qu'un sens métaphorique. On traduit : «enfants princiers». Ce sont de jeunes princes comme le seront plus tard les Dioscures. Or dans l'inscription d'Eshmounazar, à Sidon, Eshmoun est qualifié de «prince» (*šr*), titre inhabituel pour un dieu, mais qui s'explique néanmoins s'il fait partie du groupe des «fils princiers» de Ras Shamra.

J'ai proposé [1] d'expliquer l'apparition du nom d'Adonis à Afqa et en Chypre par une confusion : un qualificatif, *'dny*, «mon Seigneur», ou «son Seigneur» (en phénicien), pris pour un nom propre. Dans une inscription de Chypre du VIIe siècle avant J.-C., le Ba'al du Liban, sans doute le dieu d'Afqa, est ainsi qualifié. Or dans deux inscriptions phéniciennes du temple d'Eshmoun près de Sidon,[2] le même qualificatif s'applique à Eshmoun : *l'šmn l'dny*. Un Grec peu instruit des

---

[1] *Études sur les dieux phéniciens*, p. 105.

[2] M. Dunand, « Nouvelles inscriptions phéniciennes du temple d'Eshmoun à Bostan ech-Cheikh, près de Sidon », *Bull. du Musée de Beyrouth*, 18, 1965, p. 105-106.

usages phéniciens pouvait comprendre : « A Eshmoun, à Adoni », dont
il aurait fait : « A Eshmoun-Adonis ».

Nous assisterions ainsi à un véritable éclatement de la figure d'Eshmoun s'identifiant d'une part avec celle d'Asclépios-Esculape, et se
combinant de l'autre avec celle du dieu grec Iolaos, à Tyr. Il serait
en réalité le Ba'al du Liban, d'Afqa. La chasse au sanglier, causant la
mort d'Adonis, a en effet un cadre si précis qu'elle ne peut avoir été
imaginée qu'à Afqa et ne saurait concerner qu'un dieu local. Il y avait
son temple en pleine montagne et près d'une source, comme Eshmoun
avait le sien près de Sidon, « à la source Idlal dans la montagne (bhr) »
(inscr. d'Eshmounazar, ligne 17).[1]

c) *Ashtart = Astarté, et Anat = Athéna, assimilées aux dieux gracieux*

On a vu que les dieux gracieux aussi bien que les Cabires phéniciens
forment un collège de huit dieux, mais on a remarqué aussi que le
Temple aux obélisques où j'ai localisé leur culte autour de celui d'Ashtar, l'un d'eux, ne contenait pas moins d'une vingtaine de bétyles en
forme d'obélisques. On en conclura que de nombreux dieux et déesses
habitaient dans ce temple aux côtés des dieux gracieux. Ils étaient donc
associés et sans doute assimilés à ces dieux. Il me semble en trouver
la preuve dans le cas d'Ashtart, parèdre d'Ashtar dieu gracieux, et
dans celui d'Anat, sœur et amie d'Ashtart.

Voici comment j'arrive à cette conclusion. Plutarque [2] raconte que
lorsqu'Isis vint à Byblos recherchant le corps d'Osiris, le roi de la ville
s'appelait Μάλκαθρος et la reine Ἀστάρτη c'est-à-dire Ashtart.[3]

---

[1] Les terminaisons ugaritiques ou phéniciennes en -*y* pouvaient être hellénisées par la
simple adjonction d'un sigma, voyez p. 84-85.

[2] *Études sur les dieux phéniciens*, p. 61 et 101-102; J. Gwyn Griffiths, *Plutarch's
De Iside et Osiride*, Cambridge, 1970, p. 140-143. M. Delcor dit « qu'Isis étant venue à
Byblos fut appelée Astarté », *Mél. de l'Univ. St-Joseph*, 45, 1969, I, p. 332, mais le récit
de l'auteur grec ne raconte rien de semblable et prouve qu'il s'agit de deux déesses tout
à fait distinctes.

[3] Sous ces appellations grecques, on reconnaîtra les noms primitifs d'ʿttr et d'ʿttrt,
ce dernier en passant par la forme ʿštrt. Le nom du roi avait été lu Μάλκανδρος, par suite
d'une fâcheuse correction de William Baxter. Griffiths (*op. cit.*, 1970, p. 142 et 325-326)
a rétabli la vraie lecture Μάλκαθρος qui permet de décomposer le nom en μαλκ = *mlk*,
« roi », et αθρ = ʿttr, « Ashtar », suivi de la désinence grecque -*os*. Voyez les noms de personnes dans lesquels ʿttr > ʿtr est transcrit en grec Αθαρ- Αταρ-, Ατρ-, H. Wuthnow.

Cette déesse était bien en effet la Ba'alat Gébal, «la maîtresse du Byblos», parèdre d'Ashtar, le Ba'al Gébal. L'auteur nous apprend en
outre qu'on l'appelait aussi Némanous, Νεμανοῦς, nom dans lequel
il est difficile de ne pas reconnaître, après avoir retranché la terminaison
grecque -ους, l'ugaritique n'mn, forme amplifiée de n'm, na'am,
prononcé à la manière araméenne ne'em, sans trace du féminin qui
ferait apparaître un t final. Ainsi le qualificatif emphatique ne'eman,
transcrit Νεμαν, ne peut vouloir dire « la Très-gracieuse», mais « le
(dieu) très gracieux». Nous en concluons qu'Ashtart était assimilée
aux dieux gracieux de la Phénicie, ce qui n'est pas très étonnant.

Plutarque ajoute que les Grecs traduisent ce nom 'Αθηναιδα, nom
qui doit se comprendre « Celle qui est compagne d'Athéna », pour Gressman,[1] « she who belongs to Athena ». Cette traduction est au premier
abord déconcertante. Comment « compagne d'Athéna » peut-il signifier
« dieu gracieux ». Pour comprendre, il faut d'abord passer du nom grec
d'Athéna à son nom phénicien 'Anat.[2] C'est de cette dernière qu'il
s'agit : c'est donc à titre de « compagne d'Anat», qu'Ashtart est dite
« dieu gracieux». On en déduira qu'Anat était rattachée au collège des
huit dieux, et que c'est elle qui y entraînait sa sœur et amie.[3] Dans
les décors des miroirs étrusques, on rencontre fréquemment le groupement d'Athéna et d'Astarté avec les Dioscures et d'autres jeunes dieux.

Die semit. Menschennamen in grechischen Inschriften, Leipzig, 1930, p. 160. La thèse
d'Isidore Lévy (Griffiths, o.c., p. 326, n. 1) est donc à abandonner. La nouvelle lecture
confirme qu'Ashtar-Réshéf était bien le titulaire du grand temple de Byblos, et le roi
de la ville, comme Melqart l'était à Tyr et comme Yahwé était le roi d'Israël. On remarquera en outre qu' 'tr est la forme araméenne du nom cananéen et arabe 'ttr, A. Caquot,
Syria, 39, 1962, p. 255. Ceci confirme l'époque hellénistique de la légende contée par
Plutarque.

[1] Griffiths, op. cit., p. 326, n. 6.

[2] Voyez ci-dessus, p. 48-55.

[3] Plutarque ajoute que certains appelaient cette Astarté de Byblos Σάωσις qui me
paraît devoir se transcrire en phénicien סוסי. « le cavalier», allusion à son titre égyptien « la régente des chevaux », voyez « Ashtart cavalière et armée dans le mythe de la
planète Vénus », Mél. de l'Univ. S.-Joseph, 45, 1969, p. 523-537. Sur le sens possible
« Celle qui fournit le cheval », voyez ci-dessus p. 82-85. La prononciation saôs de סוס,
« cheval », peut-être locale, rendrait compte du caractère radical du waw interne dans ce
mot, probablement d'origine étrangère.

V

LES IVOIRES DU PALAIS ROYAL DE RAS SHAMRA,
DU MUSÉE DE DAMAS

Au cours de la campagne de 1952 à Ras Shamra, M. Claude Schaeffer à découvert en place un grand ensemble de sculptures d'ivoire formé de plaquettes rectangulaires de 24 cm. de haut disposées l'une à côté de l'autre, et sculptées sur les deux faces; leur alignement se termine de chaque côté par une figure de lotus découpée. La position des panneaux les uns par rapport aux autres est originelle et certaine, car ils ont été trouvés en terre ainsi groupés (pl. X).[1] M. Matthiae les date de 1350-1340 avant J.-C.[2] On va voir que mes observations confirment ces dates.

Il est très apparent que les modèles ont été dessinés en Égypte, mais il est évident aussi que le travail a été exécuté par un artiste phénicien qui a modifié les modèles et leur a donné en outre une signification nouvelle.

Ces ivoires découverts dans un palais royal d'Ugarit ornaient un lit d'apparat qui fut sans doute offert au roi de cette ville à l'occasion d'un mariage princier. J'explique les sujets de la façon suivante: la face postérieure (face A) représente le donateur, un prince giblite, adorant ses dieux, et la face principale (face B), la déesse Hathor, la grande déesse égyptienne « dame de Byblos », prenant sous sa protection le roi d'Ugarit, sa cour et plus spécialement le couple des jeunes princes en voie de se marier.

C'est cette interprétation que je vais essayer de justifier en analysant les figures et les scènes représentées.

Pour faire l'étude de cet ensemble, les deux faces seront désignées par les lettres majuscules A et B; de gauche à droite, chaque panneau sera distingué par une lettre minuscule, de *a* à *f* pour la face A, et de *g* à *l*, pour la face B (pl. X).

[1] Cl. F.A. Schaeffer, *Syria*, 31, 1954, p. 51 s., pl. VIII-X; W.A. Ward, *Syria*, 46, 1969, p. 226, fig. 3-4.

[2] Ward, *Seal Cylinders*, p. 227.

1. Face A. Le donateur giblite et ses dieux

A l'extrémité droite, le panneau *f* représente un personnage masculin tourné vers la droite (pl. XI). Le modèle égyptien n'est guère modifié: c'est le type de l'adorateur dont les Égyptiens ont fait dans les hiéroglyphes le déterminatif de l'adoration.[1] Position et geste nous avertissent donc que ce personnage est en adoration devant les figures qui lui font face dans les cinq panneaux *a* à *e*. On est ainsi assuré qu'elles représentent des dieux ou des personnages divins.

Cet adorateur est dans une pose souple et élégante dont on trouve des exemples en Égypte à l'époque amarnienne.[2] Il porte le costume d'apparat des personnages de cour de la fin de la XVIIIᵉ dynastie (fig. 79).[3] Le petit tablier plissé est caractéristique. On le trouve déjà vers la fin du règne d'Aménophis III, et il est resté à la mode jusqu'à la fin de la XVIIIᵉ dynastie. C'est ce personnage sans doute qui a commandé et dirigé le travail. En se faisant représenter lui-même adorant ses dieux, il s'attribuait le bénéfice moral de la scène, un peu comme le faisaient de la même manière les donateurs du Moyen Age.

Parmi les divinités qui lui font face, la plus facile à identifier est la déesse nue Ashtart, déesse de l'étoile du soir, dans le panneau *a* (pl. XII). Elle tient de la main droite pendante une croix ansée plus largement pattée qu'elle ne l'est généralement en Égypte, et de la main gauche levée des lotus fixés sur un support rigide, des lotus « montés » par quelqu'habile fleuriste. Ces deux symboles de la vie, croix ansée et lotus, sont ses attributs. Dans une stèle du Louvre,[4] la déesse dont on lit le nom, ʿAshtart, tient de la main droite un sceptre qui paraît sommé d'un lotus, et de la gauche pendante une croix ansée à la

---

[1] A.H. Gardiner, *Egypt. Gramm.*, Oxford, 1927, p. 438, n° 30; C. Kuentz, *Mél. M. Dunand*, I, p. 188, pl. I.

[2] H. Schäfer et W. Andrae, *Die Kunst des Alten Orients*, Berlin, 1925, pl. 364, 371 et 373.

[3] *Ibid.*, pl. 355 et 359, en outre des planches citées, A. Erman et H. Ranke, *La civilisation égyptienne*, 1963, trad. Mathien, p. 270, fig. 87.

[4] Vandier, *La revue du Louvre*, 19, 1969, p. 46-47, fig. 10; *Mélanges Stock*, « Le dieu Seth au Nouvel Empire », *Mitteilungen des deutschen Archéologischen Institut, Abteil Kairo*, 25, 1969, p. 188-197 et pl. VII.

Fig. 79. Costumes d'apparat de hauts personnages de la fin de la XVIIIᵉ dynastie, vers 1350 avant J.-C.
    A. Erman - H. Ranke, *La civilitation égyptienne*, trad. C. Mathien, 1963, p. 270, fig. 87.

manière des divinités égyptiennes.[1] Ramsès II debout devant elle lui tend des lotus. Sur un cylindre cananéen de Béthel, ʿAshtart à tête de lion tient la croix ansée de la même manière.[2] L'empreinte d'un cylindre paléo-syrien de Tell Mardikh [3] montre une déesse qu'on peut identifier à Ashtart à cause de la colombe et de l'étoile (la planète Vénus), qui l'accompagnent et qui sont ses attributs habituels; elle donne la vie à l'aide de la croix ansée qu'elle tient devant elle de la main droite; le modèle de cette utilisation de la croix ansée est pris en Égypte.[4] Des stèles ont été dédiées dans ce pays, sous le Nouvel Empire, à Ashtart, déesse nue, sous les noms de *Qdš* (ou *Qdšt*) et de *Knt*; celle-ci offre toujours des lotus avec des serpents, c'est-à-dire des symboles de vie et d'immortalité.[5]

Dans le milieu cananéen, les plaquettes de terre cuite de Tell Beit Mirsim, au Sud de Shephelah de Judas, représentent la déesse nue

---

[1] Desroches-Noblecourt, *Toutankhamon et son temps*, Exposition du Petit Palais, 1967, p. 17, 183 et pl. de la p. 142.

[2] *Études sur les dieux phéniciens*, p. 75, fig. 18.

[3] P. Matthiae, *Syria*, 46, 1969, 1-43, fig. 1 et 3.

[4] G. Maspero, *Hist. anc. des peuples de l'Orient classique*, I, *Les origines*, 1895, p. 135, figure; Desroches-Noblecourt, planche citée ci-dessus.

[5] Boreux, *Mélanges syriens*, p. 673-687; *Persica*, 3, 1967-1968, p. 19, fig. 7.

Fig. 80. La déesse nue, Ashtart, la tête de profil, le corps de face, tendant un lotus, comme dans l'ivoire de Ras Shamra, d'après un scarabée hyksos.

tenant des lotus de ses deux mains écartées ; [1] elle porte une sorte de couronne de feuillage. On la voit aussi sans aucun attribut sur sa tête, comme dans l'ivoire de Ras Shamra.[2] Sur un scarabée hyksos (fig. 80),[3] la déesse nue tend un lotus de la main gauche, comme dans cet ivoire. La pose est aussi la même. L'artiste phénicien a seulement réduit l'extension du bras, faute de place. On verra par la suite qu'il a fait de même dans le panneau c : le pharaon massacrant un prisonnier, et dans le panneau i : un autre roi offrant un vase. [4] La déesse du scara-bée présente cependant des différences avec celle de l'ivoire. Devant le visage un globe représente la planète Vénus, son domaine. Il semble bien, de plus, qu'elle ait une tête de lionne,[5] et que de la main gauche elle tienne un serpent, le complément habituel du lotus dans les stèles égyptiennes.[6]

La présence de cette déesse de l'étoile du soir appelle celle de son conjoint ʿAshtar-Réshéf, dieu de l'étoile du matin. Il apparaît en effet dans le panneau e, juste devant l'adorateur, au premier rang. Il est caractérisé par une massue à tête sphérique et par un lion qu'il porte sur son bras gauche, en le tenant en laisse de la droite (pl. XI). Ce lion

---

[1] Albright, « Astarte Plaquettes and Figurines from Beit Mirsim », *Mélanges syriens*, 1939, p. 107-120, pl. A, 1, 3, 5; B, 1-4.

[2] Albright, *op. cit.*, pl. A, 6, 10; B, 8, 10; C, 1-4, 6-7, 11-15.

[3] M. Guentch-Ogloueff, *Revue d'Égyptologie*, I, 1933, p. 197-202, fig. 1-2.

[4] Voyez ci-après, p. 177, 182, pl. XIII et XVI.

[5] Cf. *Études sur les dieux phéniciens*, p. 75, fig. 18, et p. 94, fig. 27.

[6] *Op. cit.*, p. 134, fig. 35, et références p. 133, n. 1.

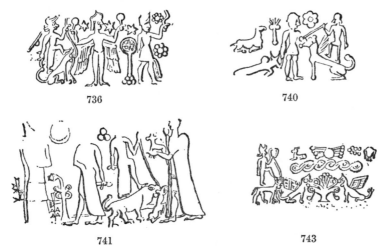

Fig. 81. Ashtar tenant en laisse le lion étoile du matin, d'après des cylindres-sceaux hurri-mitanniens de Nuzi du XVe siècle avant J.-C.

Dans le n° 736, on reconnaît devant Ashtar, son épouse Ashtart déesse-Colombe, l'étai cosmique du ciel et du soleil, et Shaḥar. Ce cylindre coupé autrement sera réexaminé dans la fig. 125.

Dans le n° 740, on voit Shaḥar amenant en laisse le taureau de la chaleur du jour.

Le n° 741 montre le lion étoile du matin dévorant l'antilope de la fraîcheur nocturne (scène 3 de la coupe de Ras Shamra). Fig. 103-105.

Dans les n°s 734, 735 et 738, non reproduits, le lion tenu en laisse par Ashtar est ailé (comme dans le n° 740), avec des variantes de la colonne soutenant le soleil.

Edith Porada, *Seal Impressions of Nuzi*, pl. XXXVII-XXXVIII et LIII, voir aussi *The Coll. of the Pierpont Morgan Library*, pl. XLIX, n° 331 E.

Fig. 82. Empreinte d'un cylindre de Ras Shamra du XIVe siècle avant J.-C. représentant Anat ailée assise sur un taureau, tenant en laisse un des deux lions qui symbolisent la planète Vénus. Devant elle, Ashtart déesse nue, debout sur les deux lions.

Mélanges Jérôme Carcopino, p. 273, fig. 1.

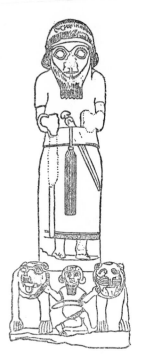

Fig. 83. Les deux lions enchaînés tenus par le dieu de l'étoile du matin, d'après une sculpture de Zendjirli.

L'Ethnographie, 57, 1963, p. 30, fig. 12.

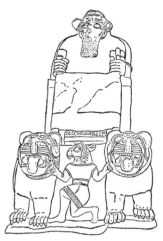

Fig. 84. Les deux lions enchaînés tenus par le dieu-Griffon, d'après une sculpture de Karkémish.

Pottier, *Syria*, 1, 1920, pl. XXXIV, fig. 37.

Fig. 85. Le Maître des Enchaînes (*Rab 'Asîrê*), d'après une sculpture de son temple à Palmyre *L'Ethnographie*, 57, 1963, fig. 3; *Les tessères et les monnaies de Palmyre*, p. 276, fig. 170.

est l'étoile du matin, qui est l'astre propre à ce dieu.[1] C'est le lion qui dévore l'antilope de la fraîcheur nocturne, le matin.[2] Sur des cylindres-sceaux hurri-mitanniens (fig. 81), on le voit tenu en laisse par le dieu qui est debout sur son dos. Sur un de ces cylindres, le dieu tenant ainsi le lion avoisine la déesse nue (nº 736); sur un autre, le même lion dévore l'antilope de la nuit (nº 741). Sur un cylindre de Ras Shamra du XIVe siècle avant J.-C. (fig. 82),[3] Ashtart déesse nue (entièrement nue comme sur l'ivoire) est debout sur les deux lions étoile du matin et étoile du soir; l'un d'eux est tenu en laisse par Anat, assise à son côté. Dans les monuments hittites, ces lions sont parfois tenus par leur collier, sans laisse (fig. 83 et 84),[4] mais dans une sculpture romaine de

---

[1] *Persica*, 3, 1967-1968, p. 10-36; *Études sur les dieux phéniciens*, p. 7-29, fig. 1-9, voir spécialement p. 8-9, et aussi p. 91-92.

[2] Scène 3 de la coupe d'or de Ras Shamra, *Persica, op. cit.*, p. 26-28, fig. 13, scène 3.

[3] *Mélanges Jérôme Carcopino*, 1966, p. 273, fig. 1 (à la 10e ligne, lire : « Hin fond l'argent par milliers», et non « pour faire des bœufs», traduction de Virolleaud).

[4] Pottier, *Syria*, 1, 1920, pl. XXXIV, fig. 27; pl. XVI, fig. 101.

Palmyre,[1] le dieu Malakbêl les maîtrise à l'aide de chaînes fixées à leur cou (fig. 85). Il est qualifié *RB 'SYR'*, « le Maître des Enchaînés ».[2] Ce thème artistique a joui d'une extraordinaire vitalité, car sur la chape de saint Mexme, du Xe siècle, à Chinon, d'origine orientale, on voit encore deux guépards symétriques enchaînés de cette manière.[3] Sous chacun, un petit animal renversé rappelle que les lions étoiles dévorent chaque jour l'antilope et le taureau.

Ashtar est presque toujours armé. La lance, la hache d'arme, l'arc, aussi bien que la massue sont ses armes habituelles. Sur un cylindre syro-hittite (fig. 108, 3), le dieu brandissant une massue à tête ronde [4] est au côté d'Ashtart déesse nue. Mais ici ce n'est pas le lion que le dieu tient en laisse mais le taureau de la chaleur du jour qu'il amène avec lui à la fin de la nuit. Ce thème est plusieurs fois représenté dans la glyptique. Sur un cylindre de Ras Shamra, sans doute du XIVe siècle avant J.-C., on voit Ashtar armé d'une hache et d'une massue à tête ronde poussant devant lui deux taureaux ainsi tenus en laisse (fig. 108, 2).

Par derrière Ashtar, dans le panneau *d*, deux personnages en costume militaire, tenant une harpé et un arc, marchent du même pas que lui, et dans le même sens. Tous trois reçoivent donc l'hommage de l'adorateur du panneau *f*.

Ces deux personnages ne portent aucun attribut caractéristique. Nous n'avons pour nous guider que leur parfaite ressemblance qui peut les faire considérer comme des frères; et leur groupement avec le dieu de l'étoile du matin. Ces deux indications seraient favorables à une identification avec Shaḥar et Shalim, « Aurore » et « Crépuscule », qui accompagnent en effet la planète Vénus, le matin et le soir. L'étude que j'ai faite de leur iconographie montre que sur les cylindres syriens dits syro-hittites, ils apparaissent groupés avec Ashtar.[5] Presque toujours leur haut bonnet de feutre, prototype du πῖλος des Dioscures, les rend

---

[1] J. Starcky, *Palmyre*, p. 81 et 130, fig. 11; *Les tessères et les monnaies de Palmyre*, p. 276, fig. 170.

[2] *C.I.S.*, II, 3913, I, 10.

[3] *Trésors des églises de France*, Exposition organisée par M. Jacques Dupont au Palais du Louvre, en mars 1965, n° 197.

[4] Voyez aussi fig. 32 et 37, ci-dessus.

[5] Voyez ci-dessus, p. 114-115, fig. 30-32; p. 119-120, fig. 37-38.

facilement reconnaissables, mais il peut faire défaut, de sorte qu'ils sont têtes nues.[1] Shaḥar et Shalim ne sont pas des guerriers; ce caractère n'apparaîtra qu'avec leur passage à la forme Dioscures. Les Grecs en ont fait surtout des athlètes. Sur un cylindre, on voit Shaḥar et Shalim armés de haches (fig. 39), mais c'est exceptionnel. L'identification des deux soldats de l'ivoire est donc douteuse. Il faudrait admettre que l'artiste n'ait pas découvert dans le répertoire des dessins égyptiens dont il disposait, de modèle plus voisin de celui qu'il recherchait. Il se pourrait que ces deux archers ne constituent qu'une escorte d'Ashtar. Ce serait un remplissage.

Avec le panneau *b* nous retrouvons un terrain plus solide. On y reconnaît un pharaon coiffé de la couronne bleue (*ḫprš*) du Nouvel Empire; il tue un lion de sa lance. L'artiste a représenté le pharaon d'Égypte au cours d'une expédition en Phénicie. En tuant des bêtes féroces, il faisait figure de protecteur de la population. On se le représentait volontiers chassant le lion dans le Liban et l'Antiliban.[2] Aménophis III se vante d'avoir tué au cours d'une expédition cent deux lions de sa propre main.[3] Le thème du pharaon tuant le lion parfois avec une lance est connu en Égypte.[4] Mais il faut reconnaître que l'artiste phénicien en resserrant son sujet dans le rectangle qu'il avait à remplir a fait perdre à la scène tout mouvement. Son lion apeuré, la queue entre les jambes, est sans défense (pl. XIII).

L'artiste a très certainement voulu représenter le pharaon régnant à l'époque où il travaillait, de toute manière vers la fin de la XVIIIe dynastie. Or les visages des souverains égyptiens de cette époque sont assez connus pour faire un choix. Dans le tombeau de Toutankhamon, une sculpture sur ivoire a laissé des figures de ce roi, d'une délicatesse exquise. Il en est une [5] qui le représente coiffé de la couronne bleue

---

[1] Ci-dessus, p. 118, fig. 36.

[2] Il y aurait eu des lions dans le Liban jusqu'au XIVe siècle, P. Mouterde, *Mél. de l'Univ. S.-Joseph*, 45, 1969, *Mél. M. Dunand*, I, p. 446. Sur les lions tués à Mari du temps d'Hammourabi, G. Dossin, *Syria*, 48, 1971, p. 7-19.

[3] G. Maspero, *Hist. anc. des peuples de l'Orient*, 14e éd. 1931, p. 237.

[4] Ch. Desroches-Noblecourt, *Revue d'Égyptologie*, 7, 1950, p. 37-46, pl. V-XII, spécialement pl. VI, fig. 4.

[5] Desroches-Noblecourt, *Toutankhamon et son temps*, Exposition du Petit Palais, 1967, p. 103, 114-115, 120-121; H. Schäfer et W. Andrae, *Die Kunst des Alten Orients*. Berlin, 1925, pl. 367.

Fig. 86. Décor d'une coupe phénicienne en argent du VIIᵉ siècle avant J.-C.
D'après *Jaarbericht*, 10, p. 356, fig. 27. Cf. aussi H. Frankfort, *The Art and Architecture of the Ancient Orient*, p. 200, fig. 97.
Le périple de la barque solaire :
> en haut, le soleil assimilé à Osiris, dans le royaume des morts pendant la nuit;
> à droite, le soleil sous la forme du scarabée (*ḫprr*), au levant;
> en bas, la barque solaire à midi;
> à gauche, le scarabée au couchant (on remarquera les quatre ailes des scarabées).

Entre les barques, Isis allaitant Horus adulte dans un fourré de papyrus (scène reproduite quatre fois).
Au milieu de la coupe, le pharaon massacrant des prisonniers.

se livrant à une chasse toute conventionnelle comme ici. Or sa figure poupine à l'aspect très jeune (pl. XIV) est tout à fait semblable à celle du pharaon de l'ivoire de Ras Shamra. Il ne me paraît pas douteux que ce soit le même souverain, qui a régné de 1352 à 1342. Les dates proposées ci-dessus se trouvent ainsi confirmées. Si vraiment notre sculpteur a travaillé en Égypte, comme le voudrait M. Matthiae, n'aurait-il pas fréquenté l'atelier d'où sont sortis les merveilleux ivoires dont nous parlons ?

Reste le dernier panneau, c. Il dérive encore d'un thème des plus anciens [1] et des plus populaires en Égypte : le roi massacrant un prisonnier en le tenant par sa chevelure. Une coupe phénicienne en argent du VIIe siècle avant J.-C. (fig. 86) reproduit assez exactement ce sujet. Dans l'ivoire, l'artiste a entièrement transformé son modèle égyptien. Le pharaon y apparaissait en marche brandissant sa massue au-dessus de sa victime ou de ses victimes. Le sculpteur a resserré le sujet pour le faire tenir dans le cadre dont il disposait. Le roi menace le prisonnier de son épée.[2] On dirait qu'il va lui crever les yeux suivant une pratique qu'on observera plus tard en Assyrie.

La figure du roi a perdu tout caractère qui permettrait d'y reconnaître un pharaon. Un bandeau sans uraeus remplace les couronnes royales égyptiennes et comme le pharaon est déjà représenté à côté, on peut être assuré que c'est un roi différent, un prince phénicien apparemment. L'ensemble de ce décor invite à penser que c'est son roi que le dédicant a mis au nombre de ses dieux. Ceci pose une difficile question : les rois phéniciens étaient-ils des dieux ? Probablement pas, mais on leur rendait des honneurs quasi divins et un courtisan pouvait fort bien, mi par conviction, mi par flatterie, mettre son roi au rang des dieux. Il prenait ici exemple de ce qu'il observait en Égypte. Nous aurions donc une représentation du roi de Byblos, contemporain de Toutankhamon, Azirou, le successeur de Ribadi. Il est monté sur le trône de Byblos au début du règne du souverain égyptien ou plutôt un peu avant. Azirou était un Amorite, ennemi des Hittites. Peu favorable d'abord à la domination égyptienne, il s'est rapproché du pharaon à mesure que le danger hittite se faisait plus pressant et la présence ici de l'un à côté de l'autre indiquerait plutôt la fin du règne. Il est probable qu'il est allé lui-même en Égypte pour sceller une alliance avec Touthankhamon.[3] Il est clair en tout cas que l'Asiatique qu'Azirou menace de son épée est le Hittite. On peut penser que l'artiste a reproduit les

---

[1] Déjà sur la palette de Narmer, et sur un monument de la IIe dynastie, Erman-Ranke, *La civilisation égyptienne*, p. 79, fig. 14.

[2] Cl. Schaeffer, *Ugaritica*, III, 1956, p. 276, fig. 289, photographie de détail.

[3] K. Klengel, *Geschichte Syriens im 2. Jahrtausend*, Berlin, 1969, II, p. 280.

traits réels du roi de Byblos comme il l'a fait dans la figure de Touthankhamon.

En résumé donc, la face A des ivoires du Palais royal de Ras
Shamra représente un adorateur, sans doute le personnage qui a
commandé le travail, rendant un culte à un couple divin bien déterminé,
Ashtar et Ashtart, les protecteurs de Byblos, à deux autres dieux
qui sont moins bien identifiés, peut-être Shaḥar et Shalim, et à deux
personnages divins : le pharaon et le roi de Byblos. Ashtar et Ashtart
paraissent encadrer ces quatre derniers.

2. FACE B.

a) *Hathor allaitant*

L'autre face se présente de façon tout à fait différente. Le panneau
plus grand qui se trouve à peu près au milieu de l'ensemble, *j*, attire
aussitôt le regard. On y reconnaît la déesse Hathor, le visage et la
poitrine de face, les jambes tournées vers la gauche (pl. XV). Son large
visage encadré d'un épais bandeau est caractéristique en Égypte où
la frontalité des figures est exceptionnelle. Le sculpteur asiatique a
omis les oreilles de vache qui apparaissent le plus souvent sur les côtés
dans les modèles égyptiens (fig. 98, 1). Peut-être choquaient-elles son
goût, mais il a maintenu les cornes en les développant sur les côtés
de façon inhabituelle. On y reconnaît clairement des cornes de vache
qui sortent du front. Détail important, car Ashtart porte parfois aussi
une coiffure hathorique, mais les cornes bovines ne sont qu'un ornement
placé au-dessus du voile ou de la coiffure isiaque.[1] Parfois elles sont
omises [2] ou remplacées par un croissant qui soutient le disque solaire.[3]
Quant à Anat, elle n'est dotée que d'une corne unique sur le devant de
son casque sur un cylindre d'Ugarit du XIVe siècle avant J.-C. (fig. 82).[4]
Sur une stèle égyptienne elle apparaît sans corne, et son caractère
essentiel est d'être armée.[5] Dans deux statues découvertes par

---

[1] *Études sur les dieux phéniciens*, fig. 16, 17 et 21.
[2] *Ibid.*, fig. 27 et 35. Pendentif d'or de Ras Shamra, ici fig. 114, b, et 98, 2.
[3] C. Boreux, *Mélanges syriens*, p. 673-687 (stèles égyptiennes du Nouvel Empire).
[4] *Mél. J. Carcopino*, p. 273, fig. 1.
[5] *Ibid.*, p. 274, fig. 2; *Mél. de l'Université Saint-Joseph*, 45, 1969, p. 538, pl.I.

Montet à Tanis, elle n'a pas non plus de cornes. A ces figures se borne toute iconographie certaine de cette déesse. Je la reconnais de plus dans une monnaie de Chypre et un antéfixe étrusque (fig. 19, pl. III). Son casque y est orné de cornes et d'oreilles de vache, mais sans le disque solaire. Anat, alors devenue Athéna, présente un visage étroit qui ne permet pas de la confondre avec Hathor. Ma conclusion est que la déesse représentée dans l'ivoire de Damas ne peut être Anat, mais est bien Hathor.

L'artiste a remplacé le disque solaire égyptien, au-dessus de la tête de la déesse, par une figure syrienne et hittite du soleil. On y reconnaît l'astre représenté par une étoile cruciforme, d'aspect floral, parfois une véritable rosette,[1] entourée d'un anneau qui figure le ciel.[2] Ce symbole peut être ailé comme le disque solaire égyptien.[3]

Comme on le voit, l'artiste n'a eu aucun scrupule à modifier son modèle égyptien. La robe d'épaisse laine et à longues manches contraste avec les robes légères et transparentes de l'Égypte. Mais surtout il a donné à la déesse quatre ailes, deux relevées et deux pendantes qui n'ont d'égyptien que leur forme. La disposition même des quatre ailes paraît phénicienne. Philon de Byblos en attribue cependant l'invention au dieu égyptien Thot : [4] « il imagina pour Kronos = Él, les insignes de la royauté... aux épaules quatre ailes, deux comme s'il volait et deux pendantes... qui signifient qu'il volait en se reposant et se reposait en volant». La statue de Kronos = Él à Byblos avait en effet des ailes de ce type.[5] L'iconographie des quatre ailes, aux IIe et Ier millénaires avant J.-C. est abondante. Elle s'étend en Égypte, en Phénicie, en Anatolie, en Assyrie, en Perse.[6] L'Égypte du Nouvel Empire a connu le motif des deux ailes fixées aux bras, l'une relevée

---

[1] Les tessères et les monnaies de Palmyre, p. 153-154 et p. 144, fig. 109.

[2] Op. cit., p. 54-63.

[3] P. Montet, Byblos et l'Égypte, 1928, p. 233, fig. 105, bas-relief hittite; E. Pottier, Syria, 1, 1920, p. 286, fig. 40 et n. 2.

[4] Philon de Byblos, Fragm. II, 26, Lagrange, Études sur les rel. sémit., 2e éd., p. 424.

[5] Études sur les dieux phéniciens, p. 57, fig. 14; Iranica Antiqua, 8, 1968, p. 11, fig. 7.

[6] R.D. Barnett, Mél. de l'Université Saint-Joseph, 45, 1969, (Mélanges Maurice Dunand, I), pl. I, 5 (Byblos), IV, (Malte, Égypte), VII, A (Hittite), D (Nimrud), IX et fig. 2 (Perse); F. Thureau-Dangin et M. Dunand, Til-Barsib, 1936, pl. XI, 3, XIV, 5 a (?) (Syrie); G. Perrot et Ch. Chipiez, Hist. de l'art dans l'Antiquité, Perse, 1890, p. 787, fig, 467 (Pasargade).

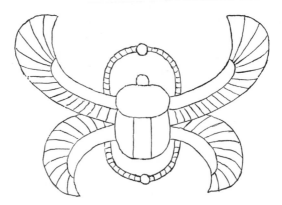

Fig. 87. Scarabée à quatre ailes deux relevées et deux pendantes, motif gravé sous un scarabée-sceau phénicien du VIIIᵉ ou VIIᵉ siècle avant J.-C.

W.A. Ward, *The Journal of Egytp. Arch.*, 53, 1967, pl. XII, n° 1, p. 69, fig. 1.

Fig. 88. Athéna-Niké à quatre ailes accueillant des guerriers décédés, sur un sarcophage en céramique de Clazomènes (Ionie), à figures rouges sur fond noir, de la fin du VIᵉ siècle avant J.-C.

Musée de Berlin, Zahn, *Jahrbuch*, 1908, p. 170 ; Chapouthier, *Les Dioscures au service d'une déesse*, p. 199, fig. 23.

Les quatre ailes recroquevillées, et le symbole des lotus renversés pour marquer que les personnages sont morts, sont d'origine phénicienne.

l'autre abaissée dans des figures d'Isis et Nephtis.[1] Ces ailes sont abondamment représentées dans les ivoires d'Arslan-Tash, avec ces déesses ou avec des génies.[2] Le prototype égyptien est représenté dans

---

[1] Thureau-Dangin, Barrois, Dossin, Dunand, *Arslan-Tash*, 1931, p. 95, fig. 35.

[2] *Op. cit.*, pl. XIX-XXV.

Fig. 89. Déesse à quatre ailes qui ressemble à une nourrice entre deux jeunes dieux,
d'après un miroir étrusque, Gerhard, *Etruskische Spiegel*, V, pl. 12, IIIᵉ siècle avant J.-C.,
d'après un modèle plus ancien.

le tombeau de Toutankhamon.[1] Par la forme et la façon dont elles sont
fixées ce sont très exactement des ailes d'avion. Mais dans tous ces
exemples, il n'y a jamais que deux ailes. Le thème des scarabées à

[1] K. Lange, M. Hirmer, E. Otto, C. Desroches-Noblecourt, *L'Égypte*, 1967, pl. 196,
199, XLII et XLIV. Voyez aussi le pectoral de Chéchanq Iᵉʳ à Tanis, P. Montet, *Les
énigmes de Tanis*, pl. XVI, figure de gauche.

quatre ailes fortement recourbées aux extrémités apparaît en Phénicie dans le Ier millénaire avant J.-C. (fig. 87). Cette forme d'ailes a été adoptée par les Grecs dès l'époque archaïque (fig. 88) et par les Étrusques (fig. 89). Ward [1] a noté « que les personnages munis d'une double paire d'ailes sont en général étrangers à l'Égypte, mais apparaissent en Asie occidentale au milieu du IIe millénaire avant J.-C., étant peut-être d'origine hurrite ». Mais dans l'ivoire, l'artiste a donné à ce thème une interprétation tout à fait personnelle en croisant les ailes du haut sur la poitrine de la déesse, à la manière d'un châle. On ne voit pas comment elle pourrait s'en servir, et il semble même avoir ajouté une aile horizontale passant sur le ventre.

Les jeunes garçons allant l'un vers l'autre en tétant la déesse, lui saisissant les seins, sont vêtus d'un pagne croisé sur le devant et coiffés d'un épais bonnet de feutre qui leur recouvre la tête; à gauche le bonnet porte sur le dessus deux cordons recourbés à l'extrémité; à droite, cet ornement a disparu en partie dans une cassure, mais on peut le reconstituer avec certitude. Il empêche de prendre ce bonnet pour une chevelure épaisse ou une perruque (fig. 97). Nous verrons l'importance de ces bonnets pour l'identification à donner à ces personnages.

b) *Le roi d'Ugarit et sa cour*

A la droite de la déesse, les panneaux *g*, *h*, *i* montrent trois personnages tournés vers elle; ils lui apportent des offrandes et se mettent apparemment sous sa protection.

Le premier, certainement le plus important, lui présente un vase. Il tient un sceptre sommé d'un gros lotus. Il porte une perruque et il est vêtu d'une longue robe, fermée par devant, qui descend aux chevilles. Une ceinture nouée par un gros gland enserre la taille. Nous avons parlé de ce vêtement des rois phéniciens.[2]

Dans les modèles égyptiens, un vase ou deux vases sont généralement offerts aux dieux par le roi, mais faute de place, l'artiste phénicien a raccourci le geste du bras tendu en avant (pl. XVI).

Si on admet l'identification du pharaon du panneau *b* avec Toutan-

---

[1] *Syria*, 46, 1969, p. 225, n. 2; *Rivista degli Studi orientali*, 43, 1969, p. 135 s. (uraeus à quatre ailes).
[2] P. 58.

khamon (1358-1349) et si on reconnaît la cour d'Ugarit dans les
panneaux *h-i, k-l*, on devra considérer ce roi comme un portrait de
Niqmad II qui commença son règne au temps d'Aménophis IV (1377-
1358) et qui mourut peu avant Toutankhamon vers 1345.[1]

Le personnage qui s'avance derrière le roi dans le panneau *h*, et qui
paraît plus jeune, pourrait être son fils aîné, Ar-Ḫalba, qui a régné de
1345 à 1336. Il porte des cheveux courts et tient dans sa main droite
un arc fort grand qu'il appuie contre son épaule. Il conduit vers la
déesse un cerf qui marche à son côté, sans doute comme animal de
sacrifice. A la mort de Baʻal, Anat sacrifie 70 cerfs.[2]

Le personnage qui suit dans le panneau *g* apporte un mouton, semble-
t-il, qu'il tient dans ses bras. Il est coiffé d'une sorte de calotte. Nous
y verrions un second fils ou un grand vizir. Ces trois personnages
marchent du même pas vers Hathor.

A la gauche de la déesse, dans le panneau *k*, un couple de jeunes gens
manifestent des sentiments amoureux (pl. XII). Ils sont vêtus de longs
pagnes et ont les cheveux courts. Cette façon de s'embrasser, nez à nez,
est connue en Égypte,[3] mais le groupe y est toujours formé du roi et
d'un dieu ou une déesse.[4]

Le panneau de droite *i*, représente un militaire tourné vers la déesse.
Il porte une perruque et il est vêtu d'une longue robe. Il tient une lance
de la main droite et un arc de la gauche.

Comme plusieurs auteurs l'ont déjà remarqué, ce groupe de personnages qui entoure la grande figure d'Hathor constituerait fort bien une
cour d'un souverain asiatique. La déesse aurait à sa droite, au premier
rang, le roi. Au second rang, derrière lui, son fils, puis un second fils
ou un grand vizir. En pendant, à droite, on trouverait le chef de l'armée.
Le couple des jeunes princes, hors série, rappellerait les enfants royaux.

Cet assemblage de panneaux est flanqué, sur les deux faces A et B,
de lotus montés en colonne. Mme Ch. Desroches-Noblecourt a montré

---

[1] Mario Liverani, *Storia di Ugarit*, Rome, 1962, p. 27-66, et 158, tableau chrono-
logique de la pl. I.

[2] « Poème de la mort de Baʻal », I AB, I, l. 25; *Les rel. du Proche-Orient asiat.*, p. 427.

[3] V. Ions et L. Jaspin, *Mythologie égyptienne*, 1969, p. 73; K. Lange, M. Hirmer, E.
Otto, C. Desroches-Noblecourt, *L'Égypte*, 1967, pl. 97 (Ptah et Sésostris); Lange et
Hirmer, *L'Égypte*, 1956, pl. 95 et 98.

[4] Voyez surtout le bas-relief de Byblos représentant la Baʻalat Gébal et un pharaon,
ainsi nez à nez, Montet, *Byblos et l'Égypte*, p. 38-39, pl. VII, 12.

comment ce motif s'était formé et avait évolué.[1] D'après ses con-
clusions, les « lotus montés » que nous voyons ici confirment l'époque
de Toutankhamon.

3. LIEU D'ORIGINE ET DESTINATION

L'analyse des sujets figurés dans ces ivoires confirme l'opinion
que j'ai déjà émise, que le travail a été exécuté à Byblos et non à
Ugarit.[2] En voici les raisons :

1º. La place d'honneur donnée à Hathor. Elle était qualifiée de
« Dame de Byblos » (*nb* ou *nbt Kbn*). Elle y était devenue une épouse
du dieu suprême, Él, donc une déesse Ashérat. Hathor n'avait de situation comparable dans aucune autre ville phénicienne, ni syrienne.

2º. Les deux divinités identifiées avec certitude sur la face A sont
Ashtar et Ashtart; or ils étaient à Byblos, sous les noms de Ba'al
Gébal et de Ba'alat Gébal, les dieux protecteurs de la ville. Ils y avaient
deux temples jumelés qui étaient les plus importants qu'on y ait
découverts. C'est à eux que devait penser d'abord un sculpteur travail-
lant à Byblos.[3] A Ugarit, on leur aurait substitué le Puissant Ba'al,
Ba'al Ṣaphon, et sa sœur Anat, qui jouaient le rôle primordial dans
cette ville.

3º. Le pharaon est adoré avec les dieux de la cité. Il ne pouvait
recevoir un tel honneur qu'à Byblos, ville contrôlée par les Égyptiens
qui y avaient introduit leur culte.[4] Si le roi de Byblos y était aussi
adoré, ce que paraît indiquer le panneau *e*, ce serait par suite de l'influence et de l'exemple égyptiens.

4º. L'utilisation de modèles venus directement d'Égypte est aussi
favorable à une origine giblite. A Ugarit, l'influence des modèles
égyptiens apparaît dans de multiples détails, mais elle n'a jamais
l'ampleur et la précision que nous observons ici.

---

[1] *Ugaritica*, III, 1956. p. 182-184, fig. 130-137; W. Stevenson Smith, *The Art and
Archit. of Anc. Egypt.*, 1965, p. 151.

[2] *Études sur les dieux phéniciens*, p. 93.

[3] Voyez le bas-relief de Byblos nommant Hathor et représentant Ashtar et Ashtart,
Études sur les dieux phéniciens, p. 87-89, fig. 21, pl. VII, 2.

[4] Sur le caractère divin du pharaon en Égypte, Erman-Ranke, *La civilisation égyptienne*, p. 78.

5°. Comme je viens de le remarquer, l'absence d'Anat remplacée par la déesse nue, Ashtart, caractérise Byblos. Nonnos [1] éprouve le besoin de dire que cette ville est le séjour des Grâces, apparemment les hiérodules d'Ashtart, et que « la Vénus assyrienne » (c'est-à-dire encore Ashtart déesse nue) y tient sa cour, et non la pudique Minerve (qui est Anat) ».

L'origine giblite de ces ivoires pose une question : pourquoi ont-ils été découverts non à Byblos, mais dans le Palais royal d'Ugarit ? Ils peuvent y être venus par le commerce, ou par prise de guerre. Mais je pense que le décor permet de dire qu'ils représentent un cadeau fait à l'occasion d'un mariage princier. On a remarqué que la scène du jeune couple amoureux mis sous la protection d'Hathor paraissait une addition à la cour royale reconnue sur la face B. La raison en serait que ce couple fait allusion au mariage princier qu'on a voulu honorer.

Cette origine et cette destination de ces ivoires permettent de donner une interprétation d'ensemble. Sur la face A, le donateur giblite s'est fait représenter en adoration devant ses dieux locaux, et il a placé au premier rang le Ba'al Gébal, peut-être parce qu'il était au service de son temple. Cette dévotion particulière avait certainement quelque raison, car on attendrait plutôt ici la Ba'alat Gébal, Ashtart, qui est rejetée à l'extrémité gauche de l'ensemble.[2] On a vu qu'il a rangé parmi ses dieux le pharaon et un roi qui ne peut être que le sien, le roi de Byblos. Quant à la grande figure d'Hathor, « la Dame de Byblos », il l'a placée sur l'autre face pour faire de cette déesse son ambassadrice auprès du donataire.

La face B, à considérer sans doute comme la principale, est en effet toute orientée vers celle-ci, et le roi d'Ugarit, qui reçoit le don, est lui-même figuré à la droite d'Hathor ; sa cour l'accompagne. Son image contraste avec celle qui nous a paru figurer le roi de Byblos. Celui-ci présente l'aspect d'un conquérant à l'image du pharaon. Une arme à la main, il a pris l'attitude de ses maîtres égyptiens. Le roi d'Ugarit, au contraire, présente l'aspect classique du souverain phénicien, celui d'un roi à longue robe descendant aux chevilles.[3] Ce costume était porté

---

[1] *Dionysiaques*, trad. de Marcellus, 1856, II, p. 5.

[2] *Études sur les dieux phéniciens*, p. 65-68 et 87.

[3] *Ibid.*, p. 66-67, fig. 16-17 ; G. Contenau, *La civilisation phénicienne*, 1949, pl. VII (prêtre phénicien).

depuis Tyr jusqu'à Ugarit, et le roi de Byblos lui-même s'en revêtait lorsqu'il n'avait pas le désir de se donner l'air d'un souverain égyptien.[1]

Le roi d'Ugarit, sa cour, les jeunes princes nouveaux mariés ou fiancés sont donc mis sous la protection de la Grande déesse de Byblos, Hathor : c'est le geste que veut rappeler le donateur. Par magie sympathique de ces figures et par sa prière, ces scènes seront une sauvegarde dans le palais du donataire. C'est le but final de ce don.

4. LES DEUX JEUNES GENS ALLAITÉS PAR HATHOR

Ces deux figures ont été jusqu'ici diversement interprétées. On y a vu le plus souvent un jeune roi d'Ugarit avec son double à la mode égyptienne, ou simplement sa reproduction en symétrie décorative. On a aussi pensé que ce pourrait être des dieux.

Pour moi, j'ai cru devoir les identifier avec Shaḥar et Shalim, « Aurore et Crépuscule » des tablettes de Ras Shamra.[2]

Pour nous guider, nous disposons des sources littéraires, spécialement des tablettes de Ras Shamra, et de l'iconographie.

a) *Sources littéraires*

Trois ou quatre de ces tablettes font allusion à l'allaitement par des déesses.

Dans la légende de Kérét,[3] Él exprime au roi cette promesse : « Ton épouse enfantera sept fils pour toi, et (même) huit fils pour toi ; elle enfantera le prince Yaṣib qui suce le lait d'Ashérat, qui tette le le sein de la Vierge Anat, les nourrices [des dieux] ». Ce texte s'adapte mal à la scène de l'ivoire, puisqu'il désigne deux déesses nourricières et un seul enfant, nouveau-né.

Dans un autre texte fort mutilé de Ras Shamra, on pourrait encore lire qu'« elle allaite » (?),[4] mais les cassures ne permettent aucune précision complémentaire.

---

[1] Sarcophage d'Aḥiram, *Études sur les dieux phéniciens*, pl. II, 2, et couvercle, ici p. 59, fig. 21.

[2] *Études sur les dieux phéniciens*, p. 92, fig. 26, légende.

[3] Herdner, *Corpus*, texte 15, p. 69, II, l. 25-28 ; Virolleaud, *Syria*, 23, 1942-1943, p. 142, l. 25-28, et p. 147.

[4] Virolleaud, *Syria*, 23, 1942-1943, p. 148, n. 1, corrigé par Herdner, *Corpus*, p. 58, l. 30-32 ; textes RŠ 1929, n° 6, l. 30-32.

Dans le temple d'Anat ('Anta), à Tanis, P. Montet à découvert deux statues montrant la déesse prenant Ramsès II sous sa protection.[1] Elle le tient par la main. Dans une inscription, Anat et Ashtart sont qualifiées de boucliers de Ramsès III.[2] Dans l'inscription d'un des obélisques, Ramsès II est dit « le nourrison d'Anat ».[3] Le mot égyptien employé ici, $m(')hr$ avec déterminatif de l'enfant, contient nettement une idée de lait et d'allaitement.[4] La déesse considère le roi comme un fils : sur un obélisque du grand temple de Ramsès II dans la même ville, on lui prête ces mots : « je suis sa mère ».[5] Ces textes prouvent qu'en Égypte comme en Syrie Anat peut allaiter un roi.

La grande tablette II AB, relative à la construction du palais de Ba'al,[6] nous entretient d'un banquet que ce dieu donne à ses démi-frères, « les 70 fils d'Ashérat », « la grande Ashérat de la mer », épouse de Él à Ras Shamra. A deux reprises,[7] ces dieux paraissent désignés par l'expression « les suçant le sein » apparemment d'Ashérat. MM. Caquot et Sznycer [8] se refusent cependant à reconnaître ici le sein de la déesse ; ils traduisent ce passage : « les nourrissons (d'Ashérat) dévorent une poitrine avec un bon couteau, un morceau de (bête) grasse ». D'après ce texte les dieux adultes pouvaient être appelés « les têtants », c'est tout ce qu'on peut conclure.

La tablette de la naissance des dieux gracieux [9] est heureusement beaucoup plus explicite. Le poète nous dit qu'il « acclame les dieux gracieux... qui sucent aux pointes des seins (ou des deux seins) des Ashérôt (Ashérat au pluriel) » (l. 24). Il raconte ensuite comment les

---

[1] P. Montet, *Les nouvelles fouilles de Tanis* (1929-1932), Paris, 1932, pl. XLVII, LIV, LXX et LXXII.

[2] *Ibid.*, p. 31.

[3] *Ibid.*, p. 70, l. 4.

[4] Erman-Grapow, *Wört. d. Ägypt. Sprache*, II, p. 115-116. P. Montet, *Les énigmes de Tanis*, 1952, p. 89, a fait un rapprochement malheureux entre ce mot égyptien et l'uga-ritique *mhr* II, dans III *Danel*, I, 38, Virolleaud, *La légende Danel*, 1936, p. 222-223. Aistleitner, *Wört. d. ugarit. Sprache*, p. 180, n. 1532, traduit ce mot : « Dienstmann », « Junker », « Soldat ». Il est sans rapport avec le terme égyptien.

[5] Montet, *Les nouvelles fouilles de Tanis*, p. 108. Porte érigée par le même « à sa mère Anta », Montet, *Les énigmes de Tanis*, p. 43 et 89.

[6] Herdner, *Corpus*, texte 4, p. 20.

[7] Col. III, l. 41-42 ; col. VI, l. 56-57 (Herdner, *op. cit.*, p. 25 et 28).

[8] *Les rel. du Proche-Orient asiat.*, 1970, p. 408, col. III, l. 41-42 ; p. 415, VI, l. 56-57.

[9] Herdner, *Corpus*, texte 23, p. 98-101 ; Virolleaud, *Syria*, 14, 1933, p. 128. Voyez ci-dessus, p. 94 et 97.

deux épouses de Él, c'est-à-dire ses deux Ashérôt, enfantèrent les dieux gracieux « qui sucent aux pointes des seins ou des deux seins de (ces) Dames (*št*)» (l. 61 et 59 reconstituée). Deux de ces dieux sont nés d'abord : Shaḥar et Shalim, « Aurore» et « Crépuscule», un second groupe est apparu ensuite. Après ces naissances « sept années, (même) huit périodes s'accomplissent» jusqu'à ce que les dieux gracieux quittent le temple et parcourent la campagne (l. 66-68). « Année» et « période» sont sans doute synonymes : les scribes de Ras Shamra aimaient ces alternances de mots différents exprimant la même idée.[1] On en conclura que jusqu'à huit ans, ces jeunes dieux sont restés à la garde des deux déesses, et qu'ils pouvaient continuer à être allaités par elles.

Ce texte est, comme on le voit, favorable à l'identification des deux jeunes gens de l'ivoire avec Shaḥar et Shalim, sans en fournir la preuve.

b) *Iconographie*

1. *Allaitements de rois*

Ils ne sont figurés qu'en Égypte où le roi est évidemment allaité à titre de dieu. Sous le Nouvel Empire, on connaît les scènes de la reine Hatshepsout, à Deir el-Bahari, d'Aménophis II et d'Aménophis III, à Louqsor, allaités par Hathor sous sa forme de vache. Elles sont bien connues [2] (fig. 90). Si le double du roi apparaît, il fait l'objet d'une scène distincte. Jamais les deux figures d'enfants ne sont réunies sous la même vache. Lorsque le roi est représenté comme un nouveau-né allaité par une nourrice divine, parfois à tête de vache, une Hathor, il en est de même : il y a autant de nourrices que de figures d'enfants.[3]

Je ne puis citer qu'un exemple où le roi adulte est debout, tétant le le sein d'une déesse également debout (fig. 91), mais cette déesse n'est pas Hathor, mais une déesse d'un nome du Sud, Anouket. On n'a fait

---

[1] La répétition d'une même notion avec des mots différents et parfois avec une progression est fréquente dans les tablettes de Ras Shamra, voyez *Études sur les dieux phéniciens*, p. 14, n. 1, et p. 15 ; la mer alternant avec l'océan, p. 95 (ici p. 94).

[2] Ward, *Seal Cylinders*, p. 232-233, fig. 1 (Aménophis III) ; Ions-Jospin, *Mythologie égyptienne*, p. 57 (Aménophis II).

[3] Ward, *ibid.*, fig. 1-2.

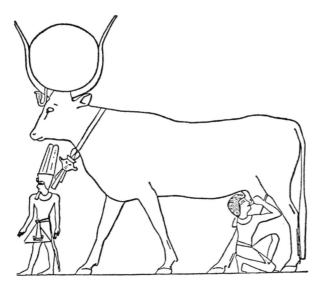

Fig. 90. La reine Hatshepsout, enfant, allaitée par la déesse Hathor sous sa forme animale. Bas-relief du temple de Deir el-Bahari.

A. Erman et H. Ranke, *La civilisation égyptienne*, trad. C. Mathien, Paris, 1963, p. 77, fig. 13.

Fig. 91. La déesse Anouket allaitant Ramsès II, dans le temple de Bêt el-Wadi, d'après K. Lange, *L'Égypte*, p. 235.

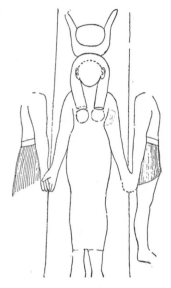

Fig. 92. La déesse Hathor entre le dieu Montou et le roi, sur un pilier de granit rose de la XIIᵉ dynastie, surchargé au nom de Thoutmosis III. British Museum.

D'après J. Pirenne, *Hist. de la civilisation de l'Égypte ancienne*, 2e cycle, Neuchâtel, 1962, pl. 9, p. 526.

A   B

Fig. 93. Isis allaitant Horus debout devant elle.

A. D'après la coupe phénicienne de la figure 86, ci-dessus, p. 176.

B. D'après un bas-relief du temple de Dendérah, d'époques ptolémaïque et romaine, faisant allusion à l'allaitement du roi par Isis-Hahtor, Cl. Aveline et A. Reccah, *Égypte*, 1955, pl. 23.

qu'adapter le modèle d'Isis allaitant Horus, tous deux debout (fig. 93-94).

Comme on le voit, ces scènes qui ne se rencontrent qu'en Égypte ne permettent nullement d'expliquer celle de l'ivoire.

On peut mentionner sans doute une sculpture dans laquelle Hathor prend sous sa protection un roi et un dieu qu'elle tient par la main à ses côtés (fig. 92), mais il ne s'agit pas d'un allaitement.

2. *Allaitements de jeunes dieux*

Comme on l'a vu ci-dessus, il faut partir de la scène que nous venons de citer d'Isis allaitant Horus (fig. 93), qui apparaît sur un plat phénicien du VIIe siècle avant J.,-C. (fig. 86), mais qui était certainement connue bien antérieurement en Proche Orient asiatique.

La scène n'est pas sans analogie avec celle de l'ivoire, mais il manque

Fig. 94. Scarabée de la nécropole punique de Palerme, vers le IVe siècle avant J.-C., représentant Isis-Hathor, à tête de vache, entre Thot et Horus, d'après A.M. Bisi, *Rivista degli Studi orientali*, 41, 1966, p. 109-113, pl. I, a, croquis de l'auteur.

Le disque solaire apparaît trois fois: disque ailé égyptien, disque au-dessus de la tête d'Isis-Hathor, et figure asiatique du disque soutenu par le croissant céleste. On retrouve le *sacrum* de droite sur le cylindre de la figure 50, ci-dessus, p. 132, ou objet du même genre.

le trait essentiel : les deux dieux, au lieu d'un seul ici. Nous ferons donc appel à une représentation punique, d'inspiration plus phénicienne qu'égyptienne, qui reprend la même scène, mais avec deux jeunes dieux (fig. 94). Il s'agit d'un scarabée-sceau de la nécropole punique de Palerme, à dater vers le IVe siècle avant J.-C. L'ordonnance générale est comparable à celle de l'ivoire : au milieu une déesse en qui nous reconnaîtrons de même Hathor, et deux jeunes dieux sur les côtés, l'un allaité, l'autre apparemment sur le point de l'être. A.M. Bizi qui a publié ce scarabée [1] a bien reconnu la scène de l'allaitement d'Horus par Isis, ici Isis-Hathor. La déesse a en effet la tête de vache d'Hathor,[2] surmontée du disque solaire. Le dieu de gauche est reconnaissable à son long bec recourbé : c'est Thot, souvent associé à Isis et à Horus.[3] Au-dessus de la scène, le disque ailé représente Rê, apparemment idenfié avec le père des deux jeunes dieux. Les petits globes qui couronnent la tête de ces derniers me paraissent devoir s'expliquer par une influence grecque : un rapprochement avec les Dioscures qui sont parfois surmontés de globes analogues (fig. 95).

Fig. 95. Les Dioscures surmontés de deux globes représentant l'étoile du matin et l'étoile du soir ; entre eux le grand croissant figure du ciel (non la lune).

D'après une monnaie de Pisidie d'Élagabale. Chapouthier, *Les Dioscures au service d'une déesse*, p. 59, nº 44.

---

[1] *Deux scarabées inédits de la nécropole punique de Palerme, Rivista degli Studi orientali*, 41, 1966, pl. I, a.

[2] *Études sur les dieux phéniciens*, p. 97.

[3] *Ibid.*; Vandier, *La religion égyptienne*, 1949, p. 64 ; Serge Sauneron, *Les prêtres de l'Ancienne Égypte*, 1957, p. 34, Horus et Thot purifiant le roi ; C. Desroches-Noblecourt, « Les religions égyptiennes », extrait de l'*Histoire générale des rel.*, A. Quillet, éd., p. 258-260. Le groupe d'Horus et Thot est souvent substitué à celui d'Horus et Seth.

Fig. 96. Héra-Junon allaitant deux dieux adultes. Décor d'un miroir étrusque.

Le dieu de gauche est Hercule reconnaissable à la peau du lion de Némée qu'il a déjà
tué. Celui de droite, qui paraît attendre son tour, est certainement Eurysthée, son frère
aîné (pour marquer qu'il est l'aîné, l'artiste l'a dessiné plus grand). Ces deux frères,
fils de Jupiter, sont comparables aux Dioscures.

D'après Gerhard, *Etrusk. Spiegel*, II, pl. 126; Saglio. *Dict.*, III, p. 83, fig. 3754.

Un scène d'allaitement du même type nous est fournie par un miroir étrusque, vers le IIIe siècle avant J.-C. (fig. 96). Ici encore l'influence orientale apparaît dans l'ordonnance : une déesse mère, entre deux jeunes dieux placés en symétrie. La déesse est Héra assez comparable à une Ashérat épouse de Él, Élioun ou Ba'al Shamîm, identifiés à Zeus. Le jeune dieu qui boit est reconnaissable à la peau de lion nouée autour de son cou : c'est Héraclès. L'autre qui paraît attendre son tour, un peu plus grand, est évidemment son frère aîné Eurysthée, qui avait été suscité par Héra, jalouse de sentir qu'Héraclès serait seul choyé par son époux. On connaît la légende grecque. A la prière de Pallas, Héra adoucie accepta de donner de son lait à Héraclès. Il en tomba quelques gouttes qui firent dans le ciel cette traînée blanche et lumineuse qu'on a nommée la Voie Lactée. Ces dieux ne sont ni les Dioscures, ni Shaḥar et Shalim, mais il ne serait pas impossible qu'ils aient été assimilés aux dieux gracieux de Phénicie dont on ignore les noms ; j'ai proposé [1] de ranger parmi eux Ashtar-Réshéf, le jeune dieu protecteur de Byblos ; or l'iconographie d'Ashtar nous a appris qu'il était assez souvent assimilé à Héraclès, spécialement à Palmyre.

Un autre miroir étrusque touche de plus loin à notre sujet (fig. 89). On y trouve une déesse à quatre ailes, assez comparable à une nourrice, entre deux jeunes garçons, mais on n'assiste pas à l'allaitement. Il s'agit probablement de dieux, mais rien ne permet de les identifier.

Il faut encore mentionner un bas-relief ornant une amphore grecque archaïque découverte dans une tombe de Thèbes en Béotie et à dater vers 700 avant J.-C. [2] (pl. XVII). Une grosse déesse vue de face lève les bras dans le geste de protection du ka (*kꜣ*) égyptien, ⊔ . Elle est coiffée d'une sorte de calathos orné d'éléments végétaux sur les côtés. Contre sa robe se pressent deux enfants qui l'enserrent de leurs bras. Sur les côtés, deux lions dressés paraissent lui lècher les mains.

Ces lions pourraient faire croire qu'il s'agit d'Astarté (fig. 63),[3]

---

[1] Ci-dessous, p. 159-160.

[2] M.L. et H. Erlenmeyer, *Orientalia*, 29, 1960, p. 128-129, pl. XXXV, fig. 43 ; P. Matthiae, *Ars Syra*, 1962, p. 88, et *Studi sui relievi*, p. 36 ; W.A. Ward, *Syria*, 46, 1969, p. 128-129 ; Erica Simon, *Die Götter der Griechen*, München, 1969, p. 57, fig. 51 ; Donald E. Strong, *The Classical World* (London-New York, 1967, série : Landmarks of the World's Art).

[3] *Persica*, 3, 1967-1968, p. 20-25 ; D. Le Lasseur, *Les déesses armées*, 1919, p. 177,

mais cette énorme femme a un aspect tout à fait différent de celle-ci. Cette grasse déesse [1] ne peut être que la mère universelle, la Grande Mère, Cybèle ou Rhéa épouse de Kronos. Souvent les lions traînent son char. Les enfants représentés à ses côtés symbolisent apparemment son immense progéniture et il serait vain de vouloir les identifier.[2]

Sous le nom de Rhéa, Philon de Byblos, assimile cette déesse à une Ashérat épouse de Él, lui-même identifié à Kronos.[3] A ce titre elle peut être rapprochée de la déesse de l'ivoire de Ras Shamra qui est aussi une Ashérat, mais les enfants des côtés paraissent sans rapport avec ceux qui tettent les seins de cette dernière.

3. Les jeunes dieux de l'ivoire identifiés par leur bonnet

Comme on le voit, les textes et les images qu'on vient de passer en revue ne permettent pas d'identifier avec certitude les deux jeunes gens allaités par Hathor dans l'ivoire. Tout ce qu'on peut dire est qu'à la lumière de ces documents ils apparaissent comme des dieux plutôt que des rois, que parmi les dieux ce sont les dieux gracieux qui correspondraient le mieux d'après ce que nous en savons, et qu'enfin, dans ce groupe de huit dieux, deux, Shaḥar et Shalim, ont une situation privilégiée analogue à celle des nourrissons de la déesse dans l'ivoire.

Les jeunes dieux n'ont d'autre attribut que leur épais bonnet de feutre, orné sur le dessus de deux cordons recourbés à l'extrémité. Par suite d'une cassure, cet ornement a en partie disparu dans le bonnet de celui de droite, mais il peut être aisément complété.[4] Il empêche de prendre cette coiffure pour une chevelure gonflée ou une perruque. Or ce bonnet aux formes diverses est caractéristique de l'iconographie

---

fig. 71-72; p. 182, fig. 78 (il ne s'agit nullement d'«Artémis Potnia Thérôn», mais d'Astarté, déesse de la planète Vénus).

[1] L'obésité est ici le trait essentiel. « En relation avec l'abondance de la nourriture, elle suggère la prospérité et peut la provoquer » par magie sympathique, J. Przyluski *La Grande déesse*, 1950, p. 47.

[2] K. Schefold, *Frühgriechische Segenbilder*, München, 1964, pl. 12, suggère que ces dieux sont Apollon et Artémis sur les côtés de leur mère Léto (Latone), mais s'il en avait été ainsi l'artiste aurait certainement différencié le frère et la sœur.

[3] Philon de Byblos, Fragm. II, 19. Lagrange, *Études sur les rel. sémit.*, 2ᵉ éd. p. 423; Du Mesnil du Buisson, *Mél. Jérôme Carcopino*, 1966, p. 282-283.

[4] Voyez P. Mathiae, *Ars Syra*, Rome, 1962, pl. XXV.

de Shaḥar et Shalim, aussi bien que de celle des Dioscures. Dans l'une
et l'autre, il peut faire défaut, mais exceptionnellement.[1] La glyptique
syro-hittite le montre parfois très haut, atteignant peut-être 40 centi-
mètres environ.[2] Les Dioscures ne le portent jamais aussi haut;
la forme élevée est même exceptionnelle.[3] Leur bonnet est toujours
bombé, jamais tout à fait conique, ni carré du haut comme le bonnet
de feutre que portaient encore récemment les Derviches d'Alep.[4]
Mais il peut aussi ne guère dépasser la forme de la tête, et avoir un
bourrelet au pourtour.[5] Au dernier stade, cet épais calot, mal compris,
se transforme en bonnet phrygien. Il devient une coiffure souple et
légère qu'il ne fut jamais anciennement. Dans l'ivoire de Ras Shamra,
il s'agit bien d'une calotte en feutre, mais de la forme la plus basse.
La fig. 97 montre par comparaison qu'elle est tout à fait différente
de la coiffure des jeunes gens en Égypte, spécialement dans les modèles
qu'a utilisés l'artiste de l'ivoire.

Cette coiffure soigneusement représentée dans cette sculpture me

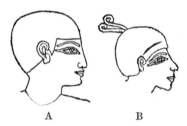

A   B

Fig. 97. A. la coiffure rase des jeunes gens dans les bas-reliefs égyptiens et dans les
panneaux *h* et *k* des ivoires de Ras Shamra.

B. la toque en feutre d'un des jeunes gens allaités dans le panneau *f* du même ensemble.
La figure A, d'après N. de Garis Davies, *The Tomb of the Vizier Ramose*, London, 1941,
pl. XLIV.

---

[1] Contenau, *La glyptique syro-hittite*, n° 136, ici fig. 36; Chapouthier, *Les Dioscures au
service d'une déesse*, p. 37, n° 15, monnaies de Tripoli, etc. Ici fig. 26 A.

[2] Fig. 28, A.B; 29, A; 32-43, 39, 42-34 et 49.

[3] Les Dioscures sur le côté d'un arbre, Chapouthier, *op. cit.*, p. 90, n° 96, et aussi
p. 56, n° 38, ici p. 140, fig. 56, n° 38.

[4] F. Cumont, *Fouilles de Doura-Europos*, 1926, p. 61, fig. 12.

[5] Fig. 29 B-31, 35, 41, 44, 53 A, et pour les Dioscures, Chapouthier, *op. cit.*, n°s 22,
32, 35, 36, 44, 47, etc.

paraît fournir la meilleure raison d'identifier ces deux jeunes gens avec Shaḥar et Shalim.

Conclusion

L'étude de ces ivoires a été ouverte par l'élégante figure de l'adorateur du panneau *f*. Nous y avons reconnu le donateur (sinon le sculpteur lui-même). Tout au long de leur examen, nous avons suivi sa pensée imaginant le plan de l'œuvre. Nous le retrouvons donc dans notre conclusion, le connaissant mieux maintenant.

C'est un Giblite de culture égyptienne. Il a fait siennes les idées religieuses et l'art que les maîtres égyptiens de Byblos y avaient importés. Il n'est pas exclu qu'il ait séjourné en Égypte. Pour lui, la grande déesse de Byblos est Hathor qu'une inscription de cette ville de l'Ancien Empire qualifie déjà de « Maître de *Kbn* = Byblos ».[1] Ashtar et Ashtart, c'est-à-dire Baʻal Gébal et Baʻalat Gébal, les dieux protecteurs de la ville, sont devenus des enfants de cette déesse.[2] Cet adorateur qui met le pharaon parmi ses dieux n'est pas néanmoins un Égyptien, qui ne pourraît être qu'un haut fonctionnaire de Byblos, un ambassadeur, car dans ce cas il aurait sans doute fait venir son cadeau d'Égypte, comme en est venu le sphinx de Qatna et tant de beaux objets ayant servi de présents royaux.

La religion de notre Giblite est intéressante à observer. Malgré son caractère égyptisant, elle reste locale. Certes il met Hathor à la première place, mais cette déesse a pris pour lui un caractère asiatique qu'il a indiqué par le costume, les ailes, la façon de figurer le soleil au dessus de sa tête, mais plus encore par la présence de Shaḥar et Shalim qu'elle allaite. Par là, elle est liée à Byblos; elle est l'épouse du dieu créateur asiatique Él. Mais celui-ci est complètement transformé par cette union. Si les ivoires ne le montrent pas sous les traits d'un vieillard assis sur un trône, une coupe de vin à la main, c'est que pour le donateur il est devenu Rê, sous la forme « Rê-du-Pays-montagneux ».[3] Sa véritable image était le disque ailé entre deux uraei, image multipliée à l'infini à Byblos. Elle apparaissait certainement à une place d'honneur

---

[1] *Étude sur les dieux phéniciens*, p. 87, fig. 21.

[2] *Op. cit.*, p. 74.

[3] *Op. cit.*, p. 73-74 et 80.

sur le meuble orné par les ivoires, et c'est pourquoi elle n'est pas répétée sur ceux-ci.

Ashtar et Ashtart, avons nous dit, sont devenus enfants de cet Él solaire et d'Hathor byblienne : ceci est une vue toute égyptienne attestée dès l'Ancien Empire, car ces dieux protecteurs portent la coiffure hathorique, le disque solaire entre deux cornes de vache. Aux époques perse et hellénistique, la déesse revêt la coiffe isiaque.[1] Mais cette maternité d'Hathor est exprimée encore plus clairement dans les pendentifs d'or de Ras Shamra où Ashtart déesse nue présente un masque hathorique (fig. 114 et 98, 2), et dans une stèle funéraire apparemment memphite dans laquelle la même déesse nue est assimilée au sistre d'Hathor dont le son écarte toute peine [2] (fig. 98, 3). Cette doctrine égyptienne n'était certainement pas admise aisément

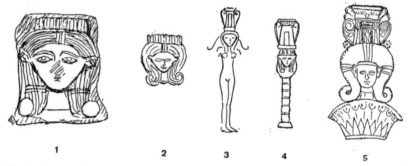

1   2   3   4   5

Fig. 98. Caractères hathoriques d'Ashtart déesse nue en qualité de fille d'Hathor suivant la doctrine égyptienne.

1. Tête d'Hathor sur une anse d'amphore égyptienne en terre cuite. Collection de l'auteur.

2. Tête d'Ashtart déesse nue sur un pendentif d'or de Ras Shamra. Voyez fig. 114,b.

3. Ashtart déesse nue assimilée au sistre *ššt* d'Hathor. Voyez *Études sur les dieux phéniciens*, p. 134, fig. 35.

4. Le sistre *ššt*, symbole d'Hathor, d'après des représentations de Dendérah.

5. Tête d'Ashtart assimilée au sistre hathorique *ššt*, dans une stèle phénicienne de Chypre du Musée du Louvre. Dussaud, *L'art phénicien au IIe mill.*, 1949, p. 106-107. fig. 69.

On remarquera que, dans la figurine du n° 1, un des roseaux du faisceau qui forme le bandeau entourant la tête perce l'oreille de la déesse des deux côtés.

[1] *Études sur les dieux phéniciens*, p. 87, fig. 21, et p. 66-68, fig. 16-17.
[2] F. Daumas, *Les dieux de l'Égypte*, p. 56.

par les prêtres asiatiques en dehors de Byblos. On le constate par les textes de Ras Shamra qui ne citent jamais Hathor, ni aucun dieu égyptien. Ce parti pris serait particulièrement apparent dans le récit de la naissance des dieux gracieux si on admet qu'une des deux épouses de Él était Hathor : pas un mot n'y fait allusion. Cette réaction anti-égyptienne subsiste un millénaire et demi après, chez Philon de Byblos. L'auteur giblite ne pouvait ignorer les cultes égyptiens de sa ville. Il en avait d'innombrables monuments sous les yeux. Or il ne cite qu'un dieu égyptien, Thot identifié à Hermès et ramené au rang de secrétaire de Él. C'est de lui qu'il a reçu sa royauté sur l'Égypte. Philon de Byblos ne connaît qu'une Ashérat épouse de Él à Byblos et il l'identifie à Dionée parce que cette déesse était la mère d'Ashtart = Vénus = Astarté, qui était pour l'auteur la Bala'alat Gébal, l'Ashtart de Byblos.[1]

Ce caractère hathorique que les Égyptiens ont conféré artificielle-ment à Ashtart à Byblos a eu une curieuse influence dans l'icono-graphie de cette déesse. La tête hathorique que j'ai noté dans les pen-deloques de Ras Shamra et dans les stèles du Nouvel Empire en Égypte [2] se retrouve dans une sculpture phénicienne de Chypre (fig.

Fig. 99. Masque hathorique entre deux lièvres symboles. de la fraîcheur de la nuit, deux sphinx ailés attributs d'Ashtart et quatre spirales conjuguées symboles égéens de la fraîcheur.
Sur un cylindre syrien, vers 1800 avant J.-C. Collection de l'auteur.
Ce masque représente probablement Ashtart étoile du soir amenant avec elle la fraî-cheur de la nuit.

---

[1] Quand Philon de Byblos dit que Dionée = l'Ashérat de Byblos eut des filles, il pensait certainement à Isis et Astarté, qui de son temps étaient bien les déesses protec-trices de sa ville.

[2] Ch. Boreux, *Mélanges syriens*, p. 673-687, fig. 2-4 et planche.

98, 5). Sur un cylindre syrien de Qatna,[1] elle paraît rappelée par un masque hathorique isolé (fig. 99), et il me semble retrouver encore ce visage dans une stèle romaine de l'île de Brač, dans l'Adriatique (fig. 100).

Fig. 100. *Titulum* de l'île de Brač, en pierre calcaire. Musée de Zadar en Croatie. N° 125 de l'exposition « L'art en Yougoslavie de la préhistoire à nos jours », 1971, au Grand Palais, à Paris.

Vénus-Astarté déesse nue au sautoir (p. 155, fig. 59, 68, 75) accordant le salut sous la forme d'un dauphin, Type dérivé des figures d'Ashtart déesse nue à tête d'Hathor du IIe millénaire avant J.-C.

[1] R. du Mesnil du Buisson, *Syria*, 8, 1927, p. 50, pl. XV, 1.

VI

LE MYTHE DE LA PLANÈTE VÉNUS DANS
DES BRONZES DU LURISTAN

L'art des bronziers du Luristan est connu depuis quarante ans par un grand nombre d'objets provenant des nécropoles fouillées clandestinement dans les hautes vallées de l'Ouest iranien, actuellement occupées par les montagnards Lurs.[1] A la suite de ces découvertes, des fouilles scientifiques ont été conduites au Luristan par des Américains, des Britanniques, des Danois et des Belges.[2] Les premiers ont été représentés par Erich F. Schmidt;[3] Clare Goff Meade a fait connaître des strates antérieures à l'âge du Bronze.[4] Une mission belge a effectué sept campagnes dans le Pusht-i Kah Luristan.[5]

Malgré le nombre considérable et la richesse des objets découverts, on est assez mal renseigné sur les auteurs de ces bronzes : des cavaliers iraniens qui envahirent le plateau dans les derniers siècles du IIe millénaire avant J.-C. Ils apportaient avec eux les caractères des habitants de la grande steppe de l'Asie centrale. Gens turbulents et pillards dont les habitants des villes ne parvenaient pas toujours à se protéger. Leur mentalité particulière était celle des cavaliers parthes ou scythes aussi bien que des cosaques. Leur art est dit « art de la steppe ». En envahissant le plateau iranien, ils se sont superposés à d'autres envahisseurs et à une population autochtone. Ils se sont assimilés des traditions et des arts élaborés en Mésopotamie et en Élam, mais en leur conférant les caractères propres aux nomades de la steppe.

---

[1] P. Amiet, *La revue du Louvre*, 13, 1963, p. 1.

[2] Mme Y. André Godard, *Archéologia*, 43, 1971, p. 14 (remarquez le bronze de la fig, 27, à droite, représentant la déesse support du ciel dont on va parler, avec une tête de lion, semble-t-il).

[3] « The Holmes Expedition to Luristan » dans le *Bull. of Amer. Inst. for Iranian Art and Arch.*

[4] *Iran*, 6, 1968, p. 105-134; 9, 1971, p. 131-152.

[5] Louis Vanden Berghe, *Archéologia*, 32, 1970, p. 65-73; 43, 1971, p. 14; *Phoenix*, 12, 2, 1966, p. 337-352.

Les images qu'ils nous ont laissées et qui remontent pour la plupart
aux VIIIe et VIIe siècles avant J.-C.[1] prouvent que parmi les apports
ainsi reçus se trouvait le mythe animalier de la planète Vénus [2], et
c'est naturel puisque ce pays s'étend au Nord de la Susiane qui a
fourni les plus anciens témoignages de ce mythe [3] et qui l'a connu
jusqu'au Ier millénaire avant J.-C. Mais on notera avec intérêt qu'il
leur est parvenu tout chargé d'apports lointains venus de l'Ouest,
de la Syrie et de la Phénicie, par les relations commerciales qui se sont
développées surtout dans le IIe millénaire avant J.-C.

La prévention qu'avaient les auteurs de ces bronzes contre la civilisation des sédentaires se manifestait par un mépris de l'écriture. La
plupart devaient être analphabètes. Pour exprimer graphiquement
un récit ou une conception religieuse plus ou moins compliqués ils ont
eu recours aux images, spécialement aux formes plastiques des bronzes.
Ils en ont tiré habilement une sorte d'écriture qui n'est pas toujours
facile à déchiffrer, ni à comprendre. Pour quelques cas particuliers
nous allons essayer de le faire.

1. Le mythe du lion étoile du matin sur une ceinture d'or et un disque de bronze du Luristan

Isaïe (XIV, 12-15) raconte que Hélél, « le Brillant », fils de Shaḥar,
l'Aurore, disait en son cœur : J'élèverai mon trône au-dessus des étoiles
de Él, et je m'assoirai sur la montagne de l'Assemblée [des dieux],
aux pentes du Ṣaphon. Je monterai au-dessus des hauts lieux de nuée ;
je serai semblable à Élyôn (le Très-Haut) ». On a reconnu l'étoile du
matin, l'astre éclatant, s'élevant dans le ciel avant le lever du jour.
Le Ṣaphon est le mont Cassius visible de Ras Shamra, au Nord. Isaïe
ajoute qu'après sa déclaration orgueilleuse cet astre brillant « est
tombé des cieux ; il est descendu au sépulcre au fond de la fosse ».

---

[1] Pour la chronologie des bronzes du Luristan, voyez P.R.S. Moorey, *Iran*, 9,
1971, p. 113-129.

[2] « Le drame des deux étoiles du matin et du soir dans l'ancien Orient », *Persica*, 3,
1967-1968, p. 10-36.

[3] « Les origines du mythe animalier de la planète Vénus », *Mélanges de l'Univ. Saint-
Joseph*, 44, 1968, p. 33-48.

La montée de l'astre dans le firmament est en effet brusquement arrêtée par l'apparition du jour qui le fait disparaître. L'étoile du matin qu'Isaïe nomme Hélél était le dieu Ashtar pour les Ouest-Sémites et pour les Arabes. La Septante a traduit Hélél par ʽΕωσφόρος, « qui porte l'aurore » et la Vulgate par Lucifer, « qui porte la lumière ». L'expression « fils de l'Aurore » a été remplacée par une annotation vague : ὁ πρωὶ ἀνατέλλων, « celui qui fait apparaître (le jour) le matin », dans la Septante, et *qui mane oriebaris*, « (toi) qui le matin sortais (de l'horizon) », dans la Vulgate.

Les tablettes de Ras Shamra font deux fois allusion à ce mythe. La tablette III AB, C [1], décrit la scène. La déesse-Soleil, Shapash, sur le point d'apparaître à l'horizon, à son lever, annonce à Ashtar que Él va se venger : « il arrachera le support de ton siège, il renversera ton trône et brisera ton sceptre ». Ashtar est saisi par Él, et « en lion », il descend dans sa tombe, comme les étoiles s'enfoncent dans la mer. Le dieu paraît avoir une forme humaine, mais l'annotation « en lion » rappelle que l'étoile du matin avait l'aspect d'un lion qui parcourt le ciel.

Dans une autre tablette,[2] ce caractère est plus explicitement indiqué. Il est question de la disparition du dieu Môt, le dieu-Mort ; il s'enfonce dans l'océan pour regagner le Monde inférieur. Or on ajoute : « et alors la tombe (sera) la tombe des lions, l'océan (*thw*) ».[3] Il y a là une allusion à la mort du lion étoile du matin, qui se renouvelle chaque fois qu'il s'élève dans le ciel ; c'est la forme primitive d'Ashtar, du « Brillant », Hélél. Le pluriel, « les lions », fait allusion à la succession des lions ainsi tués.[4]

Dans l'ensemble le thème phénicien est le même que celui d'Israël. Il y a cependant des différences. La descente des astres dans la mer étant une conception proprement phénicienne,[5] Hélél d'Isaïe ne s'y enfonce pas. Il est précipité dans le She'ôl, la demeure souterraine des morts en Israël. Après la mort de Baʽal en été, on propose à Ashtar de régner à sa place en siégeant sur le Ṣaphon, mais il ne parvient pas à s'y

---

[1] *Études sur les dieux phéniciens*, p. 10-11.
[2] Herdner, *Corpus*, p. 32, nº 5, l. 14-15.
[3] *Études sur les dieux phéniciens*, p. 12, n. 3.
[4] *Rivista degli Studi orientali*, 42, 1967, p 352-353, fig. 6-7.
[5] *Études sur les dieux phéniciens*, p. 19.

maintenir.[1] C'est Môt, le dieu-Mort, qui sera le roi de l'été, mais Ashtar n'y fait nullement figure d'ennemi de Él. Isaïe le présente comme un dieu méchant : « il foule les nations », « il réduit le monde en désert et détruit les villes » (XIV, 12 et 17). C'est le dieu qui conduit le taureau de la chaleur du jour encornant la végétation et les hommes.[2] Mais il il n'a pas eu partout ce caractère. A Byblos, il était le ba'al bienfaisant, et sans doute un des « dieux gracieux » de la Phénicie.[3] Pour Isaïe (XIV, 13), le Ṣaphon se confond avec la Montagne de l'Assemblée [des dieux]. A Ras Shamra, ces deux hauts lieux étaient distincts : le premier était le Mont Cassius, patrimoine de Ba'al, tandis que le second se trouvait à la résidence de Él, dans l'île du dessous de la Terre,[4] à la jonction des deux océans, « la demeure des dieux, au cœur des mers ».[5]

Une tablette trouvée à Assur,[6] et portant un poème moral babylonien « antérieur au 1er millénaire avant J.-C. », contient cette phrase à la ligne 62 : « Le Lion a-t-il commis un crime ; la fosse est ouverte pour lui ». Il s'agit apparemment du dieu-Lion révolté contre le Très-Haut.

La tradition judéo-chrétienne a amplifié ce mythe dans un sens théologique et militaire. Lucifer est châtié pour un péché d'orgueil : l'émissaire du Très-Haut chargé de le précipiter en Enfer se nommera « Qui (est) comme Dieu (Él) ? », Michel. On imaginera un combat entre les bons anges qu'il commande et les mauvais anges, la troupe de Lucifer.

Au Luristan, comme dans tout le paganisme proche-oriental, le mythe du dieu-Lion, puis d'Ashtar à forme humaine, s'oriente dans une direction toute différente. Le crime du lion est d'amener avec lui la chaleur meurtrière du jour, sous forme du taureau céleste, et de mettre fin à la fraîcheur nocturne symbolisée par les antilopes et les

---

[1] Caquot, *Syria*, 35, 1958, p. 47; *Les religions du Proche-Orient asiatique*, p. 384-385.

[2] *Persica*, 3, 1967-1968, p. 27-35, fig. 15-17, 20-21; *Iranica Antiqua*, 8, 1968, p. 8-10, 14-18, fig. 2-3, 5-8, 14-18, pl. I, 1.

[3] Voyez ci-dessus, p. 159-160.

[4] Voyez ci-dessus, p. 1-4 et fig. 1.

[5] *Ézéchiel*, XXVIII, 2, « Él, c'est moi; la demeure des Élohîm j'habite, au cœur des mers ».

[6] Dhorme, *Recueil*, p. 695.

Fig. 101. Ceinture en or du Luristan. Arrestation et jugement du lion étoile du matin.

1. En haut, les serviteurs de Él se saisissent du lion et ramènent l'antilope tuée et sans doute le taureau (qui devait être figuré derrière le lion).

2. En bas, le lion devant le tribunal de Él. Les témoins, les pièces à conviction. *Syria*, 26, 1949, p. 211, fig. 10.

lièvres. La condamnation du lion et sa mise à mort ne sont pas la conséquence d'une révolte contre le Très-Haut, mais du mal qu'il fait
à l'élevage et à l'agriculture. Sa condamnation est une décision de Él
suivie d'une exécution, et non un combat.

C'est le mythe ainsi compris que nous montre le décor d'une ceinture
de Luristan [1] (fig. 101).

On y voit une frise qui se composait de trois scènes se faisant
suite dans le temps, comme elles se suivaient dans le dessin. Elles
se lisaient de droite à gauche, direction des écritures sémitiques.
La première a disparu, ainsi qu'une partie sans doute de la seconde, mais ce qui reste suffit pour en imaginer la reconstitution.

Dans la première scène disparue, on nous montrait les méfaits du
lion étoile du matin : il tue l'antilope symbole de la fraîcheur nocturne
et amène avec lui le taureau de la chaleur qui encorne la végétation.
On possède d'innombrables représentations de ces scènes, spécialement du lion terrassant l'antilope [2] et du taureau encornant la végétation ou la piétinant (fig. 102) ou tuant un homme.[3]

Dans la deuxième scène, ce qui subsiste représente l'arrestation du
lion par ordre de Él. C'est l'illustration de l'expression «Él m'a saisi»,
« il s'est emparé de moi», dans la tablette de Ras Shamra.

La troisième scène, conservée en entier, est le jugement et la condamnation du lion par Él.

Les images racontent cette histoire avec une vivacité et une drôleire
remarquables. Le récit a l'aspect d'une fable rendue par les figures.

Voyons d'abord l'arrestation. L'émissaire de Él saisit le lion par une
patte de devant et lui montre la direction du tribunal. L'animal a l'air
penaud et la queue basse. En arrière, on devait voir le taureau également arrêté et mis en laisse pour être montré à Él. Un serviteur pré-

---

[1] Dussaud, *Syria*, 26, 1949, p. 210-212, bronze 6, fig. 10. Plaque d'or, de 33 cm. de
long et 5,5 de large, vers 1000 avant J.-C. (d'après A. Godard). Détail de la partie gauche,
A. Godard, *L'art de l'Iran*, 1962, p. 88, pl. 32.

[2] Scène 3 de la coupe de Ras Shamra, *Persica*, 3, 1967, p. 27, fig. 13; *Études sur les
dieux phéniciens*, p. 20-22, fig. 1-3.

[3] Scènes 5-6 de la coupe de Ras Shamra, *Persica, ib.*; cf. aussi p. 29-35, fig. 15-17,
20-21. Le taureau piétinant un homme, *ib.*, fig. 2, ou l'encornant, *Iranica Antiqua*, 8,
1968, p. 2-4 et 9, fig. 2, scène 2, pl. I, 1.

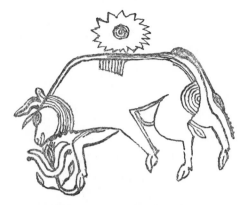

Fig. 102. Le taureau de la chaleur du jour piétinant la végétation, et au-dessus le soleil au zénith, d'après un vase chypriote du VII⁰ siècle avant J.-C., V. Karageorghis, *Archéologia*, 26, 1969, p. 54, deuxième figure.

sente en effet une palme et paraît expliquer que le taureau l'a brisée. En avant encore, un autre serviteur qui brandit un poignard fait voir au lion le cadavre de l'antilope qui va être présenté à Él.

La scène suivante nous met en présence de ce dieu. On entend les témoins. Él est assis sur un tabouret, une coupe à la main suivant son habitude. Un serviteur lui tend un gobelet et lui montre en même temps l'antilope tuée qu'apporte le serviteur au poignard, celui peut-être qui va être chargé d'exécuter le lion. On reconnaît ensuite l'envoyé qui a arrêté le lion et qui le conduit comme accusé. Derrière vient le serviteur qui présente la palme brisée, mais ici il dirige en même temps le taureau malfaisant : il lui a passé une laisse dans le nez. A côté du taureau, il y a encore un personnage qui paraît témoigner. Tout ce monde parle et gesticule.

On sait la suite : le lion est condamné, tué et précipité aux Enfers. Le taureau va poursuivre ses méfaits jusqu'au soir, mais à ce moment, il sera tué à son tour, dévoré par le lion étoile du soir. Comme on le voit, le crime du lion et du taureau n'est pas de s'être dressé contre Él, mais d'avoir dévasté la végétation, tari les sources, causé la mort du bétail et des hommes.

L'exécution de la sentence de Él n'apparaît pas sur la ceinture, mais elle est figurée sur un disque de bronze aussi du Luristan (fig. 103). On y retrouve Él assis sur son tabouret, tandis qu'un serviteur lui passe force

Fig. 103. Disque en bronze du Luristan, représentant la mise à mort du lion étoile du
matin, sur l'ordre de Él. *Syria*, 26, 1949, p. 205, fig. 7.
En haut, la Plante de Vie soutenant le Vase de Vie, entre deux serviteurs de Él.
Sur les côtés, scène répétée en symétrie, serviteur de Él tuant le lion étoile du matin,
    qui dévore l'antilope de la fraîcheur nocturne.
En bas, Él sur son trône, buvant et dictant à un scribe.
    Serviteur tenant une écharpe incurvée, symbole du ciel.
    (Le scribe paraît écrire sur une peau, non sur une tablette).
Au milieu, tête du lion, figurant la planète Vénus. *Les tessères et les monnaies de Palmyre*,
    p. 80-82, fig. 38-39; Dussaud, *Syria*, 1, 1920, pl. I-II (p. 8), fig. 1; H. Frankfort,
    The Art and Archit. of the Anc. Orient, p. 209, fig. 103. Voyez ci-dessus, fig. 9.

bouteilles. Devant lui, est assis à terre un scribe qui inscrit la sentence.
Derrière lui, un serviteur tient une écharpe courbée par le vent, en
forme d'arceau : c'est un symbole du ciel [1] possession de Él.

    La résidence de ce dieu au-dessous de la Terre, à la soudure des deux
deux océans de l'Orient et de l'Occident, dans l'île où se trouve la
Plante de Vie et le Vase de Vie, c'est-à-dire la Source universelle,

---

[1] *Les tessères et les monnaies de Palmyre*, p. 69-72, fig. 26-31.

Fig. 104. La scène du serviteur tuant le lion qui lui-même dévore l'antilope, dédoublée symétriquement, d'après des cylindres mésopotamiens archaïques du style de Fara, Amiet, *La qlypt. mésop. arch.*, pl. 65-66, nᵒˢ 866, 869 et 890.

Fig. 105. La même scène sur un cylindre cappadocien, Frankfort, *Cylinder Seals*, 1939, p. 251, fig. 79.

l'Apsou, est clairement indiquée par le motif qui surmonte la scène : la Plante de Vie soutenant le Vase.[1] Sur les côtés, deux serviteurs de Él armés de poignards en paraissent les gardiens.

La mise à mort du lion est représentée deux fois en symétrie, à droite

---

[1] Association de la plante et du vase dans l'épopée de Gilgamesh, *Rivista degli Studi orientali*, 2, 1967, p. 357, fig. 9, nᵒˢ 1 et 5. Sur cette île du dessous de la Terre, voyez ci-dessus, p. 1-4 et fig. 1.

et à gauche. On trouve une symétrie semblable entre deux scènes de
la coupe d'or de Ras Shamra du XIVᵉ siècle avant J.-C.[1] Dans des
cylindres de style de Fara (fig. 104) et dans un cylindre cappadocien
(fig. 105), on voit doublée de même la scène du serviteur tuant le lion
qui dévore l'antilope. Dans le disque que nous étudions, le serviteur
au poignard qui nous est connu par les scènes de la ceinture enfonce
son glaive d'un air distrait dans le front du lion. Pour rappeler de façon
saisissante le péché dont le lion est puni, on le montre en même temps
dévorant l'antilope. Il serait facile de trouver de nombreux correspon-
dants dans les cylindres.[2]

Dans le disque étudié, on distingue donc trois scènes dont les deux
dernières sont combinées suivant le procédé de la frise.

1. Le dieu Créateur identique à Él dicte ses ordres à un scribe.
Devant lui, un serviteur lui sert à boire; derrière lui, un autre tient
une écharpe symbole du ciel.

2. Le lion étoile du matin dévore l'antilope de la fraîcheur nocturne.

3. Les serviteurs du Très-Haut tuent le lion suivant la sentence
reçue.

Dans ces bronzes du Luristan, l'histoire de l'étoile du matin devient
donc une fable contée à la façon orientale. Le rôle qu'y jouent le lion et
le taureau se prêtait à ce genre.[3] Comme nous l'avons remarqué, le
thème est devenu agraire : c'est le procès de l'excès de la chaleur. Pas
question de la révolte contre Él. Dans ce récit, la vraisemblance est
quelque peu mise à l'épreuve. Dans la forme orthodoxe du mythe, Él
prévenu des fautes du dieu de l'étoile du matin envoie ses messagers
dans le ciel pour le tuer et le précipiter dans le Monde inférieur. Ici le
conteur nous montre le lion amené devant Él pour être jugé précisément
dans le Monde inférieur, et on ne voit pas bien comment il y sera ensuite précipité. Le caractère stellaire du lion resplendissant dans le ciel,

---

[1] *Persica*, 3, 1967-1968, p. 27-28, fig. 13, nᵒˢ 5-6; *Iranica Antiqua*, 8, 1968, p. 5,
fig. 3, nᵒˢ 5-6; *Bull. de l'Inst. fr. d'arch. or.*, 68, 1969, p. 74, fig. 3, nᵒˢ 5-6.

[2] Cylindre sumérien vers 3000 avant J.-C., W. Nagel, *Orientalia*, 28, 1959, pl. XXVII,
5, b. Cylindres mésopotamiens archaïques, Amiet, *La glypt. mésop. arch.*, Ur, pl. 58,
nᵒˢ 782-783, 787. Cylindres anatoliens vers 1750 av. J.-C., N. Özgüç, *The Anat. Group
of Cyl. Seal Impress. from Küllepe*, pl. XXIII, nᵒˢ 68, 81-82. Byblos, *Études sur les dieux
phéniciens*, p. 22, fig. 3.

[3] M. Rutten, « Les animaux à attitude humaine », *Rev. des Études sémit.*, 1938, p. 117-
119.

et la figure cosmique du taureau sont un peu perdus de vue : ils sont devenus des animaux qui ravagent le Luristan. Le mythe prend un aspect nettement populaire et folklorique : une histoire pour les enfants.

On remarquera que l'étoile du matin est uniquement représentée par le lion : Ashtar et Ashtart à forme humaine, les maîtres du lion, n'apparaissent pas. On verra que cette forme primitive donnée au mythe est exceptionnelle dans les bronzes du Luristan. Le dieu à forme humaine et surtout la déesse y tiennent une place considérable.

2. LE CYCLE DE LA PLANÈTE VÉNUS
SUR UN CARQUOIS DU LURISTAN

Les représentions qu'on vient d'étudier ne se rapportent qu'au mythe du lion étoile du matin. Nous allons examiner maintenant un décor qui retrace le cycle de la planète Vénus en son entier, depuis son lever sous la forme de l'étoile du matin, jusqu' à sa descente dans le Monde inférieur comme étoile du soir, coucher qui prélude à un nouveau lever. Généralement les images en sont disposées en une frise sans fin, soit autour d'un vase, soit sur un cylindre qui peut indéfiniment se rouler. Le plus bel exemple est fourni par la coupe d'or de Ras Shamra du XIVe siècle avant J.-C. [1]. Sur le carquois qu'on va examiner, la nature de l'objet a imposé une disposition plus rigide en tableaux superposés.

De ce carquois on ne possède que le revêtement en bronze d'un des côtés.[2] Il appartient au musée archéologique de Téhéran et provient du Luristan. Il remonte au VIIIe ou au VIIe siècle avant J.-C. (pl. XVIII). Sa hauteur est de 60 cm. et sa largeur de 14.

L'ensemble du décor se compose de quatre registres à peu près carrés disposés l'un au-dessus de l'autre, et séparés par des bandes horizontales chargées chacunes de cinq ou six rosettes; elles figurent des astres.[3] L'ensemble des scènes se situe donc dans un ciel étoilé. Nous les examinerons successivement en commençant par le tableau du haut,

---

[1] *Persica*, 3, 1967, p. 27, fig. 13; *Iranica Antiqua*, 8, 1968, p. 4-8, fig. 3.

[2] *7000 ans d'art en Iran*, Exposition du Petit Palais, 1961-1962, p. 41, no 227, pl. XXX.

[3] *Les tessères et les monnaies de Palmyre*, p. 154, fig. 114, VIIIe siècle avant J.-C.

puis en descendant. Dans chaque registre, la direction des figures principales et le sens de la lecture va de droite à gauche.

1. Le dieu Ashtar conduit dans le ciel le lion étoile du matin.

Ashtar est debout sur un char dont on voit le tablier et une roue. Il bande son arc et s'apprête à lancer une flèche. Le char est traîné par un taureau qui s'avance au pas vers la gauche. Un haut passe-guide se dresse sur le garrot, et on remarquera sur la croupe une fleur tournante qui symbolise le caractère cyclique de ce taureau du jour. L'animal représenté, fort maigre, pourrait facilement être pris pour un cheval, d'autant plus qu'une cassure a fait disparaître les cornes. Mais les sabots fendus, la forme de la queue, le place du sexe ne peuvent convenir à un cheval. Au-dessus du taureau, un lion s'avance dans le ciel. C'est l'étoile du matin rappelée aussi par la rosette figurée derrière le lion. Le croissant lunaire et un petit globe représentant une étoile rappellent qu'il fait nuit.

Le prototype de cette composition se trouve sur un cylindre syrien archaïque qui nous montre Ashtar debout sur son char que traîne le taureau marchant au pas; devant ou derrière lui (suivant la façon dont on coupe le sujet) s'avance le lion étoile du matin, conduit par un serviteur (fig. 106).[1] La glyptique offre d'autres exemples du char sur lequel s'élance le dieu (fig. 107).[2] On y rencontre aussi une forme réduite de ce thème dans laquelle il n'y a pas de char, mais seulement un ou deux taureaux tenus en laisse par le dieu (fig. 108).

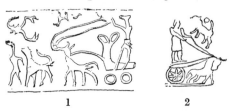

1   2

Fig. 106. Ashtar sur un char traîné par le taureau du jour conduit dans le ciel le lion étoile du matin.
1. D'après un cylindre syrien archaïque, Porada, *Pierpont Morgan*, pl. 164, n° 1081.
2. D'après un cylindre de Nuzi, Porada, *Nuzi*, n° 527.

[1] Amiet, *Syria*, 40, 1963, p. 74, fig. 25; *Persica*, 3, 1967, p. 11, n° 1081.
[2] *Persica*, *ib.*, n° 1082; *L'Ethnographie*, 57, 1963, p. 27, fig. 10, n° 1 et 2.

Fig. 107. Avant le lever du Soleil (fig. 2), le dieu de l'étoile du matin, Ashtar, s'élance sur son char attelé de deux taureaux, d'après le cylindre syro-hittite du Louvre AO 20 138, vers 1400 av. J.-C., Parrot, *Syria*, 32, 1951, p. 180-190, pl. XIII-XIV; R. du Mesnil du Buisson, *Syria*, 36, 1959, p. 145-147, fig. 1; *L'Ethnographie*, 57, 1963, p. 26-27, fig. 10,1.

Ashtar tenant un arc n'y est pas non plus inconnu.[1] P. Matthiae[2] a étudié trois cylindres syriens du IIe millénaire avant J.-C. qui montrent Ashtar, le même qui est nommé Réshéf sur les stèles égyptiennes, armé de l'arc. Dans deux,[3] il est accompagné de l'étoile figurant la planète Vénus et de la croix ansée; avec l'arc, il tient une lance qui est aussi un de ses attributs. Dans un troisième,[4] le couple d'Ashtar et d'Ashtart est entouré d'animaux attributs: le lion planète Vénus, l'antilope de la fraîcheur, deux colombes, un poisson.

2. Le lion étoile du matin est saisi par les serviteurs de Él.

Le lion est debout entre les deux serviteurs; il ne paraît pas se défendre. Celui de gauche le tient par une patte de devant; de la main gauche il brandit une arme dont il va le frapper. L'autre personnage placé à droite, derrière le lion, paraît le pousser; il est armé de bâtons, plutôt que de glaives. L'un et l'autre sont vêtus de longues robes à franges, liées par une ceinture; ils sont coiffés de curieuse capotes. Ne serait-ce pas Shahar et Shalim?

C'est la 2e scène de la ceinture de la figure 101 (en haut), mais traitée autrement. Cette composition est rare dans l'iconographie du mythe. Le plus souvent les serviteurs de Él frappent le lion et le tuent. Ces émissaires peuvent être des soldats,[5] ou des héros du type Gilgamesh

---

[1] Porada, *Nuzi*, n° 710; *Persica, ib.*, p. 10, fig. 1.

[2] *Oriens antiquus*, 2, 1963, p. 27-43, pl. XIV.

[3] N° 1, Louvre A 919, et n° 3, Morgan 993.

[4] N° 2, Louvre A 921.

[5] *Rivista degli Studi orentali.*, 42, 1967, p. 352-354, fig. 5-8; scène 4 de la coupe de Ras Shamra.

Fig. 108. 1. Le dieu créateur (Él), dans sa résidence du dessous de la Terre, préside au lever de l'étoile du matin sous la forme du dieu Ashtar poussant devant lui le taureau de la chaleur du jour, tenu en laisse. Devant le dieu créateur, un serviteur lui sert à boire ; derrière lui, deux autres attendent ses ordres.

D'après un cylindre anatolien, vers 1750 avant J.-C., Nimet Özgüç, *The anatolian Group of Cyl. Seal Impress. from Kültepe*, Ankora, 1965, pl. XXVII, 80.

2. Ashtar-Réshéf, dieu de l'étoile du matin, conduisant les deux taureaux symboles de la chaleur, comme ci-dessus.

D'après un cylindre-sceau de Ras Shamra, du XIVᵉ siècle avant J.-C., Schaeffer, *Ugaritica*, II, p. 40, fig. 133 ; du Mesnil du Buisson, *L'Ethnographie*, 57, 1963, p. 27, fig. fig. 10, 3.

3. De gauche à droite : Ashtar-Réshéf, dieu de l'étoile du matin, marchant sur les cimes du Liban (ci-dessus, fig. 37), conduisant avec lui le taureau de la chaleur du jour ; derrière le taureau, tête d'un lièvre symbole de fraîcheur, tué ; le soleil levant, au-dessus du taureau ; la déesse nue, Ashtart, entre la planète Vénus (étoile, devant elle), un lotus symbole de vie et la colombe attribut ; une adoratrice, titulaire du cylindre ; ses deux enfants ; torsade symbole de l'humidité nocturne ; le lion planète Vénus.

Cylindre phénicien du XIVᵉ siècle avant J.-C. Porada, *The Coll. of the Pierpont Morgan Library*, nᵒ 967 E ; G, Contenau, *Les Syro-Hittites*, 1934, p. 228, fig. 19 ; *La glypt. syro-hittite*, pl. XXI, 156 (comparez à Ashtar marchant sur les montagnes au Levant, *Iranica Antiqua*, 8, 1968, pl. I, 2).

et Enkidou,[1] mais parfois le chien d'Ashtar,[2] ou un griffon,[3] ou le serpent céleste.[4] Ashtar lui-même peut participer à cette exécution.[5]

3. Le lion étoile du soir attaque, puis dévore le taureau de la chaleur du jour.

Nous avons ici deux scènes combinées suivant le procédé artistique de la frise : une partie de la composition, souvent un personnage, n'est pas répétée et reste commune à plusieurs scènes. Les peintures de Doura-Europos ont fourni de nombreux exemples de cette technique d'art. Dans la synagogue, dans la scène d'Élie ressuscitant le fils de la veuve, le prophète n'apparaît qu'une fois, la mère deux fois, tandis que l'enfant est représenté trois fois pour marquer trois états successifs.[6] Dans la maison des chrétiens, la peinture de Jésus guérissant le paralytique contient une figure de Jésus et deux du paralytique avant et après sa guérison.[7] Sur le carquois du Luristan, le taureau n'apparaît qu'une fois, bien qu'il appartienne à deux scènes distinctes (pl. XVIII, à droite). Le lion et l'étoile du soir à l'aspect floral sont répétés pour représenter la double action du lion qui d'abord attaque le taureau, et ensuite le dévore. La coupe de Ras Shamra nous présente ce même drame en style développé : dans la scène 7, le lion s'élance sur le taureau ; dans la scène 8, il est agrippé à sa chair et il commence à le dévorer. Le mythe de la planète Vénus fournit quelques exemples de frises ainsi contractées. Sur une cuve de pierre de Tell Mardikh, la scène du messager de Él tuant le lion est combinée avec celle du lion s'apprêtant à attaquer le taureau.[8] Dans les pages précédentes, on a noté plusieurs exemples de la scène du lion attaquant l'antilope, soudée à celle du lion mis à mort par le messager de Él, qui suit (fig. 104-105). On a vu aussi que cette combinaison était connue dans le Luristan (fig. 103).

---

[1] *Persica, l.c.,* p. 16, fig. 3.

[2] Bas-relief de Beisan. *Bull. de l'Inst. fr. d'arch. or.,* 68, 1969, p. 73, pl. XXXVI.

[3] *Études sur les dieux phéniciens,* p. 27-29, pl. 1.

[4] *Ibid.,* p. 131-133, fig. 34.

[5] Pottier, *Syria,* 1, 1920, p. 277, fig. 23.

[6] *Les peintures de la synagogue de Doura-Europos,* p. 113-115, pl. XLIX-L. Voir aussi la prophétie des ossements ranimés, p. 95-97, pl. XXXIX-XLIII.

[7] *Les tessères et les monnaies de Palmyre,* p. 597, fig. 281.

[8] *Rivista degli Studi orientali,* 42, 1967, p. 343-344, pl. I, 1; *Études sur les dieux phéniciens,* p. 22-23, fig. 4; voir aussi fig. 3.

Ces distinctions et ces combinaisons de faits qui se suivent parfois dans un laps de temps très rapproché, ont pu être qualifiées de cinématographiques; elles sont caractéristiques de l'art didactique oriental: on veut se faire bien comprendre; l'image tient lieu d'écriture. L'art hittite nous fournit dans le style développé, un exemple qui traduit les deux scènes du registre 3 du carquois, l'épisode de la mise à mort du taureau par le lion. Ici, lion et taureau sont en voie de prendre la forme humaine, par suite de l'évolution habituelle des formes divines

Fig. 109. Bas-relief hittite de Karkémish.
A gauche, le dieu-Lion, étoile du soir, appréhendant le dieu-taureau, représentant la chaleur meurtrière du jour.
A droite, le même dieu-Lion s'apprêtant à frapper le dieu-Taureau et à le tuer.
Pottier, *L'art hittite*, 1926, p. 31, fig. 28 = *Syria*, 1, 1920, p. 281, fig. 28.

animales (fig. 109). Le lion a revêtu un aspect humain; il est devenu un dieu-Lion. Dans la scène de gauche, il appréhende le taureau de la chaleur du jour, transformé lui aussi en un dieu-Taureau armé d'une lance. Il le saisit par l'oreille. Dans la scène de droite, il brandit un boumerang et s'apprête à le tuer. C'est l'épisode qui fait suite. Sur un cylindre syrien du IIe millénaire avant J.-C., on voit déjà le dieu-Lion et le dieu-Taureau à demi anthropomorphisés comme ici.[1]

---

[1] *Études sur les dieux phéniciens*, p. 24, fig. 5. Cylindre reproduit ci-dessus, p. 120, fig. 38.

4. Le lion étoile du soir parvient à la demeure de Él.

Le dieu assis sur son trône, les jambes à gauche et le buste de face, est vêtu d'une longue robe à franges ; il est coiffé d'un large bonnet qui paraît être de fourrure. La tête est enfoncée dans les épaules et il porte une barbe. On a l'impression qu'il est très âgé : c'est bien « le père des années ». De la main droite, il lève un gobelet, suivant son habitude,[1] et la gauche est ramenée sur le devant du corps.

A ses côtés se tiennent deux serviteurs qui sont bien ceux que nous avons vus dans le deuxième registre : même profil, même coiffure, même robe à ceinture. Celui de droite tend à Él un gobelet semblable à celui que le dieu tient déjà. De l'autre main, il élève une petite arme, semble-t-il. Le serviteur de gauche est armé d'une massue et d'une hachette.

Au-dessous du trône de Él, le lion est couché. Il est à la fois l'étoile du soir qui est descendue sous l'horizon occidental et l'étoile du matin qui va s'élever au ciel à l'orient. C'est peut-être ce double caractère qui est traduit par les deux rosettes qu'on voit devant et derrière lui.

Cette scène se situe au-dessous de la Terre à la jonction des deux Océans de l'Est et de l'Ouest, près de la Source des fleuves, la Source universelle, dans l'île qui est la demeure de Él. Le dieu y passe son temps à banqueter et surtout à boire. Il y est entouré de serviteurs qui lui présentent des coupes de vin, et de soldats qui attendent ses ordres.[2] Comme il se trouve au milieu de la calotte inférieure de la Terre, les astres passent au-dessous de lui. Quand il fait nuit dans le monde des vivants, la planète Vénus passe sous son trône comme on le voit dans le tableau que nous étudions. Cet astre est représenté par un lion couché qui paraît se reposer un peu, contrairement aux lois de l'astronomie.

3. LA DÉESSE DE LA PLANÈTE VÉNUS
DANS DES BRONZES DU LURISTAN

A l'origine, l'étoile du matin et l'étoile du soir considérées comme

---

[1] *Iranica Antiqua*, *l.c.*, p. 24, 25, fig. 15-16. Voyez *Ugaritica*, V, p. 547, l. 16, « Él boit du vin à satiété, du *tîrôsh* jusqu'à l'ivresse ».

[2] *Rivista degli Studi orientali*, 42, 1967, p. 353, fig. 6.

deux astres distincts, étaient adorées comme un couple de divinités, formé d'un lion, l'étoile du matin, et d'une lionne, l'étoile du soir. Suivant l'évolution ordinaire des divinités à forme animale, ce couple a pris graduellement l'aspect humain, le lion et la lionne passant au rang d'animaux attributs ou de compagnons des dieux à forme humaine.

Lorsque l'unité de la planète Vénus fut reconnue, le couple divin prit possession de l'astre unifié, mais pour un astre unique l'idée de couple n'avait plus de raison d'être et presque partout, la déesse prit le pas sur le dieu, au point parfois de le faire disparaître, cas d'Ishtar, par exemple en Mésopotamie.

Le mythe du lion et de la lionne se succédant chaque jour dans le ciel ne pouvait se justifier, puisqu'on savait qu'il s'agissait d'un seul astre poursuivant sa course dans le ciel. On aurait dû logiquement ne conserver qu'un lion symbolisant la planète Vénus et faisant indéfiniment le tour de la Terre. Mais on ne voulut pas renoncer au mythe de la chute du lion étoile du matin, en punition de ses fautes, l'essentiel du drame. On imagina donc que le lion tué à l'apparition du jour était remplacé par un autre qui devenait étoile du soir, puis étoile du matin, après être passé au-dessous de la Terre. Il était tué à son tour et recevait un successeur. La déesse fut représentée avec un lion ou entre deux lions, dont elle était la maîtresse.[1] Elle était en outre entourée des animaux symboliques du mythe, spécialement ceux qui représentent la fraîcheur nocturne que l'étoile du soir amène avec elle : antilopes, cervidés, lièvres, oiseaux d'eau. Elle voisinait aussi avec le taureau de la chaleur du jour et était escortée encore d'autres animaux-attributs d'origine très ancienne : poissons, scorpions, colombes, serpents, chiens.

La présence de ces animaux a fait croire que la déesse était une « dompteuse de bêtes sauvages ». On l'a confondue avec Artémis chasseresse, qu'Homère qualifie de πότνια θηρῶν, « Reine des bêtes ». C'est là un contresens iconographique qui s'est perpétué jusqu'à nos jours.[2]

Ces observations permettent de reconnaître Ashtart, maîtresse des deux étoiles du matin et du soir, lorsqu'elle est représentée entre les deux lions qu'elle paraît maîtriser sans effort. Parmi les bronzes du

---

[1] D. Le Lasseur, *Les déesses armées*, p. 176-183, fig. 71-72, 78; du Mesnil, *Persica*, 3, 1967-1968, p. 11 s., fig. 1, 8-10; *Mél. de l'Univ. Saint-Joseph*, 44, 1968, p. 71 s., fig. 3, 3.

[2] Le Lasseur, *loc. cit.*

Fig. 110. Enseigne ajourée en bronze provenant du Luristan, Dussaud, *Syria*, 11,1 930, p. 256-257. fig. 16.
Ashtart entre les deux lions de l'étoile du matin et de l'étoile du soir. Lions et déesse soutiennent le ciel.

Fig. 111. La déesse Ashtart entre les deux lions étoile du matin et étoile du soir, d'après un cylindre imprimé sur une tablette de Ras Shamra du XIVe siècle avant J.-C. L'étoile du siège représente la planète Vénus.
Dhorme, *Syria*, 16, 1935, p. 195, fig. 2.

Luristan, une plaque ajourée placée au sommet d'une hampe, comme une enseigne (fig. 110), nous la représente ainsi. La déesse est en outre reconnaissable à sa coiffure hathorique et à sa courte jupe, seul vêtement.[1] C'est là un sujet très fréquent depuis l'époque de Ras Shamra, au XIVe siècle avant J.-C. (fig. 111), jusqu'à l'époque romaine.[2]

[1] Coiffure hathorique, *Persica*, 3, 1967-1968, p. 19, fig. 6-7; jupe, fig. 1, et sur le vase de Khafajé, Porada, *Iran ancien*, p. 28, fig. 12; *Mél. de l'Univ. S.-Joseph*, 44, 1968, ·p 37-39, fig. 3.

[2] *Persica*, 3, p. 20-23, fig. 7-10; *Mél. de l'Univ. S.-Joseph, loc. cit.*, 3e scène; *Mél. Jérôme Carcopino*, p. 273, fig. 1; Radet, *Cybélé*, fig. 50; D. Le Lasseur, *Les déesses*

Mais un détail est ici particulièrement important. Comme l'a reconnu René Dussaud, « l'attitude du personnage et des lions suggère qu'ils supportent le ciel».[1] On croyait en effet qu'aux deux horizons l'étoile du matin et l'étoile du soir soutenaient la voûte céleste, sous la forme de deux lions.[2] C'est là une conception apparemment d'origine sémitique, bien reconnaissable dans ce bronze. J'ai expliqué dans un chapitre précédent (p. 138-152) que dans le monde indo-européen on concevait un étai soutenant le ciel en son milieu. Dans l'Inde ce pilier cosmique a été identifié avec la Grande Déesse, et en Grèce, avec Astarté.

Le bronze que nous étudions représente Ashtart ou Ishtar, dans cette fonction : elle porte le ciel sur sa tête. Le mouvement des bras levés sur les côtés est en outre assez fréquent dans le Proche Orient.[3]

Fig. 112. La même déesse, vêtue seulement d'une courte jupe, apportant deux antilopes de la nuit, combinées avec les deux serpents. Deux lions ou sphinx attributs terrassant chacun deux antilopes (?).

Bronze du Luristan, VIIIe siècle avant J.-C., Dussaud, *Syria*, 26, 1949, p. 195, fig. 6.

La déesse représente l'étai cosmique et porte le ciel sur sa tête.

armées, fig. 71, etc. Pour l'époque romaine, *Les peintures de la synagogue de Doura-Europos*, p. 85-86, fig. 64.

[1] *Syria*, 11, 1930, p. 257, fig. 16.

[2] *Les tessères et les monnaies de Palmyre*, p. 61, fig. 17, etc.; *Rev. de l'hist. des rel.*, 169, 1966, 1, p. 45, n. 7; *Bull. de l'Inst. fr. d'arch. or.*, 68, 1969, p. 70, fig. 2.

[3] Sur ce geste, voyez ci-dessus, fig. 4-5.

On ne doit pas s'étonner de trouver réunies ici des conceptions sémitiques et d'autres indo-européennes, la civilisation du Luristan se
trouvant située à la limite des zones d'influence sémitique et indo-
européenne.

Une autre enseigne ajourée en bronze, apparentée à la précédente
(fig. 112), représente la même déesse à la courte jupe, ici avec des
colliers et une coiffure plus compliquée. Elle soutient dans chaque
main un serpent à tête d'antilope. C'est dire, dans le style combiné
local, que la déesse apporte avec elle deux antilopes et deux serpents.
On peut citer ici un autre bronze du Luristan, plus clair, où la même

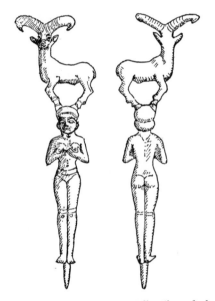

Fig. 113. La déesse de l'étoile du soir apportant l'antilope de la fraîcheur nocturne.
Bronze du Luristan, VIIIe-VIIe siècles avant J.-C.

déesse, entièrement nue, apporte sur sa tête une antilope (fig. 113).
En publiant ce bronze,[1] j'ai expliqué que cette déesse était Ishtar ou
Ashtart, symbolisant l'étoile du soir, apportant à la terre brûlée par

---

[1] *Persica*, 3, 1967-1968, p 23-24, fig. 12.

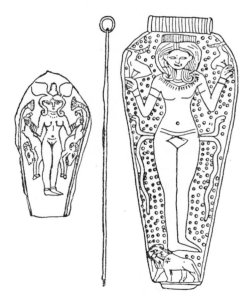

Fig. 114. La même déesse apportant deux antilopes de la nuit. Serpents et lion, attributs.
Pendentifs d'or de Ras Shamra, XIVᵉ siècle avant J.-C.

la chaleur du jour, la fraîcheur de la nuit, représentée par l'antilope.
Mais l'enseigne permet un rapprochement plus précis encore avec des
pendeloques d'or de Ras Shamra (fig. 114). La déesse y apporte deux
antilopes en les tenant dans ses mains. Sur l'une, deux serpents se
croisent en outre derrière la déesse. Or dans l'enseigne, nous la voyons
précisément élever dans ses mains deux animaux symboliques formés
d'une tête d'antilope et d'un corps de serpent. Dans la pendeloque
citée, on voit sous les pieds d'Ashtart le lion étoile du soir marqué
d'une étoile sur l'épaule; le plus souvent, il y a deux lions étoiles sur
les côtés de la déesse. C'est encore un détail qu'on remarque sur l'enseigne, mais fort stylisé. Ces lions y ont pris un visage humain: ce
sont des sphinx qui sont devenus aussi des attributs d'Ashtart, puis
d'Astarté. La déesse paraît les tenir par les pattes de derrière. De
leurs pattes de devant, ils saisissent sans doute des antilopes, mais la
scène est tellement stylisée qu'elle est devenue méconnaissable.

   La déesse est très clairement figurée comme l'étai cosmique du ciel:
elle s'apparente aux cariatides grecques. Le pilier avec lequel elle

Fig. 115. La déesse à demi-nue tendant des palmes, entre les deux lions étoile du matin et étoile du soir, dans un ciel étoilé.

Godard, *Bronzes du Luristan, Catal. de la Coll. E. Graeffe*, pl. 24, n° 175 ; *L'art de l'Iran*, 1962, p. 55, fig. 58 ; *Iran, Catal. de l'exposition du Musée Cernuschi*, pl. p. 23, n° 18 ; Dussaud, *Syria*, 26, 1949, p. 198, fig. 1.

s'identifie se prolonge au-dessus de sa tête, ce qui rend la figure encore plus expressive que dans le bronze précédent.

Une troisième enseigne (fig. 115) montre encore la déesse vêtue seulement d'une jupe, mais plus longue. Le fond est parsemé de petits globes simples ou sertis, qui représentent des étoiles comparables à celles de la pendeloque phénicienne (fig. 114, b). L'expression est un peu plus compliquée, mais l'idée est la même : la déesse de l'étoile du soir resplendit dans un ciel étoilé. Ici les deux lions des côtés sont parfaitement clairs. Le détail nouveau est que la déesse tient une palme dans chaque main. Dans un style tout différent, une célèbre pyxide d'ivoire de Ras Shamra du XIVe siècle avant J.-C. (fig. 116), montre la déesse, vêtue de même, tenant trois palmes dans chaque main, mais ici nous revenons aux antilopes des côtés qui se substituent aux lions étoiles. La déesse de l'étoile du soir amène avec elle la fraîcheur de la nuit, thème des fig. 112-114).

Fig. 116. La même déesse vêtue de même et tendant des palmes, entre les deux antilopes symboles de la fraîcheur nocturne. Pour la montagne, voyez fig. 62, p. 144.
Couvercle d'une pyxide d'ivoire, Minet el-Beida, XIVᵉ siècle avant J.-C.
Schaeffer, *Ugaritica*, III, 1939, frontispice, et pl. XI, p. 33.

Comme on le voit dans ces divers exemples, les attributs sont les mêmes, mais les combinaisons varient.

A ces trois enseignes d'une interprétation assez claire, je voudrais en joindre une autre plus difficile à comprendre (fig. 117). On y voit un personnage un genou en terre, qui tient par le cou deux taureaux dressés sur les côtés. Dans le champ, un semis de globes indique encore que la scène se situe dans le ciel, ce qui accentue le caractère sidéral et astral de l'ensemble.

Il y a deux interprétations possibles. Si la figure est masculine, il faudrait y reconnaître Ashtar, dieu de l'étoile du matin, amenant avec lui les taureaux de la chaleur du jour, que nous avons déjà vus attelés à son char. Parfois le dieu pousse devant lui ces animaux symboliques.[1]

La nudité complète d'Ashtar, en pendant de la déesse nue, ne serait

----

[1] Ci-dessus, p. 212-213, fig. 106-108, pl. XVIII, 1ᵉʳ registre.

Fig. 117. Probablement la déesse nue, étoile du soir, étranglant les taureaux de la chaleur du jour. Le serpent céleste au pourtour, voyez le chapitre VII, ci-après.

Amiet, *La revue du Louvre*, 13, 1963, p. 6, fig. 8, bronzes du Luristan de la Collection Coiffard, au Musée du Louvre.

pas sans exemple.[1] L'objection serait que le sexe masculin n'est pas indiqué, mais il ne l'est pas non plus chez les taureaux.

La seconde explication serait de reconnaître dans le personnage agenouillé la déesse nue, Ashtart, l'étoile du soir étranglant les taureaux de la chaleur du jour, après la tombée de la nuit. Dans les bronzes du Luristan, l'absence de l'indication des seins ne serait pas un obstacle à cette interprétation (cf. fig. 110 et 112). Mais il faut reconnaître que cette scène serait sans autre exemple : toujours c'est le lion étoile du soir et jamais la déesse qui se charge du massacre des taureaux. Ce dernier thème est des plus fréquents dans le milieu iranien (fig. 118); comme ailleurs, on lui attribuait un effet prophylactique. Une des

[1] Ci-dessus, p. 160, pl. IX. Sur un cylindre de l'époque d'Akkad, Amiet, *La glypt. mésop. arch.*, pl. 112, n⁰ 1490.

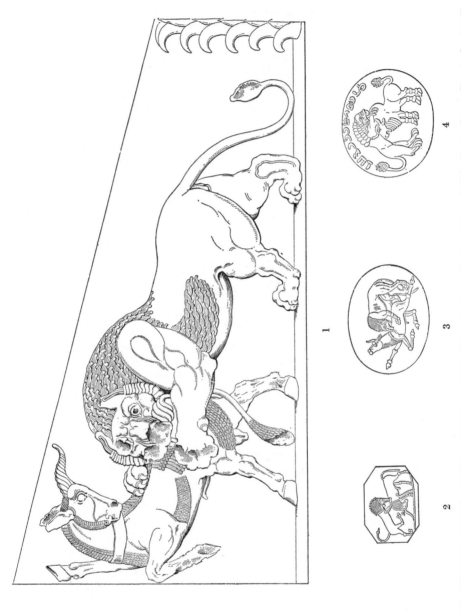

Fig. 118. Le lion étoile du soir dévorant le taureau de la chaleur du jour, d'après un bas-relief de Persépolis, et d'après des intailles

raisons qui me fait pencher vers cette seconde explication est qu'Ashtar amenant avec lui les taureaux du jour est toujours en marche alors qu'ici le personnage est à l'arrêt. De plus, la scène de la déesse nue mettant fin à la chaleur du jour offre un bon pendant à la représentation de la même déesse apportant la fraîcheur nocturne (fig. 112-114). Ashtart qui porte l'antilope sur sa tête est aussi sans autre exemple. (fig. 113).

Si on ne voit jamais la déesse tuer elle-même le taureau de la chaleur du jour, je puis citer au moins un cylindre syrien qui la montre armée d'une harpé ou d'un cimeterre au côté de la tête tranchée du taureau. Il paraît évident qu'elle vient de le tuer (fig. 119). On y remarquera que la déesse n'est vêtue que d'une jupe comme dans les figures précédentes.

A   B

Fig. 119. La déesse Ashtart, dame de l'étoile du soir, venant de trancher la tête du taureau de la chaleur du jour, d'après un cylindre-sceau chypriote.

W.A. Ward, *Seal Cylinders*, p. 347, fig. 1179; Le Lasseur, *Les déesses armées*, p. 213, fig. 87.

A. Scène de la fin de la nuit.

    Le lion étoile du matin s'élevant dans le ciel. L'étoile en haut, à gauche.

B. Scène de la fin du jour.

    Le lion étoile du soir, ailé, tenu par la queue par la déesse Ashtart à demi nue, armée d'une harpé ou d'un cimeterre. La tête coupée du taureau, devant elle. L'étoile du soir à son coucher, en bas, sous le lion.

LE GRAND SERPENT BABI DIEU ṢID
DEVENU LE PÈRE DES SARDES *

1. Babi sur un bracelet d'Antas

Les fouilles dirigées par le professeur S. Moscati, dans la vallée d'Antas, à la partie Sud-Ouest de la Sardaigne, de 1966 à 1968, ont permis le dégagement d'un temple romain dédié au *Sardus Pater* et la découverte, au-dessous, d'un temple carthaginois des Vᵉ et IVᵉ siècles avant J.-C., dédié au même dieu sous son nom carthaginois de Ṣd.[1] Ce dernier édifice a fourni vingt et une inscriptions en punique dont une seule est complète (nᵒ 1).

Celle-ci, gravée sur la base en bronze d'une petite statue, est une dédicace commençant par ces mots ; לאדן לצד אדר באבי « Au Seigneur, à Ṣid, le Puissant Babi ».[2] On lui offre une statue en bronze (מש נחשת) qui était soudée à la base, et qui était apparemment la sienne. Elle a disparu.

Le nᵒ 5 mentionne une statue du même genre sans doute en pierre dorée ou gravée (אבן חרץ). Dans le nᵒ 9, on précise que le statue offerte « au Seigneur, à Ṣid, le Puissant Babi », est celle de Shadrafâ (שד רפא), nom qui signifie « le Puissant guérisseur ». Ce peut être une manière de désigner le dieu Ṣid dont on aurait eu ici encore la statue. Il n'est nullement exclu cependant qu'on puisse offrir à ce dieu des statues d'autres dieux.[3] C'est ainsi que dans le nᵒ 6, la statue offerte était

---

* La présente étude a été résumée à la Sorbonne le 8 mai 1971, à la suite d'une conférence du Professeur Carlo Maxia, Doyen de la Faculté des Sciences de Cagliari, sur la civilisation des Nuragues en Sardaigne, devant la Société d'Ethnographie de Paris, dont l'auteur est le Président.

[1] E. Acquaro, F. Barreca, S.M. Cecchini, D. et M. Fantar, M.G. Guzzo Amadasi, S. Moscati, *Ricerche puniche ad Antas*, Rome, 1969.

[2] M. Fantar, « Les inscriptions », *ibid.*, p. 47-93, pl. XXIII-XXXVIII. Cette formule plus ou moins complète ou incomplète se retrouve dans les nᵒˢ 6 à 13 et 18.

[3] Exemple d'une statue d'un dieu offerte à un autre, D. Schlumberger. *La Palmyrène du Nord-Ouest*, p. 167, statue du dieu-Lion offerte à Ba'al Shamîm. Autre exemple,

apparemment celle du dieu Ḥoron (חרן) [1] sous les traits d'un faucon sans doute. On sait en effet qu'il est ainsi figuré dans la statue découverte à Tanis par P. Montet et dans laquelle il protège le pharaon Ramsès II.[2] M. Sznycer propose de considérer Ṣid comme un dieu guérisseur et il se demande si Ḥoron ne se confondrait pas alors avec Ṣid,[3] mais on va voir dans un instant que l'identification de Ṣid avec le dieu-Serpent Babi écarte cette possibilité.

Dans une des tombes fouillées dans le village, une bague en argent, découverte encore au doigt du mort, est ornée sur tout le pourtour de gravures incisées représentant un long serpent, des monogrammes et des dessins (fig. 120).[4] Cet animal fantastique est muni d'une assez grosse tête ornée d'une barbiche et d'une aigrette. Il ne se mord pas la queue : ce n'est donc pas le symbole bien connu de l'éternité.[5] Le corps est ondulé, formant sept compartiments ainsi garnis :

1. Dix sept petites stries obliques de signification incertaine.
2. Groupe de quatre lettres latines ; S et au-dessous I, D et au-

Fig. 120. Décor gravé d'une bague à facettes, en argent, d'une tombe d'Antas, et développement des monogrammes à lire : *Sida* (ou *Sidia*) *BABI* — *d(edi)* (?) *d(ono)* (?) *d(enarios)* (?) *XCIV*, « (A) Ṣida ou Ṣidia Babi, j'ai donné en don 94 deniers ».

Vogüé, *Comptes rendus de l'Acad. des inscr. et B.-L.*, 1904, p. 472-473, statuette d'Isis allaitant Horus dédiée « à Ashtart » dans l'inscription phénicienne du début du IVe siècle avant J.-C. (Le nom du dédicant doit être lu Gadṣaphon, « un Gad (= un protecteur) (est le dieu) Ṣaphon »).

[1] M. Sznycer, *Note sur le dieu Ṣid et le dieu Ḥoron d'après les nouvelles inscriptions puniques d'Antas*, *Karthago*, 15, 1969, p. 71.

[2] P. Montet, *Revue Biblique*, 44, 1935, p. 153, s. ; *Les énigmes de Tanis*, p. 88.

[3] Sznycer, *op. cit.*, p. 74.

[4] *Ricerche puniche ad Antas*, p. 158, pl. LXIII, 1.

[5] *Les tessères et les monnaies de Palmyre*, p. 675, fig. 30, avec deux lézards.

dessous A. On peut ainsi lire SIDA qui est peut-être la prononciation véritable du nom du dieu Ṣd. Il n'est pas impossible toutefois que le D soit à décomposer en deux lettres combinées : I et D. Dans ce cas, on lirait SIDIA, « le Ṣidien ».

3. Monogramme de quatre lettres à lire BABI. La boucle inférieure du B est commune aux deux B. Cette transcription latine du nom de *B'bi* est déjà connue par l'inscription du fronton du temple du Pater Sardus à Antas, où on lit BAB[I] après le premier nom divin.

4. Trois lignes sinueuses imitent des serpents.

5. Étoile à huit rais dont deux sont terminés par deux signes ressemblant à des D au sommet d'une hampe. En y voyant des *ro* grecs, P, on pourrait reconnaître dans cet ensemble deux chrismes combinés, mais ils n'auraient guère leur place ici. Je suggère, sous réserve, d'y reconnaître le signe *denarii*, transformé en étoile décorative, et les lettres D D, « *dedi dono* » ou « *donum* », abréviation usuelle.

6. Deux fleurs avec leurs tiges et trois feuilles, d'après la photographie assez indistincte.

7. Le chiffre romain XCIV, un peu resserré, mais néanmoins distinct.

Sous réserve, je propose de comprendre :
Sida ou Sidia Babi dedi dono ou *donum denarios XCIV*,
    « (A) Ṣida ou Ṣidia Babi, j'ai donné 94 deniers ».
Deux points me paraissent certains : la lecture du nom du dieu : Ṣida ou Ṣidia Babi, et son image primitive, le serpent. Le nom de Babi écrit plus gros est apparemment le nom de ce serpent.

L'inscription de cette bague confirme donc les deux premiers termes de l'équation Ṣid = Babi = Pater Sardus, déjà établie par les inscriptions puniques et latines connues, et y ajoute un renseignement très important sur la nature animale de ce dieu.

Le dieu phénicien Ṣid est venu à Antas par Carthage où il avait un temple sous le vocable de *Ṣd Tnt*,[1] « Ṣid Tanit ». L'expression '*bd Ṣd Mlqrt*, « serviteur de Ṣid Melqart »,[2] et le nom de personne peut-être incomplet *Ṣdmlqrt* [3] prouvent qu'il existait un rapport entre Ṣid et

---

[1] *C.I.S.*, I, 247, 248, 249 : '*bd bt Ṣd Tnt*, « serviteur du temple de Ṣid Tanit » ; Giselle Halff, *L'onomastique punique de Carthage, Karthago*, 12, 1963-1964, p. 70, n. 28.

[2] *C.I.S.*, I, 256 ; Halff, *ibid.*

[3] *C.I.S.*, I, 3119 ; Halff, p. 142.

Melqart. Or Pausanias [1] nous apprend que, de son temps, Sardus (= Ṣid) était considéré comme un fils d'Héraclès (= Melqart).

C'est à Carthage que les noms théophores formés de Ṣid sont attestés.[2] Ils le présentent comme un dieu bon : « il donne » ou « a donné » (*Ytnṣd*, *Ṣdytn*, *Mtnṣd*), « il a favorisé » ou « il favorisera » (*Ṣdyḫn*), « il a conservé » (*Ṣdšmr*), « il a jugé » ou « il jugera » (*Ydnṣd*). Ses fidèles se disent ses « esclaves » (*ʿbdṣd*, *ʿbṣd*) ou se mettent « dans sa main » (*Bdṣd*). On nous apprend aussi qu'il est « un maître » ou « un baʿal » (*Bʿlṣd*).[3]

Le serpent Babi nous est connu par les Textes des Pyramides.[3] Il est « le Fort de figure, le Maître de la nuit » (*Pyr.* 515-516). Il honore le roi défunt en même temps que les puissantes étoiles ; il le protège (*Pyr.* 419). Sa fonction majeure paraît être de tirer le verrou de la porte du ciel à l'Orient, et de l'ouvrir pour donner passage à Horus au lever du jour et au roi lorsqu'il se met en orbite dans la barque solaire (*Pyr.* 502).[4] Il écarte Celui qui est devant Min (Panopolis) (*Pyr.* 419). Ce grand serpent s'étend d'une extrémité à l'autre du ciel nocturne, tandis que sa femelle tient la même place dans le ciel diurne. Ainsi, quand le « serpent mâle est mordu par le serpent femelle, et le serpent femelle par le mâle, le ciel est entouré, la Terre est enveloppée » (*Pyr.* 233).[5]

Ces deux grands serpents célestes qui faisaient le tour de l'univers, étaient probablement des constellations, sans doute la Voie Lactée. Ils étaient connus aussi dans le Proche Orient asiatique dès l'époque préhistorique comme dominés par Ashtart, déesse nue, dame de la planète Vénus et Reine du ciel. On les reconnaîtra sur des sceaux archaïques et sur le vase de Khafajé, en Iran, vers 2800 avant J.-C.[5] (fig. 121). On les représente aussi dans le ciel (fig. 122).

Des noms sémitiques tels que *br-Bbi*, Βαρβαβι, « fils de Babi »,

---

[1] X, 17 ; cf. aussi Silius Italicus, XII, 359.

[2] Halff, *op. cit.*, p. 70, 102, 114, 133 et 140.

[3] L. Speleers, *Textes des Pyramides égyptiennes*, 1934, p. 60, 70 et 72.

[4] « Les barques de la Grande Pyramide et le voyage au paradis », *L'Ethnographie*, 49, 1954, p. 44.

[5] *Mélanges de l'Université Saint-Joseph*, 44, 1968, p. 37, fig. 3, scène 2, et p. 40, fig. 5 ; *Études sur les dieux phéniciens*, p. 25, fig. 6, et p. 132.

A   B

Fig. 121. Ashtart, déesse de la planète Vénus et Dame du Ciel, tenant les deux grands serpents célestes.

A. Sur un sceau iranien du IVe millénaire avant J.-C.

B. Sur le vase de Khafajé en Iran, au British Museum, du commencement du IIIe millénaire avant J.-C.

Mélanges de l'Université Saint-Joseph, 44, 1968, p. 40, fig. 5, n° 151, et p. 37. fig. 3, n° 2.

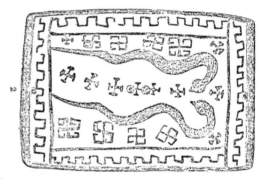

Fig. 122. Les deux grands serpents célestes au milieu des étoiles. Décor peint sur terre cuite. Milieu du Ier millénaire avant J.-C.

D'après M. Ohnefalsch-Richter, *Kypros*, pl. CXXXIII, 2.

et *Bbi* (pour *Bbii*), Βαβει, ou Βαβι, « Celui de Babi »,[1] font penser que le Grand serpent astral de la nuit s'y nommait, ici aussi, Babi. *Bbi* était un ancien nom de personne hébreu ; Esdras [2] nous apprend qu'une des tribus revenues de la Captivité de Babylone se nommait les bené בבי. Les Massorètes, qui ignoraient sans doute le dieu Babi, ont voca-

---

[1] H. Wutnow, *Die semitischen Menschennamen in griechischen Inschriften*, 1930, p. 130. On s'est efforcé d'expliquer le nom énigmatique de באבי comme un hypocoristique ou forme caritative de אב, « père », Noth, *Israel Personnamen*, p. 40 s. ; ou par le babylonien *bebé, bibia*, arabe *babbat* ,« petit enfant », « bébé » ; et plus récemment par le paléo-sarde, « père », G. Garbini, *Annali del Institute Orient. di Napoli*, N.S., 19, 3, p. 318-321.

[2] *Néhémie*, VII, 16 ; X, 16 ; *Esdras*, II, 11 ; VIII, 11 ; X, 28.

lisé בְּבִי. Pline cite une ville d'Italie nommée Babai, qui pourrait bien encore devoir son nom à un culte de Babi.

2. Le Pater Sardus

Le nom de Pater Sardus, « le père sarde », est celui que les Romains ont donné au dieu d'Antas, que les Carthaginois nommaient Ṣid Babi. Ils le considéraient donc comme un dieu local ou devenu local, le protecteur des habitants de la Sardaigne. Ils le classaient comme un dieu père. Il est représenté sur des monnaies romaines de l'île avec une sorte de calathos grec formé de plumes dressées, ce qui pour R. Dussaud [1] « souligne son origine africaine » (?). On comparera à la coiffure bien

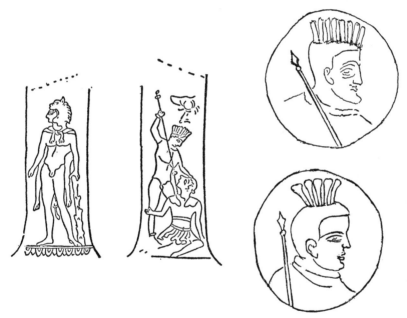

Fig. 123. Rasoir carthaginois représentant Héraclès-Melqart sur une face, et Sardus Pater tuant un ennemi, sur l'autre.

D'après Dussaud, *Syria*, 25, 1946-1948, p. 214, fig. 2.

A droite, monnaies sardes de l'époque romaine, à l'effigie de Sardus Pater.

D'après Ugo Bianchi, « Sardus Pater », fig. 1-2.

[1] *Syria*, 25, 1946-1948, p. 214-215.

connue des Philistins et des peuples de la mer, c'est-à-dire des îles, sur les bas-reliefs égyptiens du Nouvel Empire.[1] Sur les monnaies sardes, une lance dressée est parfois passée derrière l'épaule de Sardus.[2] Ces caractères permettent de le reconnaître sur un rasoir carthaginois où on le voit frappant de sa lance un ennemi sans doute romain; il y fait pendant à Héraclès-Melqart représenté sur l'autre face (fig. 123). D'après Pausanias, les Lybiens auraient occupé la Sardaigne, conduits par leur chef Sardos, c'est-à-dire Pater Sardus, « fils de Makéris sur-nommé Héraclès par les Égyptiens et les Lybiens », qui ne peut être que Melqart.[3] Sardus serait donc un Tyrien qui aurait pris la tête de peuples africains pour envahir la Sardaigne.

Le serpent Babi, sous une forme humaine tardive, est donc présenté comme un roi de l'île sarde. Le Conte égyptien du naufragé, vers 1900 avant J.-C.,[4] offre un cas parallèle. On y décrit un dieu-Serpent qui régne sur une île du « Grand Vert », la mer. Cette île, il est vrai, n'était pas en Méditerranée, mais à deux mois de navigation de l'Égyp-te, en direction des Somalies. Ce dieu-Serpent « mesure 30 coudées, et sa barbe dépasse deux coudées »; il se déplace avec fracas. « Ses membres sont plaqués d'or; ses sourcils sont en lapis-lazuli véritable ». Il porte un homme dans sa gueule avec facilité. Il est « le Prince du Pays de Pount » et dispose d'immenses richesses. C'est « un dieu qui aime les hommes dans un pays lointain que les hommes ne connaissent pas ». Il se montre plein de bonté pour le naufragé jeté sur ses côtes.

Ce récit confirme le caractère bienfaisant que les Méditerranéens, spécialement les Phéniciens, attribuaient le plus souvent aux dieux-Serpents aussi bien qu'aux dieux-Scorpions. Ils sont les serviteurs de Él, d'Anat-Athéna, d'Ashtar et d'Ashtart,[5] et les auxiliaires des

---

[1] A. Moret et G. Davy, *Des clans aux empires*, 1922, p. 392-393, fig. 43-44; Kurt Galling, « Die Kopfzier der Philister in den Darstellungen von Medinet Habu », *Ugaritica*, VI, 1969, p. 247-265.

[2] Carlo Albizzati, *Historia*, Milan, juillet-septembre 1927, et *Studi d'Archeologia roma-na*, Bologne, 1928; Ugo Bianchi, « Sardus Pater », *Rendiconti dell'Acad. Naz. dei Leicei*, VIIIᵉ série, 18, 1963, p. 97-112, pl. I (on voit que c'est bien une lance, et non un sceptre, qui est tenue par le dieu).

[3] Pausanias, X, 17, 2. Voir ci-dessus, p. 231.

[4] P. du Bourguet, *Histoires et légendes de l'Égypte mystérieuse*, 1968, p. 67-74.

[5] *Études sur les dieux phéniciens*, p. 25, fig. 6; p. 90, fig. 24; p. 131-136, fig. 34-35. Ci-dessus, p. 222, fig. 114 b.

dieux médecins et guérisseurs.[1] Ils contribuent à la bonne marche
du soleil[2]. Ils sont les ennemis du Mauvais Œil[3]. Dans le mithraïsme, on les trouve au côté de Mithra, spécialement dans la scène du
sacrifice du taureau.[4]

Notre antipathie envers le dieu-Serpent vient du récit de la Genèse
(III) : il a fait chasser l'homme du Paradis terrestre. Il était cependant
fort excusable. Étant le plus avisé des animaux, il s'était bien aperçu
que, si l'homme demeurait dans le jardin d'Éden, il aurait tôt fait de
s'emparer de tout, spécialement de l'Arbre de Vie.[5] Il inventa donc un
stratagème pour l'en faire expulsier, et il y réussit, sans en être chassé
lui-même.

3. ṢID EST-IL LE DIEU ÉPONYME DE ṢIDON ?

Depuis fort longtemps on le pense.[6] La suite des fouilles d'Antas,
recoupées par celles que fait M. Maurice Dunand auprès de Sidon, nous
l'apprendra sans doute prochainement. Pour le moment, on ne peut
que réunir ce que l'on sait sur le dieu de cette ville.

L'inscription d'Eshmounazar, rois des Sidoniens, au début du Ve
siècle avant J.-C., mentionne à Sidon « dans le terrain de mer un temple
à Baʿal Ṣidon (*Bʿl Ṣdn*) et un temple à Ashtart nom de Baʿal »,[7] c'est-à-
dire du même nom que Baʿal Ṣidon : l'Astarté-Ṣidon. Les dieux protecteurs de cette ville étaient donc le Baʿal Ṣidon et la Baʿalat Ṣidon,
correspondant exactement au couple Baʿal Gébal et Baʿalat Gébal,
à Byblos. Ces jeunes dieux étaient fils de Él et d'une Ashérat locale,[8]

---

[1] *Les tessères et les monnaies de Palmyre*, p. 341-347, fig. 198. Sur la triade des dieux-
Scorpions au IIe millénaire avant J.-C., voyez p. 172, fig. 124 a, 1.

[2] *Ibid.*, p. 348-350, fig. 199. Ci-dessus p. 10 (les hommes-Scorpions) et 231 (*Pyr.* 502).

[3] A. Caquot et R. du Mesnil du Buisson, « La seconde tablette d'Arslan-Tash »,
Syria, 48, 1971, p. 395, n. 2, et 402.

[4] Voyez ci-dessus p. 154, fig. 74.

[5] Appréhension justifiée, voyez *Gen.*, III, 22.

[6] Clermont-Ganneau, *Recueil d'arch. orientale*, I, p. 189 s. ; Lagrange, *Études sur les
religions sémitiques*, 2e éd., p. 91, 417, 487 ; Cooke, *A Text-Book*, p. 91. Ṣid serait un dieu
chasseur, de la racine ṢD, « chasser ». En ugaritique, le mot *ṣd* se rencontre plusieurs fois
avec le sens de « gibier ».

[7] Lagrange, *op. cit.*, p. 483-484.

[8] *Études sur les dieux phéniciens*, p. 33-34, 271-275.

différente de la Grande Ashérat Yam. A Ras Shamra, dans la Légende de Kérét, l'Ashérat de Sidon est nommée « l'Élat des Sidoniens».[1] A l'époque grecque, elle est devenue l'Εὐρώπη de Sidon.

On remarquera que ce ba'al éponyme de Sidon, ne s'appelle jamais Ṣid. Ce nom ne pourrait être qu'une forme populaire apocopée. A Palmyre, on abrégeait ainsi le nom du dieu Yarḥibôl en Yarḥi, et celui de Malakbêl en Malka.[2] En règle générale cependant, les dieux éponymes des villes portent toujours le nom complet de la ville : Ousô, pour la Tyr continentale de ce nom,[3] Ba'al Ṣour (qui est Melqart), pour Tyr (Ṣour), la déesse Bêrouth, pour la ville du même nom, d'après Philon de Byblos.[4]

A Sidon, le jeune dieu, protecteur de la dynastie royale, était Eshmoun ; cette appellation signifie « le Huitième » des Cabires phéniciens : le vrai nom était donc caché.

Eshmoun est le dieu médecin, essentiellement un guérisseur. On ne nous dit pas que Ṣid le fut. Eshmoun était un dieu aux serpents et il n'est pas exclu qu'il fut originairement un dieu-Serpent. Par là, il pouvait s'apparenter avec Babi.

L'épouse de Ba'al Ṣidon, la ba'alat du nom du ba'al, c'est-à-dire « Ṣidon », est connue surtout par Philon de Byblos : « De Pontos naît Ṣidon qui, douée d'une voix merveilleuse, inventa la première le chant des hymnes».[5] Cette Astarté de Ṣidon était donc fille de la mer (Pontos), simple métaphore pour nous dire qu'elle s'intéressait à la navigation et aux marins.[6] En cela, elle s'apparentait à toutes les Astarté de la côte phénicienne représentées le pied posé sur une proue de navire. Athénée (XV, 675-676) raconte qu'une statue de la déesse rapportée de Chypre en Égypte sauva les marins lors d'une tempête.[7] L'Astarté de Ṣidon avait en outre, nous dit-on, un chant captivant. Les filles de la mer qui ont cette particularité sont bien connues : ce sont les Sirènes,

---

[1] Virolleaud, *La légende de Keret*, 1936, p. 46-47, l. 199 et 203. Réserves, p. 38, n. 8.

[2] *Les tessères et les monnaies de Palmyre*, p. 33-34 et 273.

[3] *Mél. de l'Université St-Joseph*, 41, 1965, p. 9.

[4] Fragm. II, 12, Lagrange, *op. cit.*, p. 177, 422 et 427.

[5] Lagrange, *op. cit.*, p. 423, Frag. II, 21.

[6] Sur ces filiations métaphoriques en Phénicie, *Études sur les dieux phéniciens*, p. xviii, 2, 13-15, 49, et ci-dessus, p. 83, n. 8, p. 94, 99 et 112.

[7] O. Masson, *Bull. de la Soc. fr. d'Égyptologie*, 60, 1971, p. 32-33, « 23ᵉ Olympiade, 689-686 avant J.-C. ».

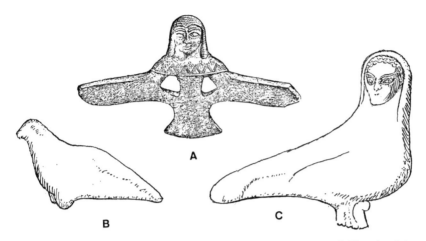

Fig. 124. Ashtart et Astarté, déesse-Colombe, d'après un bronze assyrien de Van, Arménie (A), et d'après des terres cuites grecques d'un temple de l'acropole d'Halae, Vᵉ-IVᵉ siècles avant J.-C. (B-C).

    A. De Longpérier, *Œuvres*, I, p. 275-278 ; Perrot et Chipiez, *Hist. de l'Art dans l'Anti-quité*, II, 1881, p. 584 ; Maspero, *Hist. anc. des peuples de l'Orient classique, Les premières mêlées*, 1897, p. 618.

    B-C. H. Goldman, « Hesperia », *Journ. of the Amer. School of Class. Stud. at Athens*, 9, 1940, p. 475, fig, 186.

720   736

Fig. 125. Ashtart déesse-Colombe en voie d'anthropomorphisation, sur des cylindres-sceaux de Nuzi, de la seconde moitié du XVᵉ siècle avant J.-C., et sur une tessère de plomb de Palmyre, Iᵉʳ-IIᵉ siècles après J.-C.

    720, La déesse avec des ailes et des pattes de colombe, tenant deux miroirs, entre deux sphinges ses attributs en qualité d'ancienne déesse-Lionne. La planète Vénus à droite.

    736. De gauche à droite : Shaḥar, l'Aurore, apportant la clé de la porte du lever du Soleil à l'Orient ; Ashtar tenant en laisse le lion étoile du matin. Ashtart aux ailes de colombe, brandissant deux miroirs, entre l'étoile du matin et l'étoile du soir, en qualité de reine du ciel ; l'étai cosmisque support du ciel et du soleil, sur sa montagne (fig. 46).

    E. Porada, *Seal Impressions of Nuzi*, 1947, pl. LIII.

    A droite, la déesse-Colombe tenant un sceptre, sur une tessère de Palmyre, *Les tessères et les monnaies de Palmyre*, p. 436, fig. 225. Au revers figurent des poissons autres attributs de la déesse.

    Voyez aussi M. Pillet, *L'expédition scient. et art. de Mésopotamie et de Médie*, pl. XXVI, 2, bronze de Babylone, buste de femme, ailes et pattes de colombe.

Fig. 126. Ashtart, déesse-Colombe et déesse nue, d'après la plaque Burney.

Les ailes et les pieds de colombe, avec quelques plumes aux jambes, rappellent qu'elle est la déesse-Colombe. Elle tient les symboles de la royauté du ciel, l'anneau lié au sceptre (fig. 48). Le globe sur sa tiare représente la planète Vénus, et les deux globes de ses pendants d'oreilles, de même que les deux lions, rappellent l'étoile du matin et l'étoile du soir. D'après A. B. Cook, *Zeus*, II, part I, p. 832, les chouettes pourraient déjà (vers 2000 av. J.-C.) la désigner comme « compagne d'Athéna » = Anat (p. 166). Sur ces symboles, voyez *Les tessères et les monnaies de Palmyre*, p. 61 (lions), 62-63 (anneau et bâtonnet), 98 (boucles d'oreilles), 436-437 (colombes et chouettes); *Persica*, 3, 1967-1968, p. 10-36 (lions).

D'après une photographie de l'*Illustrated London News*, 13 juin 1936, p. 1147, reproduite dans *Archiv für Orientforschung*, 12, 1938, p. 130. Le dessin de *Syria*, 29, 1952, p. 291, fig. 9, est inversé, et en outre incomplet puisqu'il ne reproduit pas les chouettes des côtés.

déesses à corps d'oiseau et tête ou buste de femme. On en conclura que Philon de Byblos a vu des images dans lesquelles l'Astarté Ṣidon était représentée comme un oiseau à tête ou buste de femme. Ce n'est pas étonnant si l'on songe qu'une des formes primitives de cette déesse

Fig. 127. Ashtart, déesse nue tenant ses seins, accompagnée d'une ou de trois colombes,
animaux attributs. Bractées en or du tombeau III de Mycènes.
Schliemann, *Mykenae*, p. 209, fig. 267-268 (éd. anglaise, p. 180).

était la colombe (p. 80). Son anthropomorphisation s'est faite en
trois étapes : 1. une colombe à tête de femme (fig. 124) ; 2. une femme
avec des ailes et des pieds de colombe (fig. 125) ; [1] le plus célèbre exemple
de cette seconde étape est fourni par la plaque Burney (fig. 126) ;
3. une femme accompagnée d'une ou de plusieurs colombes (fig. 127).
La fig. 33, B, montre Ashtart avec une colombe sur sa coiffure dans un
cylindre-sceau paléosyrien de la région d'Alep. Sous l'influence phénicienne et chypriote, l'art archaïque grec a représenté Astarté tenant
une colombe sur son poing.[2]

A Tyr, on l'a vu (p. 78-81), l'Ashérat locale était surnommée
« la Colombe», ce qui suppose une forme archaïque de colombe. La
déesse-Colombe était connue aussi à Carthage.[3] Dans l'Énéide (VI, 190),
Vénus, la même déesse encore sous un nom latin, se manifeste à Énée,
son fils, sous la forme de deux colombes qui le conduisent.

Ashtart en qualité d'étoile du soir était une déesse-Lionne. Elle a
évolué de façon identique vers la forme humaine en passant par la
sphinge qui est une lionne à tête ou à buste de femme (fig. 128), pour

---

[1] Barrelet, *Syria*, 29, 1932, p. 188 s.

[2] H. Bazin, *L'Aphrodite de Marseille au Musée de Lyon*, du VIe s. av. J.-C., 1886,
planche ; F. Lenormant, *Gazette arch.*, 2, 1876, p. 133, pl. XXXI ; L. Heuzy, *Catal. des
figurines ant. en terre cuite*, 1923, p. 225, no 38, pl. XII, 5.

[3] E. Vassel, *Études puniques, La Colombe*, Tunis, 1920 ; M. Hours-Miédan, « Les
représentations figurées sur les stèles de Carthage», *Cahiers de Byrsa*, 1950-1951, p. 50.

Fig. 128. Scarabée de la nécropole punique de Palerme, en pâte de verre bleue. VIIᵉ-
VIᵉ siècles avant J.-C. En haut, le lion étoile du soir, dévore le taureau de la chaleur du
jour, *Études sur les dieux phéniciens*, p. 26-29, fig. 8-9. Au-dessous un adorateur devant la
déesse-Sphinge. en qualité de déesse de l'étoile du soir.
A.M. Bisi, *Rivista degli Studi orientali*, 41, 1966, p. 109-113, pl. I, *b*. Croquis de l'auteur.

devenir une femme accompagnée de lions.[1] Au stade intermédiaire, elle
apparaît parfois aussi comme un femme à tête de lion.[2] Les sphinges
sont devenues ses attributs.[3] Dans la personnalité complexe d'Ashtart
s'est fondue aussi une déesse-Poisson de la préhistoire.[4] Elle a évolué
de la même manière, d'une idole poisson au poisson attribut de la
déesse à forme humaine. A Ascalon, elle était adorée sous le nom de
Derkéto avec un buste de femme et un corps de poisson.[5]

L'Astarté Ṣidon était donc une déesse à corps d'oiseau et tête de
femme prise pour une sirène. C'est à peu près tout ce que nous en savons.

Peut-on conclure que Ṣid est le même que le Baʿal Ṣidon? Dans l'état
actuel de nos connaissances, il est impossible de le dire. La plupart des
indices revisés sont plutôt défavorables à cette solution.

[1] *Persica*, 3, 1967-1968, p. 19-22, fig. 6-10; p. 27-28, fig. 13-14.

[2] *Études sur les dieux phéniciens*, p. 75, fig. 18; p. 94, fig. 27. Sur les formes inter-
médiaires entre le dieu-Aigle, le Maître des Cieux, et la forme humaine, voyez *Iranica
Antiqua*, 8, 1968, p. 11-12, fig. 7.

[3] *Études sur les dieux phéniciens*, p. 61, pl. II, 2.

[4] *Les tessères et les monnaies de Palmyre*, p. 136. fig .96, p. 370, 437, 613; *Bull. de la
Soc. nat. des Antiquaires de France*, 1944, p. 324-327.

[5] Diodore de Sicile, II, 4; Lucien, *De dea Syria*, XIV; A. Lods, *Israël*, 1930, p. 126.

VIII

NOTE SUR UN SCEAU DE SHAUSHSHATAR, ROI DU MITANNI, VERS 1450 AVANT J.-C.

Ce sceau est connu seulement par une empreinte sur une tablette découverte à Nuzi, en Assyrie. Il a été publié par Richard Starr [1] et reproduit par H. Frankfort.[2] R.D. Barnett en a donné un croquis et une étude [3] (fig. 129). Il est considéré par cet auteur comme « un travail dû aux Hurrites du Nord de la Syrie, eux-mêmes, et à leurs maîtres indo-européens, les Mitanniens », et remonte au milieu du XIVe siècle avant J.-C., c'est-à-dire à l'époque des tablettes de Ras Shamra.

On va voir qu'à l'exception d'une tête de Ḫumbaba qui est d'origine sumérienne, tout le décor de ce sceau s'explique par l'iconographie astrale rencontrée en Phénicie et en Syrie.

Le sujet doit se lire en deux registres, un peu enchevêtrés comme c'est parfois le cas dans les cylindres.[4] Celui du haut se rapporte à des scènes du jour; celui du bas est occupé par un tableau de la nuit.

Le registre supérieur débute, à gauche, par l'apparition d'Ashtar, dieu de l'étoile du matin, apportant avec lui le taureau de la chaleur du jour. Il le tient curieusement par une corne et une patte de derrière. On connaît de nombreuses représentations d'Ashtar, dieu de l'étoile du matin, poussant devant lui cet animal symbolique [5] en voie de devenir un dieu.[6] Parfois, il le tient en laisse, ou il est attelé à son char.[7]

---

[1] R.F.J. Starr, *Nuzi,*, 1937, II, pl. 118, I, d'après un moulage retouché du Field Museum of Natural History de Chicago.

[2] *Cylinder Seals*, 1939, pl. XLII, *a*, et p. 262.

[3] *Éléments orientaux dans la religion grecque ancienne, Colloque de Strasbourg 1958*, Paris, 1960, p. 146, figure.

[4] *Iranica Antiqua*, 8, 1968, p. 2, pl. I, 1.

[5] Le plus ancien exemple est donné par le couteau de Gebel el-Arak vers 3000 avant J.-C., *Bull de l'Inst. français d'Arch. orient.*, 68, 1969, p. 75-76, fig. 4, scène 3. Voyez aussi *Rivista degli Studi orientali*, 1967, p. 349, fig. 3.

[6] Cf. le taureau à corps humain, ci-dessus p. 120, fig. 38, et p. 216, fig. 109; *Persica*, 3, 1967-1968, p. 10, fig. 1.

[7] *Persica*, 3, 1967-1968, p. 11, fig. 2; ci-dessus p. 171, fig. 81, et p. 212-214, fig. 106-108, et pl. XVIII, 1er registre.

16

Fig. 129. Sceau de Shaushshatar, roi du Mitanni, vers 1450 avant J.-C.

En haut, scènes du jour : à gauche, Ashtar, dieu de l'étoile du matin, amenant avec lui le taureau de la chaleur du jour. Devant lui, la tête coupée de Ḫumbaba. Au milieu, le soleil ailé posé sur l'étai cosmique, à midi, entre deux lions et deux colombes. A droite, le roi titulaire du sceau en adoration devant le soleil.

En bas, scène de la nuit : au milieu, sphinge ailée dressée, représentant Ashtart, déesse de la planète Vénus, tenant les deux lions étoile du matin et étoile du soir. Sur les côtés la planète Vénus et le serpent céleste. A terre, la colombe d'Ashtart et le lièvre symbole de la fraîcheur nocturne. A droite et à gauche, encadrant la déesse, Shaḥar et Shalim, maîtrisant les deux mêmes lions.

D'après R.D. Barnett, *op. cit.*, p. 146, figure.

Fig. 130. Bas-relief du temple d'Azzanathkona, à Doura-Europos, Ier-IIe siècles après J.-C.
D'après M.I. Rostovtzeff, *The Excavations at Dura-Europos. Prel. Rep.*, V, 1934,
pl. XIV.

Dans le milieu.

En haut, Ashtar, dieu de l'étoile du matin, amenant avec lui le taureau de la chaleur
du jour, marchant sur les nuages.

Au-dessous, un personnage tend une couronne à une statue d'Ashtart (Astarté)
trônant entre les deux lions étoile du matin et étoile du soir.

Dans le fronton, la colombe symbole d'Ashtart.

L'exemple le plus récent est fourni par une stèle de Doura-Europos du
Ier ou du IIe siècle après J.-C. (fig. 130).[1] Elle est dédiée à la déesse
Ashtart-Astarté qui est représentée assise sur un trône, entre les deux
lions étoile du matin et étoile du soir. Au-dessus, dans le ciel, on voit
Ashtar, son conjoint, qui conduit sur les nuées le taureau de la chaleur
du jour. Sur le sceau, Ashtar forme une croix avec ses jambes. Il
marque ainsi qu'il est à ce moment un astre, l'étoile du matin, représentée par une croix. Le sautoir en forme d'X indique de manière analogue que la déesse Ashtart est l'étoile du soir.[2] On a vu (p. 155-158) que
ces symboles ont pris une signification différente depuis l'époque hellénistique : ils représentent le ciel, en abrégé la sphère céleste.[3]

Derrière le dieu, on aperçoit une tête coupée d'antilope. Le museau,
légèrement pointu, est tourné vers le bas; on reconnaît l'œil, deux
courtes cornes au front, et une oreille en arrière.[4] C'est une allusion au
mythe d'Ashtar tuant l'antilope avant l'apparition du jour[5] (fig. 131).

A côté de cette première scène, une tête humaine est caractérisée
par une chevelure et une barbe abondantes dont on distingue les
mèches de poils et les enroulements. Il faut sans doute y reconnaître
la tête coupée de Ḫumbaba, trophée de la victoire de Gilgamesh et
d'Enkidou, à la conquête de la Forêt des Cèdres.[6] Le géant que ces
héros tuent avec l'aide de Shamash, le Soleil, représente l'hiver avec
ses violents orages, et la nuit. Il est mis à mort à l'équinoxe du printemps, au jour où se termine l'hiver.[7] Ḫumbaba symbolise le froid et
l'obscurité. Il est proche parent du géant de la nuit du milieu sémiti-

---

[1] *The Excavations at Dura-Europos, Prel. Rep.*, V pl. XIV; *Études sur les dieux phéniciens*, p. 68, n. 2. Ashtar qualifié « Celui qui apparaît dans la chaleur», *op. cit.*, p. 83.

[2] *Le sautoir d'Atargatis et la chaîne d'amulettes*, p. 11, fig. 2.

[3] On notera que les armilles de la sphère céleste peuvent former une croix aussi bien
qu'un X; *Les tessères et les monnaies de Palmyre*, p. 48, fig. 4.

[4] Voyez les têtes coupées d'antilopes du même genre, dans Anton Moortgat, *Vor-
derasiatische Rollsiegel*, 1940, pl. 62, n° 525, pl. 68, n° 567, pl. 69, n° 577, etc. Ici, pl. VII, 2.

[5] *Études sur les dieux phéniciens*, p. 20-22, fig. 1-2 (dans cette dernière, on voit la tête
coupée d'une antilope).

[6] R. Labat, *Les rel. du Proche-Orient asiatique*, 1970, p. 179, « Gilgamesh alors coupa
la tête de Ḫumbaba » Voyez deux « têtes de Ḫumbaba » sur un cylindre « strictement
mésopotamien » des XIXe-XVIIIe siècles avant J.-C., Amiet, *Syria*, 38, 1961, p. 5-6,
fig. 8. Sur les représentations de ce type, cf. Barnett, *op. cit.*, p. 147-149, pl. I-III.

[7] Ce géant de l'hiver, mis à mort au printemps, n'est pas uniquement sumérien.
Il est représenté dans de nombreux pays, spécialement aux fêtes du carnaval.

que.[1] Il est l'ennemi de Shamash, le dieu de la chaleur et de la lumière, et sa mise à mort périodique peut être associée à toutes les victoires sans cesse renouvelées de cet astre dans le cycle des saisons aussi bien que dans celui des jours : une tête coupée de Ḥumbaba avait donc sa place dans une scène se situant au lever du soleil. Cette figure avait certainement une valeur magique bienfaisante, et c'est ce qui en explique la multiplicité. Dans le trésor du temple de Nin-Égal à Qatna, vers le XIVᵉ siècle avant J.-C., on trouvait des bijoux en forme de tête de Ḥumbaba.[2]

Après ces allusions à l'apparition du soleil, le sceau nous fait assister au repos de cet astre à midi.[3] Le disque solaire ailé est posé sur l'étai cosmique. A ses côtés, deux lions représentent l'étoile du matin et l'étoile du soir aux deux horizons. Sur leur dos sont posées deux colombes qui figurent la déesse Ashtart rappelée ici en qualité de Reine du ciel.[4] En les posant ainsi sur les lions, on a voulu marquer que la déesse est la maîtresse des deux étoiles. Dans le registre inférieur, la même idée, on va le voir, est exprimée de façon plus claire : la déesse en forme de sphinge tient les deux lions de ses mains. Un bas-relief hittite de Zendjerli (fig. 131) représente Ashtar à tête de lion[5] tuant l'antilope symbole de la fraîcheur nocturne, à la fin de la nuit. Deux colombes posées sur ses bras signifient qu'Ashtart, en qualité de Reine du ciel, commande à son conjoint, à ce moment. Je ne crois pas qu'on puisse voir dans ces deux colombes un attribut d'Ashtar. Sans doute a-t-il pu avoir dans la préhistoire religieuse de Canaan une forme de dieu-Colombe, mais on ne trouve au Iᵉʳ millénaire avant J.-C. aucune trace d'une telle éventualité.

A droite, enfin, on reconnaît le roi titulaire du sceau, en adoration devant le Soleil. Il porte le long manteau royal qu'on retrouve chez les Phéniciens comme chez les Hittites.[6]

---

[1] « Le mythe oriental des deux Géants du jour et de la nuit », *Iranica Antiqua*, 8, 1968, p. 2, fig. 1, I, 1.

[2] C. Virolleaud, *Syrie*, 9, 1928, p. 93 ; 11, 1930, p. 309-342, tablette nᵒ I, lignes 163 et 190 ; J. Bottéro, « Les inventaires de Qatna », *Revue d'Assyrologie*, 44, 1950, p. 16 et 21 (tablette I, 163 et 190.

[3] Voyez ci-dessus, p. 126-133, fig. 44-46, 50-52.

[4] *Études sur les dieux phéniciens*, p. 119-120.

[5] Voyez *Études sur les dieux phéniciens*, p. 87-92, fig. 21-25, et ci-dessus, p. 145-148, fig. 38.

[6] Voyez ci-dessus, p. 58-59 et 112.

Le registre du bas est occupé par un tableau de la nuit qui s'étend du crépuscule à l'aurore. Sur les deux côtés, aux extrêmités, on voit en effet Shalim, le Crépuscule, et Shaḥar, l'Aurore. L'un maîtrise le lion étoile du soir; l'autre, le lion étoile du matin.[1] Ils portent leurs hauts bonnets caractéristiques, mais avec cette particularité sans autre exemple qu'un fleuron en garnit le sommet, et une feuille, le devant. C'est une allusion peut-être à leur caractère agraire. On remarquera surtout qu'ils ne portent pas le manteau royal et qu'ils paraissent nus, comme le seront plus tard si souvent les Dioscures. Cette particularité est aussi sans autre exemple, sauf cependant dans le groupe des Cabires de la fig. 78.

Entre Shaḥar et Shalim, pendant la nuit, règne Ashtart, dame de la planète Vénus unifiée : elle tient dans ses mains les deux lions étoile du matin et étoile du soir. Le groupement de la déesse entourée des deux dieux assesseurs est connue,[2] mais ici elle affecte la forme d'une sphinge ailée dressée. Le bas du corps est celui d'une lionne; le haut est un buste de femme. Deux ailes se rejoignent sur le devant de la poitrine; elles se prolongent, à gauche, par une queue qui paraît se terminer par des plumes disposées en éventail. Ces deux ailes cachent les bras étendus soutenant les deux lions. Cette étrange position des ailes se retrouve dans l'ivoire de Ras Shamra de même époque représentant Hathor (pl. XIV). Je n'insiste pas sur le thème habituel d'Ashtart maîtrisant de diverses manières les deux lions étoile du matin et étoile du soir.[3]

La sphinge ailée représente une étape intermédiaire dans l'évolution de la déesse à forme de lionne et à forme de colombe, devenant une divinité à corps de femme. L'image combinant un corps de lionne et une tête de femme peut être inversée : la déesse a alors un corps de femme et une tête léonine.[4] Dans la planche VII, on trouvera les deux combinaisons appliquées à des figures qui symbolisent Ashtar et Ashtart

---

[1] L'aurore fait disparaître l'étoile du matin qui est précipitée dans les Enfers; le crépuscule retarde l'apparition de l'étoile du soir. Le rapport entre Shaḥar et Shalim et ces deux astres s'est maintenu chez les Dioscures dont la tête est le plus souvent surmontée des deux étoiles.

[2] Voyez ci-dessus, p] 110-113, fig. 28.

[3] *Persica*, 3, 1967-1968, p. 10, fig. 1; p. 20-22, fig. 8-10.

[4] *Études sur les dieux phéniciens*, p. 75, fig. 18, et p. 94, fig. 27; L. Y. Rahmani, ʿAtiqot, 2, 1959, p. 184-185, pl. XXIV, 1-3 (figurine de Beisan). Évolution identique pour Ashtar en partant du lion étoile du matin.

La sphinge ailée phénicienne n'a donc aucun rapport d'origine avec le sphinx égyptien.

Ashtart apparaît sous la forme d'une sphinge ailée dans la première scène de la coupe de Ras Shamra.[1] Dressée comme elle l'est dans le sceau elle accentue son évolution anthropomorphe. Puis elle prendra

Fig. 131. Le dieu Ashtar à tête de lion tue l'antilope de la nuit à la fin de la nuit. Les deux colombes représentant Ashtart, posées sur ses bras, marquent qu'il agit sous l'autorité de cette reine du ciel.

D'après une orthostate sculptée de Zendjerli, Albrecht Götze, *Hethiter, Churriter und Assyrer*, Oslo, 1966, pl. 48.

[1] Cl. Schaeffer, *Ugaritica*, II, pl. II, V et VIII; R. du Mesnil du Buisson, *Persica*, 3 1967-1968, p. 26-31, fig. 13, scène I; *Iranica Antiqua*, 8, 1968, p. 4-8, fig. 3; *Bull. de l'Inst. fr. d'Arch. orient.*, 68, 1969, p. 74, fig. 3. Voyez aussi, p. 240, fig. 128, ci-dessus.

une forme entièrement humaine. La sphinge deviendra alors son attribut, ou sa servante. Deux sphinges, dressées ou non, pourront être ses représentantes,[1] comme gardiennes d'un trône, par exemple.[2] Dans la gravure d'une plaque de bronze d'Olympie du VIIe siècle avant J.-C. (fig. 132), la déesse apparaît dans un état intermédiaire : elle a pris une forme entièrement humaine, mais elle a conservé encore les ailes de la sphinge. Cette forme est très fréquente dans l'art grec archaïque de cette époque.[3]

Sur le sceau, on remarque sous les pieds de la déesse une colombe, devenue aussi un de ses attributs après avoir été une de ses formes anciennes.[4] A côté, un lièvre symbolise la fraîcheur nocturne [5] : il a sa place dans ce tableau de la nuit.

Derrière la déesse, enfin brille la planète Vénus, son astre particulier, et devant elle le grand serpent céleste représente une des principales constellations (sans doute la Voie Lactée) (p. 231).

La répétition de certains symboles est à noter. Ashtart est rappelée une fois par une colombe aux ailes déployées et elle est représentée une autre fois par deux colombes. Le lion étoile du matin apparaît trois fois : à gauche de l'étai cosmique, puis au côté de Shaḥar, enfin dans la main droite de la déesse sphinge ; et trois fois aussi le lion étoile du soir : à droite de l'étai, avec Shalim et dans la main gauche d'Ashtart.

Cette analyse des sujets représentés sur le sceau confirme que le registre supérieur se rapporte au jour et celui du bas, à la nuit. C'est là une division assez fréquente dans les cylindres, spécialement à Nuzi et dans le milieu syro-hittite au IIe millénaire avant J.-C. (fig. 30-31, 34, 36, 41, 44-45). On y connaît aussi l'opposition entre le matin et le soir, l'aurore et le crépuscule (fig. 39-40). Mais l'identification des scènes permet en outre de rétablir un cycle journalier indéfini tournant, à lire ainsi dans le sens des aiguilles d'une montre :

---

[1] Sur cette évolution, voyez les observations de Michel Meslin, *Archives de sociologie des religions*, 32. 1971, p. 226-227, c.r. 32, 209.

[2] *Études sur les dieux phéniciens*, p. 61, pl. II, 2.

[3] D. Le Lasseur, *op. cit.*, p. 177-182, fig. 72-78 ; *Persica*, 3, 1967-1968, p. 71-72, fig. 9-10.

[4] Voir ci-dessus, p. 80 et 238-239.

[5] Voir ci-dessus, fig. 35-36, 38-39, etc.

Fig. 132. Plaque de bronze d'Olympie du VIIe siècle avant J.-C. représentant Astarté (Ashtart) ailée tenant les deux lions étoile du matin et étoile du soir.

La déesse du sceau de la figure 129 a pris ici un aspect entièrement humain, ne conservant de la sphinge que les ailes. Ciel étoilé en arrière.

D'après D. Le Lasseur, *Les déesses armées*, p. 182, fig. 78 (identification erronée avec Artémis).

Registre du haut, de gauche à droite.

1. Au début du jour, Ashtar [1] amène le taureau de la chaleur après avoir tué l'antilope de la fraîcheur nocturne.

2. A midi, le Soleil se pose sur l'étai cosmique.

Registre inférieur, de droite à gauche, en continuant.

3. Au crépuscule, Shalim retient le lion étoile du soir.

4. Pendant la nuit, Ashtart est maîtresse des deux lions étoile du matin et étoile du soir.

5. A l'aube, Shaḥar fait pâlir l'étoile du matin en forme de lion.

Puis retour à la scène 1 qui se situe au début du jour, et referme le cycle.

Cette succession de scènes est fournie par le mythe de la planète Vénus qui est devenue, en qualité d'astre unifié, le domaine d'Ashtar et d'Ashtart, mais qui a continué à être représentée par les deux lions étoile du matin et étoile du soir. Ce mythe paraît d'origine iranienne,[2]

---

[1] C'est toujours le dieu à forme humaine qui amène le taureau de la chaleur, et jamais le lion étoile du matin. Au contraire, l'un et l'autre peuvent tuer l'antilope de la fraîcheur de la nuit, *Études sur les deux phéniciens*, p. 20-21, fig. 1-2.

[2] *Mélanges de l'Université Saint-Joseph*, 44, 1968, « Les origines du mythe animalier de la planète Vénus ». p. 33-48.

mais la diffusion s'est faite surtout en Syrie et en Phénicie. Dans le sceau, on y a fait entrer les figures de Shaḥar et de Shalim, qui appartiennent à un cycle journalier d'origine différente. Ce choix paraît avoir été dicté par une idée religieuse. La réapparition périodique des astres, qui meurent et ressuscitent sans rien perdre de leur éclat, était considérée comme une image et un gage de la résurrection humaine. C'est sans doute la raison pour laquelle le graveur du sceau y a fait paraître ces mythes, alors qu'il aurait pu y honorer quantité de dieux mitanniens. On s'étonnera peut-être de voir ici Ashtart, déesse d'origine nord-sémitique et arabe, si à l'honneur au milieu du sceau, mais il est à noter que d'après les tablettes hurrites de Ras Shamra cette déesse occupait au XIVe siècle avant J.-C. un rang élevé dans le panthéon hurri-mitannien.[1] Shaushshatar pouvait avoir une dévotion particulière à cette déesse.

---

[1] E. Laroche, « Documents en langue hourrite », dans C. Schaeffer, *Ugaritica*, V, 1968 p. 500, 511 (Šauška = Ashtart), 520- et 522.

INDEX ALPHABÉTIQUE

*) Le présent index est dû à la comtesse du Mesnil du Buisson.

F

Fables figurées, 210
Fabri (C.L.), 138
Famille des dieux et des hommes, XVIII
Fanon, 125
Fara (style de), 209-210
Faucon divin, 229
Ferment religieux, XVII
Feu divin ou divinisé, 35, 49, 62; autel à feu, 154, voir thymiatérion
Figurines, 108, 124, 136, 170, 246
Fils de, fille de (sens métaphorique), 14 (fils de la mer), 83 (fille de lumière, fille d'abondance), 83, n. 8 (fils du grain), 94, 99 (fils de la mer et fils princiers), 112 (fils princiers), 236 (fille de Pontos)
Firmament, voir voûte rigide du ciel
Flavia Sabina (sarcophage de), 64
Fléau, 20
Flèches, 55, 63
Fleurs représentant des étoiles, 7, 215, 237; de la bague d'Antas, 229-230; voir rosettes
Fleurs d'Eurôpê, 40
Fleuves (les quatre), 137, 143
Fondation de Tyr, 50, 62
Fonte des métaux, 50
Forme humaine des dieux, XVIII
Fouet d'Osiris (de bouvier), 48
Fourrure, 112, 123, 217
Frankfort (H.), 241
Frise (procédé de la), 206, 210-211, 215, pl. XVIII

G

Gadès, 35, 53, 57, 65, 67
Gardes, 92, 94
Gardien de culture, 97-98
Gê (déesse), 74
Géants, 2; de l'hiver (Ḫumbaba), 244-245; les deux géants, XX, 245
Geb, 23-24

Gébail, voir Byblos
Gebel el-Arak (couteau de), 241
Génération spontanée, 85
Genèse, 42, 235
Génisse, 53, 82
Géographie, XIX
Géorgiques, 37
Gerbe (rite de la dernière), 20
Gibraltar, 35
Gilgamesh, 8-13, 30-31, 209, 214, 244, pl. I
Globe céleste, 6, 244; solaire, 149, 151, voir disque
Gobelet de Él, 205, 217, pl. XVIII; bouteilles, 208; jarre, 213
Godard (Mme Y.A.), 12
Golfe Persique, 1, 13
Gortyne, 38
Gouvernail, 152; en Égypte, 26-27
Graeckwyl (vase de), 150-151
Graffito de Doura-Europos, 6, 150-151
Grain, voir blé
Grand de Labour (le), 25
Grande Déesse indienne, 138
Grappe de raisin, 109, 141
Grasses (les déesses), 93-94, 96; voir obésité
Grèce, Grecs, XVII, XIX, 1, 4, 21, 138-140, 144, 166, 220
Grenades, pl. VI
Gressman, 166
Griffiths (J.G.), 165
Griffons (dieux), XXII, 5, 113, 119-120, 123, 125, 138, 145, 215; hommes-Griffons, 117, 132-133, 138, 172
Guérisseur, 66, 234-236
Guèzer (calendrier de), 92
Guides, 212-213, pl. XVIII
Gyès (géant), 2

H

Hache, 24, 121-122, 174-175; hachette, 217
Hadad, 43, 65, 103
Hadès, XX

X

X (signe en forme d'), 135, 155, 157-158,
244; voir sautoir, croisement de jambes
Xénophon, 80
Xerxès, 7

Y

Yahwé, 3, 166
Yam, 14, 36, 47, 51, 53, 64
Yarḫ, 81-82

Yarḫi, Yarḫibôl, 236
Yaṣib (prince), 186
Yazilikaya, 6

Z

Zendjirli, 6, 172, 245, 247
Zénobios, 95
Zeus, 2, 36, 38-40, 42, 47, 50, 64, 193-
194; voir Jupiter
Zeus Dêmarous, voir Dêmarous
Zeus Meilichios, 110

LÉGENDES DES PLANCHES

I

1-2. Cylindre-sceau de la région de Homs, représentant des personnages tête-bêche et une plante. Collection de l'auteur.

3. Le cycle de Gilgamesh descendant périodiquement dans le Monde inférieur où se trouve son ancêtre Uta-Napishtim, substitut du dieu de la Source Universelle, Éa, représenté ici.

D'après un cylindre-sceau mésopotamien du Cabinet des Médailles, Louis Delaporte, *Catalogue des cylindres de la Bibliothèque Nationale*, pl. III, 26; P. Amiet, *La glyptique mésopotamienne archaïque*, pl. 111, n° 1470.

P. 29-31

II A-B

Trône vide d'Astarté de Ḥirbet aṭ-Ṭayibeh au Musée du Louvre, avec les images des deux bétyles de Melqart et d'Eshmoun.

Photographies du Musée du Louvre.

P. 55-61 et 119

III

1. Têtes d'Astarté-Ashtart et d'Athéna-Anat, sur des antéfixes étrusques de Véies, du Vᵉ siècle avant J.-C.

D'après Alain Hus, *Les Étrusques*, 1964, p. 134.

2. Héraclès-Melqart, entre Astarté et Ioalos, représentés par quelques vestiges, sur le devant d'un sarcophage de Tyr. Musée d'Istanbul.

Cliché de M. Necati Dolunay, directeur des Musées des Antiquités d'Istanbul.

P. 53 et 58

IV

Empreintes de deux cylindres mésopotamiens et d'un cylindre syrien, du Musée du Louvre, à divinités égyptiennes.

1. AO 22 362. Ashtar-Réshéf, tenant un bouclier et brandissant une massue, Seth, avec la tête de l'animal séthien, et Horus à tête de faucon. Sur l'image du premier, cf. *Études sur les dieux phéniciens*, p. XVI, fig. a-b.

2. AO 22 361. Un adorateur, apparemment le propriétaire du cylindre, entre Ashtar-Réshéf et Seth (même graveur que dans le cylindre précédent).

3. AO 22 363. Le propriétaire du cylindre béni par Horus. A droite, peut-être Anat et Ashtart à tête de lion, avec la planète Vénus.

P. 75

V

Monnaies de Tripoli, représentant les Dioscures (1-4, 6, 8-17), leurs bonnets figurés séparément (5, 7, 14), l'Astarté locale (1-4, 6-8, 11-12) et le père des Dioscures (7) (fig. 25, B), du IIe siècle avant J.-C. au IIIe siècle de notre ère.

P. 104 et 108-112

VI

1. Shaḥar, Shalim et trois de leurs compagnons, sur un cylindre-sceau provenant de Homs.

Voyez p. 121, fig. 40.

2. Shaḥar et Shalim sur les côtés de l'étai cosmique soutenant le soleil, sur un cylindre syro-hittite.

Voyez p. 126, fig. 44.

3. Les mêmes sur les côtés de l'étai cosmique, mi-colonne, mi-plante. Le disque ailé, au-dessus, prêt à se poser.

Empreinte d'un cylindre mitannien en hématite, XVe-XIVe siècles avant J.-C. J. Vinchon, Vente à l'Hôtel Drouot, 10-11 mars 1969, n° 85.

4. Les mêmes, à barbe, assurant la manœuvre du disque solaire, se posant à midi sur le même support, ici une plante, à l'aide de cordes terminées par des grenades.
A. Le jour : scène décrite ci-dessus.

B. La nuit : croissant lunaire, planète Vénus, les étoiles. Antilope de la fraîcheur nocturne et tête de taureau de la chaleur du jour, tué.

Empreinte d'un cylindre en agate orangée, mitanien, même époque et même vente que le précédent, n° 99.

P. 121-127

VII

1. L'étai cosmique du soleil entre des dieux-Lions, et Ashtart en déesse debout sur le côté.

A. Le jour. Le soleil dans le croissant céleste sur un support à aspect végétal. Le dieu-Lion et la déesse-Lionne (à droite) figurent l'étoile du matin et celle du soir, c'est-à-dire les deux extrémités du jour.

B. La nuit. Ashtart, Reine du ciel, entre un lièvre et une antilope, symboles de la fraîcheur nocturne. Devant elle, la plantète Vénus.

Delaporte, *Cylindres de la Bibliothèque Nationale*, 264, pl. XXXI, fig. 466.

2. Le même support de soleil, entre deux sphinx ailés debout.

A. Le jour. Le soleil dans le croissant céleste sur une colonne déjà presque ionique. Sur les côtés deux lièvres et deux têtes d'antilopes. Les deux sphinx ont la même signification que les deux lions étoile du matin et étoile du soir.

B. La nuit. L'antilope symbole de la fraîcheur nocturne, la planète Vénus, la torsade, le dieu-Lion.

Delaporte, *op. cit.*, fig. 467.

P. 131-132, 137-138

VIII

Éros funéraire abaissant sa torche pour symboliser la mort suivie de la résurrection.

Statue du Dépôt des antiquités à Palmyre, Ier-IIe siècles après J.-C. Comparez à l'Éros funéraire de Doura-Europos, *Les tessères et les monnaies de Palmyre*, p. 416, fig. 217, ici fig. 76, 1.

P. 155

IX

Statuette en bronze doré provenant du trésor de l'Oxus, représentant probablement le dieu Ashtar. VIe-IVe siècles avant J.-C. Face et trois quarts.

> Barnett, *Iranica Antiqua*, 8, 1968, pl. III, 2.
>
> Comparez au bronze doré du Temple aux obélisques du XVIIIe siècle avant J.-C. représentant le même dieu sous le même aspect. La haute coiffure comparable à celle de Shaḥar et Shalim paraît désigner un « dieu gracieux ». Cette beauté d'Ashtar est peut-être la raison pour laquelle il a parfois été assimilé à Apollon.

P. 160

X

Les ivoires du Palais royal d'Ugarit, découverts par M. Cl. Schaeffer et conservés au Musée de Damas. Décor d'un lit de parade.

Face A, un adorateur devant les dieux de Byblos (I).

Face B, Hathor, dame de Byblos prenant sous sa protection le roi d'Ugarit et sa cour (II).

> W.A. Ward, *Syria*, 46, 1969, p. 236-237, fig. 3-4.
>
> Photographies communiquées par la Direction Générale des Antiquités et Musées de la République Arabe Syrienne.

P. 167-200

XI

Détail des ivoires de la planche précédente.

Le donateur giblite en adoration devant le dieu Ashtar-Réshéf, le Ba'al Gébal (I, *e.f*).

> Photographie de même origine.

P. 168, 170-174, 197

XII

Mêmes ivoires.

A gauche, la déesse nue Ashtart, la Ba'alat Gébal (I, *a*).

A droite, le couple amoureux princier (II, *k*).

> Photographies de même origine.

P. 168-170, 183

XIII

Mêmes ivoires.

Portraits présumés du pharaon Toutankhamon tuant un lion et d'Azirou, roi de Byblos, massacrant un prisonnier (I, *b-c*).

Photographie de même origine.

P. 175-178

XIV

Toutankhamon coiffé de la couronne bleue, tirant de l'arc, d'après un ivoire d'un coffret de son tombeau.

Photographie aimablement offerte par le Docteur J.J.V.M. Derksen, de l'Archao-logisch Instituut der Rijks-Universiteit, d'Utrecht.

P. 175-177

XV

Détail des ivoires de la planche X, B.

La déesse Hathor allaitant deux jeunes dieux, sans doute Shaḥar et Shalim (II, *j*).

Photographie de la Direction Générale des Antiquités et Musées de la République Arabe Syrienne.

P. 178-182

XVI

Mêmes ivoires.

Portraits présumés de Niqmad II, roi d'Ugarit, et de son fils Ar-Ḫalba (II, *h-i*).

Photographie de même origine.

P. 183

XVII

Bas-relief d'une amphore grecque archaïque, d'une tombe des environs de Thèbes, vers 700 avant J.-C. La Grande Mère, Cybèle ou Rhéa, que Philon de Byblos considère comme une Ashérat épouse de Él identifié à Kronos, fait le geste de protection du *ka* (*kȝ*) égyptien Ц, Elle est entourée de deux de ses enfants qui l'étreignent affectueusement. Sur les côtés des lions, ses animaux attributs. Comme déesse de la terre, elle produit des rameaux. Elle est « génératrice des hommes et des dieux » (*sic*), Pindare, *Néméennes*, VI, 1.

Photographie aimablement offerte par le Docteur J.J.V.M. Derksen.

P. 194-195

XVIII

Garniture en bronze d'un carquois, provenant du Luristan, VIIIe-VIIe siècles avant J.-C. Musée de Téhéran.

Sept mille ans d'art en Iran, Exposition du Petit Palais, 1961-1962, p. 41, n° 227, pl. XXX.

1er registre (en haut) : Ashtar, dieu de l'étoile du matin, sur son char traîné par le taureau de la chaleur du jour. Au-dessus, le lion étoile du matin.

2e registre : deux serviteurs de Él se saisissent du lion étoile du matin pour le tuer.

3e registre : à droite, le lion étoile du soir attaque le taureau de la chaleur du jour ; à gauche, le même lion le dévore (frise).

4e registre : le lion étoile du soir descendu sous la Terre, à la demeure de Él. Ce dieu, un gobelet à la main, entre deux serviteurs.

A droite, la frise du registre 3 divisée en deux scènes :

1. Le lion attaquant le taureau, scène 7 de la coupe de Ras Shamra.

2. Le lion dévorant le taureau, scène 8 de la même coupe. (Le taureau est commun aux deux scènes).

P. 211-217

PLANCHES

I

2

3

I

2

1

2

3

1   2   1   3

2   4   3   5

4   6   7   7   6

8   9   10

11   12   13

14   15   16   17

1

2

3

a   b

4

B   1   A

A   2   B

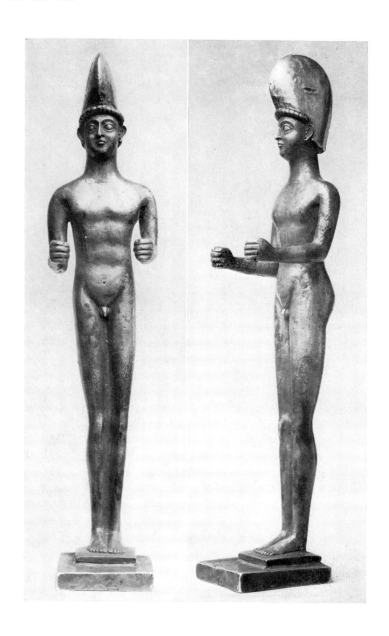

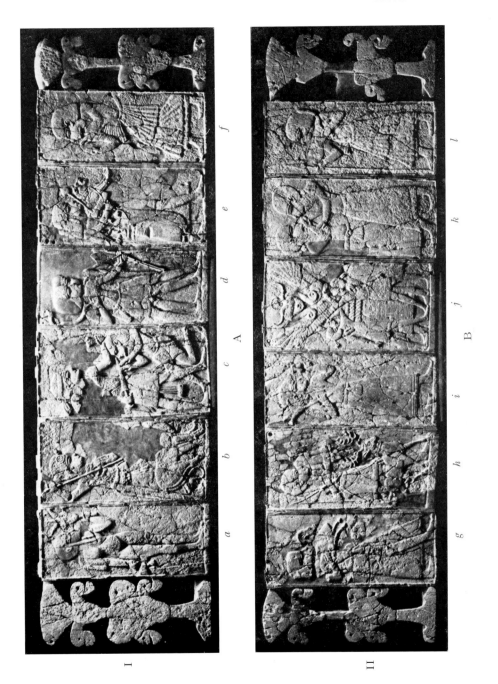

I, *e-f*

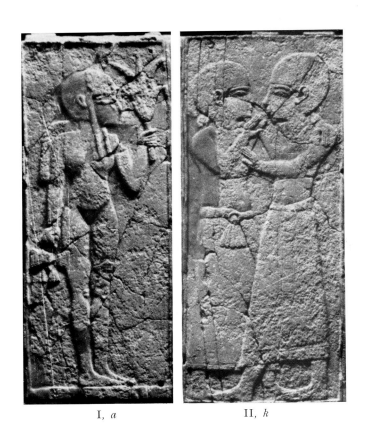

I, *a*   II, *k*

I, *b-c*

II, *j*

II, *h-i*

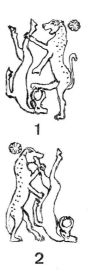

1

2